清末民初文獻叢刊

俄游彙編

（上册）

［清］繆祐孫 撰

朝華出版社
BLOSSOM PRESS

圖書在版編目（CIP）數據

俄游彙編 ： 全2册 / （清） 繆祐孫撰. -- 北京 ： 朝華出版社， 2019. 1

（清末民初文獻叢刊）

ISBN 978-7-5054-4360-0

Ⅰ. ①俄… Ⅱ. ①繆… Ⅲ. ①社會調查－俄羅斯－近代 Ⅳ. ①D751. 269

中國版本圖書館CIP數據核字（2018）第250601號

俄游彙編（全二册）

作　　者　[清]繆祐孫

選題策劃　楊麗麗　尚論聰
責任編輯　趙　倩
特約編輯　孫　開　秦錦霞
責任印制　張文東　陸競贏
封面設計　劉敬偉

出版發行　朝華出版社
社　　址　北京市西城區百萬莊大街24號　**郵政編碼**　100037
訂購電話　（010）68[illegible]6618　68996050
傳　　真　（010）88415258（發行部）
聯系版權　[illegible]yn@163.com
網　　址　http://zhcb.cipg.org.cn
印　　刷　藝堂印刷（天津）有限公司
經　　銷　全國新華書店
開　　本　880mm×1230mm　1/32　**字　　數**　168千字
印　　張　23.25
版　　次　2019年1月第1版　2019年1月第1次印刷
裝　　別　精
書　　號　ISBN 978-7-5054-4360-0
定　　價　175.00元（全二册）

出版前言

中國自一八四〇年鴉片戰争以來，傳統的農業文明在西方的堅船利炮轟擊之下徹底被顛覆，有擔當的知識分子苦苦追尋，思索社會改革的途徑。從最初的『師夷長技以制夷』到『民主制度，天下之公理』（梁啓超語），他們發現要『强國富民』，首先要『開啓民智』，衹有民衆擁有了獨立思想和批判精神，國家纔能實現真正的强大。在此後一百年的時間裏（一八四〇—一九四九），思想者們從社會變革深入到國民性的改造，用每一部作品見證着中國近代化的遞變歷程。這是一個極其重要的時代，《清末民初文獻叢刊》正是收録了這一時期的作品，大部分書籍都是早期版本，有着極高的文獻研究價值。

清末的中國經歷了『三千年來未有之大變局』（李鴻章語），大清王朝面對西方列强的艦炮，表現得驚慌失措。尤其是鴉片戰争，使『天朝帝國萬世長存的迷信受到了致命的打擊，野蠻的、閉關自守的、與文明世界隔絶的狀態被打破了』（《馬克思恩格斯選集》）。一批士大夫知識分子，尤其是在歐美諸國擔任使臣或者游歷的知識分子最先覺醒，着眼于對西方國家的考察，進而反省本國政治制度的劣勢，可以視作『啓蒙』的端倪。如曾擔任駐英公使（兼任駐法公使）的郭嵩燾在《使西紀程》中以日記的形式記録了自己對歐西諸國的觀感，他在考察了英國的政治制度之後，發現英國政府官員收入超過三百磅者與普通老百姓一樣同等納税，他説：『此法誠善，然非民主之國，則勢有所不行。西洋所以享國長久，君民兼主國政故也。』他明確提出了『民主』，在國家的管理問題上，人民也有參與的權利。他在該書中所披露的西方政治、經濟、文化等領域優于大清帝國這一事實觸動了保守派的神經，立刻遭到保守派群起而攻之，進士何金壽彈劾他『有二心于英國，欲中國臣事之』，他家鄉湖南的民衆對他更是痛加詆毁，以至于滿城揭帖，誣蔑他『溝通洋人』，在這種群情汹汹的情况下，朝廷最後下旨將《使西紀程》毁版，從而使該書成了禁書。然而，書雖被毁版，却不能堵死民衆的傳播與閲讀的途徑，上海的《萬國公報》依舊連載該書，張佩綸曾説：『朝廷禁其書，而新聞紙接續刊刻，中外傳播如故也。』從某種意義上來説，啓蒙是時代的需要，盡管清政府發諭旨禁了該書，民衆乃至一些朝廷大員却依舊在私下閱讀，以便瞭解外部的世界。進步的社會是開放性的，任何企圖『閉關鎖國』的努力都意味着歷史的倒退，衹有開放，與整個世界文明保持同等的步伐，纔能實現真正的强國之夢。當大批知識分子走出閉鎖的國門，親歷了文明的洗禮之後，也就把啓蒙的智識帶回了中華大地。容閎的《西學東漸記》，梁啓超的《新大陸游記》，崔國因的《出使美日秘日記》等一大批作品介紹了海外諸國的政治、經濟、軍事、外交、文化。雖然這些作品在認識上仍然帶有時代的局限性，然而却是那時最爲珍貴的聲音。

另一方面，在學術上，中國文化母體内『經世致用』思想與資産階級思想相結合，也喚起了變革，以康有爲、梁啓超爲首的改良派試圖通過自上而下的革新以實現變革。康有爲的《新學僞經考》《孔子改制考》就是借經學之表論資産階級學説之裏的著作，康有爲的弟子梁啓超更是通過《新民説》一書提出國民性改造。與早期啓蒙者『師夷長技』的器物文明引進不同，梁啓超上升到形而上的精神領域，從文化心理上更加徹底地進行變革。梁氏是清朝末年到民國初年一個橋梁式的人物，被譽爲『輿論之驕子，天縱之文豪』，其影響力不但在學術領域，同時還在文學領域，他所倡導的『詩界革命』得到了譚嗣同、黄遵憲、丘逢甲等人的響應，黄遵憲的《日本雜事詩》，丘逢甲的《嶺雲海日樓詩鈔》都體現了這種主張。這一主張要求反映新的時代和新的思想，用『我手寫我口』（黄遵憲語）的方式直抒胸臆，對長期占詩壇主流的擬古主義、形式主義産生了巨大的衝擊，解放了寫作者的心靈和頭腦。

與社會變革同步的是早期對西方思想著作的翻譯，這裏面影響最大的是嚴復，他翻譯的《天演論》《社會通詮》等書直接孕育了民國一代的知識階層。魯迅、胡適等人在文章中都曾提到《天演論》對他們思想所産生的震撼。與嚴復略有不同的另一位翻譯家是林紓，他的譯作雖然參差不齊，但却在更細膩的心靈層次對讀者産生影響，許壽裳曾回憶，他和魯迅都熱衷于林譯的小説，如《巴黎茶花女遺事》《黑奴籲天録》《迦茵小傳》等作品。

辛亥革命之後，進步社會思潮成爲主流，比之清末思想啓蒙者『求存』的追求，民國以來的知識階層深入到了更加細微的肌理，一方面呼唤社會變革，另一方面進行點滴的建設，革命并不能使所有的一切一蹴而就，在更加深廣的領域，事物的改變是由微觀而宏觀。通俗地説，比之于革命，建設的意義更大。如《中國商業史》《中國教育史》《中國倫理學史》《中國哲學史大綱》《中國小説史略》等一大批作品都是進行系統的梳理與建設的理論作品。其中，以胡適和魯迅二人的影響最大，他們的作品一紙風靡，從而成爲新文化運動的主力人物。

《清末民初文獻叢刊》收録的文獻大致上可以分爲三個階段，其中龔自珍、張之洞、魏源、郭嵩燾、薛福成等人的作品可視爲『早期啓蒙』，康有爲、梁啓超、黄遵憲、嚴復、林紓等人的作品可視爲『中期啓蒙』，胡適、魯迅、蔡元培等人的作品可視爲『晚期啓蒙』。當然，這種劃分并非嚴格意義上的，大部分啓蒙思想者隨着時代的變化，其思想在不斷進步。縱觀整個近現代史，可以發現，要求變革不是在某一個領域，由某一類人發起和完成的，而是全社會的要求。變革，已經成爲全社會的共識。

從清末民初的文獻中，我們能够發現一種豐富性。這些作品涉及政治、經濟、軍事、教育、外交、宗教、心理、情感等方方面面，從内而外地净化着中國兩千年以來的封建積習。它不衹是對社會的改造，更是對人心靈的重塑；它首重國家社會之建設，同時亦重靈魂心智之唤醒；它是宏大的，也是微觀的；它是嚴肅莊重的，也是活潑靈動的；這些作品結構精巧，思想内容深刻，擁有濃厚的人文主義色彩，對推動社會主義建設，實現中國夢有重大意義，是近現代中國一百年來最宏富的智識與情感的寶藏。因此，整理這些文獻作品，無論是出于資料保存的目的，還是爲圖書館提供資料副本，都有不可估量的意義。

特定時代下的文獻，當它一旦形成（既指草擬，創作的完成，也指其成爲一個載體），就不可再複製了，也就意味着它將面對消亡。對于文獻資料而言，越接近歷史事件發生的時代記録，越具有研究價值。文獻本身具有不可再生性，它衹會消亡，而不會增多。盡管文獻本身的文字可以保留下來，并進行傳播，却失去了當時的時代氣息。當時的作品可能在技巧上，文字的成熟度上不及當代，但它所負載的信息，創作者的情感都反映了當時的歷史，也就是説，它具有不可替代的歷史意義。

影印的版本有三個特點，第一是擁有文獻的『原始性』；第二個特點是『未經改動的』；第三個特點是『歷史的原貌』。所謂『原始性』，也就是説，它是第一手資料，而非轉述的，回憶形成的；『未經改動的』，是指未被篡改、删節、挖補的；『歷史的原貌』是指在影印製作過程中，完全依照文獻的原來模樣……這樣製作出版的作品，無异延續了文獻的壽命。

近現代思想史上的一個最重大的思潮就是『開放』，從林則徐的『開眼看世界』到蔡元培的『兼容并包』，都是在倡導一種開放式的胸襟。而《清末民初文獻叢刊》最有魅力的部分就是『開放』這一主題，衹有融入到世界文明發展的進程中，中華文明纔能歷久彌新。

《清末民初文獻叢刊》編委會

二〇一七年四月十四日

凡例

一、《清末民初文獻叢刊》（以下簡稱『叢刊』）爲影印本，舉凡所用之底本，均爲該書之早期版本。有清末刊本，亦有民國印本。

二、《叢刊》均依底本影印，未予删改，僅代表作者個人觀點，不代表官方立場；原刊本有誤，不予校改，以保留文獻之原貌。

三、《叢刊》所用之底本，因時日久遠存在漫漶的情況，均進行了修復；底本闕文、印刷不清，均保留原貌。

四、爲讀者閱讀之便，《叢刊》中之舊底本目録未標記頁碼者，編了目次；原底本有頁碼和目録，未予重複編目。

五、爲保持文獻的原始風貌，影印本保留了原書書影（原書爲多册，則保留第一册書影）、扉頁等信息。所用底本無相應信息者，則不予妄添，以免錯訛。

目録

俄游彙編

俄游彙編

十二卷

光緒己丑
海上秀文
書局石印

俄游彙編敘目

奉使游歷俄羅斯國戶部主事繆祐孫纂

國家與泰西列邦講信修睦啓關互市交質信使株離卉服雅慕中夏往來紛遝積有歲年凡我方輿土物靡有不習固車書混一之漸共球式九之徵也然賈售止於境上行人厥有定居鉅儒鴻生徒鑽故紙摭拾舊聞折衷胸臆而道理回遠名號改移風尚矜奇機巧鬬獸百數十載彼都亦日新月異今昔頗殊兵家之言貴知乎彼己地理之學首索其隘易伏遇

皇上聖德達聰柔遠能邇

特命舉游歷末秩幸與斯選由　本衙門保送　總理各國事務衙門考試取列第二名於光緒十三年六月十八日帶領引見仰蒙

硃筆圈出旋經　奏派游歷俄羅斯國於七月奉文束裝就道即於是年十月行抵俄都森比得堡寒燠再更舟車迭易跋涉七萬餘里凡其境內山川險要政治得失帑藏盈絀兵力厚薄物產饒歉戶口眾寡俗習美疵親履觀覽爰度爰諮謹纂俄游彙編都為十二卷敢敬敘其簡端曰齊相談兵審轘轅之險唐臣矜博成方物之錄穤才法闡梗概賈耽圖獻華夷五善嫩稱四達宏記凡以

佐夏官職方所掌爲
寘廷益地之規也我
朝自康熙初年即與俄羅斯修好雅克薩一役以後無復兵端嗣
是屢與定界易約胥受羈縻載在盟府其國雖遠踰萬里而東北
西北邊陲相錯一再侵盜實爲勍鄰自
皇清四裔考
欽定一統志通典通考會典平定羅刹方畧外述所親歷堆圖理
琛異域錄上下篇其纏譯全國大勢則林則徐之總記魏源之圖
志徐繼畬之志畧其偶涉一隅攷訂沿革又十餘家而以何秋濤

所編最爲淹貫經進
乙覽蒙
文宗顯皇帝賜名朔方備乘者也夫百聞不如一見營平便宜之
條視影不如察形新息驗効之旨竊懷纘輯未躋方雅成書倉卒
舛畧實多學識博通彌悉前哲惟幸都邑畺索履跡閒闢益以訪
求頗獲鵕實證諸曩笈微得論次鳥卵甕而象齒門敢侈徼瑣山
獅語而樹兒笑力祛誕妄有慙太史聲筆遠賀駕輶軒忝厠司徒屬
官應識輪廣爾其書篇目謹錄左方
卷第一

俄游彙編卷第一

奉使游歷俄羅斯國户部主事繆祐孫纂

俄羅斯源流攷

漢時西域城郭諸國半役屬於匈奴今俄一洗從前之積弱以西域而并漠北洵亘古所未有也前哲著書或曰即漢之北丁零堅昆奄蔡或曰即康居大宛大月氏烏孫或曰即條支或曰即元魏時之烏洛侯唐時之黠戛斯骨利幹其稱烏洛侯者謂侯為侯之譌以國名音轉為據似頗近之兹細審彼音稱其國曰嚕西牙稱其人曰嚕斯格其崛起歐洲之酉名禄利格中國之言俄羅斯皆

自荷蘭英吉利人遞譯詎免譌舛案嘉慶十一年吳熊光等奏查明咯哐國來廣貿易情形咯哐國即俄囉斯國禮部則例亦有咯哐之號此皆就其本國語音譯之其音適合蓋咯斯格三字急呼之即成咯哐也竊攷載籍驗以聞見斷為吐蕃之遺而實兼有以上諸地若瀛寰志畧於歐洲西北各種皆稱土蕃未免失於考核潺樊尼逾積石以開國蠶食鄰蕃以恢土宇地方萬里歷周及隋猶隔諸羌未通中夏所謂萬里者實已在玉門陽關葱嶺之外近人謂俄崛起於唐季又云多土蕃宏士種類又稱為西底阿土蕃其說出西人當必有據蓋其贊普貪嗜貨寶日親華夏全境人民不能相率而至溢出散處部

落分析遂蔓延歐洲東北荒僻之土案舊唐書吐蕃者禿髮也樊尼乃禿髮利鹿孤之子後改姓為窣勃野嚕西牙與禿髮嗒斯格祿利格與窣勃野音實相諧又按後漢書西羌氏族無定或以父名母姓為種號令俄制國中人名載時憲書凡人家生子擇吉日所繫之名命之貴為王子賤為奴隸胥同此稱先代察爾之名任其蹈襲無所忌諱投人名刺系其父名以識別焉此亦一證也譯其國八百六十二年泉一千有五十四年之圖唐懿宗咸通二年逮宋仁宗至和元年時大食最熾亦未能介黑海而接希臘綏林雖萌尚難奄有窮髮其居波羅的海之東以迄於烏拉山者為可列納族唯盾族蔑

獵族撫烈熙靡斯族除緝族撒栗翊族其在波羅的海之南者黎脫哇族烏拉西族即阿蘭西之音轉古奄蔡也其在黑海裏海之東北者馳耳基族別掣族聶幾族喀襟勒族郭索稽族雅斯族包爾嘉勒族俄迫處此七族之西初祇思拉完一族邊境沿黑海之西北包烏拉西人旋服之拓境至波羅的海之南收黎脫哇人招芬蘭人乃始立國泰西人記載謂勃爾噶利人本亞細亞民族遷歐東境以牧為業五百五十九年與斯拉完人合兵濟大腦河畧馬幾頓德賴斯進入東羅馬攷其時即唐之中葉東羅馬屬地實已暨黑海而思拉完族之與勃爾噶利俱由亞細亞遷往固無疑矣若夫拓跋者

古之赤狄初號狄歷北方名為勅勒諸夏以為高車丁零實北方匈奴之别裔唐時党項羌有拓拔氏即元魏之後在古析支之地臣屬吐谷渾吐蕃盛漸偪內徙烏洛侯即烏羅渾又名烏羅護亦北狄也在今尼布楚南境其自稱有魏氏先代石室是拓跋出於烏洛之證不得以近代之俄羅斯當之魏太延三年西域疏勒龜茲烏孫悅般渴槃陀鄯善焉耆車師粟特（即奄蔡）九國入貢魏主方目為絕遠不欲遣使往報今疏勒龜茲鄯善烏孫焉耆車師悅般皆入我新疆而渴槃陀在縛芻河之左月支在暗木河之右（暗木一名阿毋河即水經之嬀水唐之烏滸河其上流即唐之縛芻河入鹹海）條支城臨黑海三面環水嘗入

安息又為大秦大食所并後又淪於西突厥稱克雷木汗至彼國一千七百七十三年即乾隆三十二年始歸於俄唐居本國在今之霍罕初亦跨有歐洲地厥後漸衰在唐稱康國與石國皆臣屬大食是時大食東西萬里與突厥施相接貞元中與吐蕃為勍敵蕃軍大半西禦大食故鮮為邊患則其人固不免為大食所降虜洎大食既衰遺孽崛起適在懿宗之際矣大宛至康居卑闐城千五百一十里西南至大月氏六百九十里其地當在今庫爾干薩馬干之東南俄人近十數年始得者也至於吳兆騫謂邏察一名老羌烏孫種也何秋濤引漢時大月氏由燉煌遷嬀水與今之土

爾扈特由雅爾遷額濟勒河謂行國轉移無常據元人王惲之說斷其為烏孫之後不知烏孫至唐已極衰微縱復遷徙豈能逾裏海而西況遼史尚載烏孫入貢時俄已自立國若云入貢者即俄又何為冒烏孫之名謂俄人自稱老羌訪之並無此語即有之亦不得定為烏孫若以深目碧瞳黃虬髯為確證則凡歐洲之人大半皆然而俄之種類至為不齊嘗詳觀其圖繪先代汗像又不皆深目隆準黃虬髯也元史太祖十七年進取阿速斡羅思康里（即古高車國）欽察太宗九年破欽察并拔斡羅思也列贊城（列贊即列簪其地在莫斯克窪東南）之斡羅思即俄羅斯然譯音亦殊未塙今蒙古語言與俄實

異未可據以為準且唐時西域有怛羅斯與康居俱在今哈薩克右中部案準噶爾實姓綽羅斯當即怛羅斯之譌元開莫府阿母河地實相鄰或因音近目其北皆此類而以怛羅斯該之怛斡一聲至兀魯斯阿羅思鄂羅斯皆其譯音之遞轉也羅剎出於佛書非俄羅斯也其得此稱者乃噜西牙之音譌諸書多專以悉畢爾之人為羅剎謂為俄羅斯屬部已不考矣閻若璩謂俄羅斯定非羅剎不為無見乃俞正燮猶傅會佛書謂羅剎種人素與佛不合自立天主教當佛時羅剎王名阿修羅欺陵佛國佛國深畏之案佛國即五印度當日距俄遠甚遇惡人惡物以羅剎名之皆假名而與真羅剎無與羅剎至今俄羅斯

而極大其言尤誤前明晚季俄始圖悉畢爾得頭曼昌頓之王庭堅昆丁零烏洛侯黠戛斯骨利幹靺鞨室韋之故墟再東則渤海靺鞨俄稱中國人為契丹蓋東海之夷但知契丹徙中上謂華人皆契丹又西遼河中府實近鹹海聲氣早通於康里欽察如泰西人稱東土為亞細亞洲實以古亞西里亞國槩之俄之知有中國或由康里欽察或在得悉畢爾之後故亦稱為契丹矣自來國名族類日久沿譌大都如是當乾隆時俄與土耳基爭得黑海裏海北境又攻取高架所諸部浸假隸東南漢之條支安息康居大月氏大宛唐之怛羅思吐火羅千泉石國（案石國即今安集延明史稱俺的干西域記之諸時）

在漢為大宛之北鄙東曹中曹西曹米國捐毒休循無雷盤陀難兜護密烏秏安國東安何國即今霍占地史國小史諸地俱入其版籍近時之厄魯特布魯特土爾扈特哈薩克皆甘心帖服受其鞭笞矣蓋蕞爾小邦久淪荒磧帕首鐻耳分裂僭居無復舊觀俄人攘奪營構行國變為土著縣度化為坦夷豈天假之以明盛衰遞嬗之理歟脫竟昧利不顧黷武弄兵罔識天道抑知華夷有截禍福相倚不戢自焚有明徵也

譯俄人自記取悉畢爾始末

悉畢爾古稱廣莫其北沮洳其南高爽連山若濤為之域坂埕波

衍於其中有大水三西曰倭別河東曰埜尼塞河又東曰咧納河皆入北海咧納距埜尼塞千六百餘里（倍中國里）埜尼塞距倭別六百餘里地奇寒歲盛夏始和煦產皮毳民種類非一北惟游牧性懦南有部居黠而強俄歷一千五百七十八年（明萬歷五年）俄人始有至者以獵為生與土人雅不協時交鬨其汗伊萬弟四聞遂欲以兵襲取之攷俄人之初至也結小村落旣而拓地廣築堡砦強土人輸皮毳泉一千六百年（明萬歷十七年）有葉爾嗎克者緣避罪逋之悉畢爾肇基託波爾次得撒爾彌袞晃蘇爾姑特及伊爾推什河左右地在拉類穆簗一礟台歸告其汗獻所掠地汗善之一千六百二

十年（明泰昌元年）築託穆司克枯士聶慈因乞爾幾子（即哈薩克元史土土哈傳還至和林有詔進取乞里吉思師次欠河冰行數日始至其境盡收五部之衆槩此即俄稱乞爾幾子所自昉也）侵擾築二城以備之也旋至埜尼塞河收其地服圖魯汗人及滿噶塞人一千六百四十年（明崇禎十四年）圖魯汗人北徙東姑師或往槎拏維雷埜尼塞人（舊唐書黨項羌傳有野利越詩野利龍兒野利厥律兒或即此種）亦漸南徙至克拉斯諾雅爾司克時乞爾幾子方與俄構釁俄聞二族分道遁亦分兵躡其後遇則勒索皮毳至咧訥河會二路俄兵復自相爭事旋解築城而居曰雅古特又分兵為二路一向阿爾丹河一向北氷海沿牙拏河岸收攸嘎幾爾人別一軍往南收倭烈克明司克後遂由

拜噶爾湖南收烏金司克一千六百六十年（我大清順治十六年）一軍循倭烈特河一軍循阿爾丹河至阿穆爾會略地迄海涯（朔方備乘言俄人自雅庫進兵略地於崇德四年直抵東洋荷葛斯海岸由是收郭列穆斯科地即謂此事而時之先後既舛即斯時俄亦未全收東海濱地也）由烏蹴亞河歸築阿勒巴屋城（即雅克薩）阿穆爾（即黑龍江）以北地悉為俄有於是築伊爾古茨克城築聶爾琛司克城（即尼布楚）一千六百八十年（康熙十八年）得喀米槐德頻海地（瀛寰志略稱為岡札德加）又曰堪察加形如大刀頭枯爾伊利群島（即古利群島）一千六百八十九年（康熙二十八年）中國索阿穆爾地（案平定羅剎方畧是役也自康熙二十一年始至此乃與其使費要多羅定約立碑）毀阿勒巴屋城遂與中國立約定界還阿勒巴屋聶爾琛二城一千七百二十七年（雍正

五年與中國在布領司克近恰克圖俄昔有守令立約初俄之綱紀未立至一千七百有八年康熙四十六年大比德始將全俄之地分省以悉畢爾地為一省一千七百三十一年雍正八年於東海濱哦霍特茨克城設總管頭目一千七百七十五年乾隆三十九年女主葉喀帖林又分悉畢爾為三大省一為伊爾古茨克一為喀里灣一為託波爾是時規模麤創條理未密民多不受約束一千八百二十二年道光二年乃分東西兩境以埜尼塞省之別諾雅爾地為界西則託波爾司克託木司克倭穆司克為大省駐託波爾之格聶拉勒固畢爾納脫兼理界務東則伊爾古慈克為大省其格聶拉勒固畢爾納脫主交涉

事一千八百五十四年（咸豐四年）於西邊仙米帕拉停司克設一官次格聶拉勒固必爾納脫因守土者誅求乞爾嘰子無厭距託波爾遠靡所控訴故也（蓋地實哈薩克者何時攘得此記未詳）一千八百五十八年（咸豐八年）與中國在愛琿立約自此築城於阿穆爾曰布拉郭悅式厘司克類省而其制不備設固必爾納脫一員謂中國以此地相讓也頻東海又築卜哩摸爾司克尼顆拉耶務司克（即廟爾）尼顆拉尤要設固必爾納脫一員一千八百六十年（咸豐十年）在中國北京定約將烏穌哩河東至於海地盡讓於俄建城曰務拉的倭斯脫克（即海葠崴）一千八百七十五年（光緒元年）與日本定約以海為界以古爾尹川羣島

易薩哈霖島（即庫頁島）一千八百八十二年（光緒八年）以阿克模林司克仙米帕拉停司克仙米烈成司克（此數省即上所稱伊爾推什河左右地仙米烈即七河省俄語七曰仙米河曰烈喀）三地歸併設一格聶拉勒固畢爾納脫轄之駐倭穆司克撤去託波爾之格聶拉勒固必爾納脫而以固畢爾納脫易之託穆司克亦然一千八百八十四年（光緒十年）以褉拜噶爾及阿穆爾皆歸卜哩模爾之格聶拉勒固畢爾納脫統轄旋移駐哈巴羅夫城（即伯力）以其地居水陸之衝兼顧江海之隘也（案格聶拉勒固畢爾納脫執兵權兼轄數省其制實倣中國之總督固畢爾納脫專管地方實倣中國之巡撫然一省之地實有不足當中國一郡者細校之正如總兵官及知府

謹論曰漢有衛霍之功而匈奴卻塞唐經安史之棝而吐蕃窺邊
蓋夷狄貪狡時平則順化世亂則乘危古今一轍也當國初時俄
人雖至東海濱及黑龍江以北實未敢遽謀竊我邊壤康熙初年
三藩變起用兵南服彼乃潛入雅克薩尼布楚迫我
聖祖仁皇帝撻伐用彰問罪於城下又以
敕書付荷蘭諭之彼即進表輸誠謝罪就撫還我侵地今譯此記
言之無隱且云二城并歸乃察罕汗遣使時所命固如是也伏讀
平定羅剎方略大臣索額圖等奏言尼布楚雅克薩既係我屬所
居地臣等請仍如前議以尼布楚為界此內諸地均歸於我

上諭令以尼布楚為界必不與鄂羅斯則彼遣使貿易無棲託之所勢難相通爾等初議仍當以尼布楚為界彼使者若懇求尼布楚可即以額爾古納河為界仰見

覆幬深恩綏集遠人之至意厥後遂以額爾古納河為界使當日索額圖等堅執初議彼亦何敢抗棱乎自茲百餘年彼悉畢爾諸城雖極盡措畫而於我塞垣實未能進尺寸如乾隆五十八年明亮奏查明尼布楚雅克薩原委

高宗純皇帝諭以雅克薩內屬尼布楚城屬俄羅斯

聖訓煌煌彌嚴畛域彼亦無不祇遵凡此數約藏諸典屬山台幹

河千古不易後之議界者自應執輿辨爭乃道光咸豐之際英人犯順繼以毛賊内訌中原多故北兵南征沿邊斥候偶疏彼因覬釁而動任意欺蒙一再易約遂以隣我國家發祥之地數千餘里畫歸異域而東北江海襟喉半為所據其所建屯堡與我吉林黑龍江二省徑涂四達儼若户庭擇伯力之地鎮以大酋駐以水陸重兵時更新其法令又於黑龍江諸山掘金開墾移民以實曠土增船以興商業聞法人據越南英人據緬甸則怦然心動垂涎朝鮮其貪念彌熾狡謀彌深我之防維固有亟於宋室之經略西夏明人之備禦東倭者矣

譯俄人自記取中亞細亞始末

中亞細亞分西北為一境東南為一境西北兼沙漠舄鹵東南多大山白彌爾山（即蔥嶺）直接天山判中俄界河曰希爾達利邪（即納林河）介其東曰阿母達利邪介其西二水皆入阿拉爾斯科邪摸咧（即鹹海）有湖曰巴爾哈什（即伊犂湖）為伊里河所歸亦在西一千七百年（康熙三十八年）希注主山尼亞士因布哈爾（即元時之木乃兮或曰木剌奚）陵之入貢莫司克窪遞書輸款大比德復書許之一千七百有三年（康熙四十一年）山尼死嗣曰阿蘭馬蔑特又致書投比德納其降聽兩國民通商因聞其地產金一千七百十四年（康熙五十二年）大比德遣武臣布果利司取

道悉畢爾徑指葉爾羌循阿母達利河求金沙布果利司道死託
波爾之總管代領其衆進至濯爾喏伊爾推什失道止遣使還報
命班師即於所過築三城曰倭穆司克曰仙米帕拉停司克曰烏
思奇哈㸚諾果爾司克一千七百十六年（康熙五十四年）遣王爵撇科葦
持車爾噶司克領兵由阿母河希爾河往臨希注布哈爾責其貢
獻軍距希注一百八十里希人覺率所部拒之俄兵敗王沒寨地
勢俄與希注中亘乞爾幾子諸部希注又與之暱道路之梗塞軍
食之不濟皆乞爾幾子之為之也（於是見哈薩克右中各部當日甚强俄實畏而忌之）大比
德於是志收乞爾幾子先遣使通好許其通商不納稅以利誘之

所謂先欲取之必固與之北虜竟能知此一千七百三十四年雍正十一年大比德辛宜萬
立乞爾嘰子使命至且納貢然俄民經其境者猶輒受陵侮遂築
礮台于倭連布爾克及倭木司克以逼之乞爾嘰子不愳陵侮如
故又於界外甌脱建兵房四道西曰烏拉爾司克北曰薩馬拉東
曰烏伊東北曰薩克馬爾一千八百有十年嘉慶十四年前此七十餘年但時事侵削
之計未敢大起兵南向者我兵方平青海定新疆諸回部大半內附彼聞聲威故彌斂戢爾得荒地於力爾顛
克伊烈克之間曰嗎列呵爾木曰中嗎列呵爾木一千八百二十
二年道光二年以嗎列呵爾木之乞爾嘰子皆屬倭連布轄其地統名
倭納達割半隸悉畢爾一千八百二十四年道光四年至一千八百三

十四年道光十三年始大興開墾建兩礮台於土爾迄司丹屬地曰亞立克山曰新亞立克山一千八百三十五年道光十四年於烏拉爾烏伊兩河間得地約寬六百餘里周圍四千里歸倭連布轄又建礮台五一曰英劈拉脫爾一曰拉思烈一曰寬思垣廳一曰尼果烈一曰米海洛今名烏遵阿達在裏海之濱一千八百四十五年道光二十四年於倭連布屬之土爾該建礮台一烏拉爾屬之伊爾咭建礮台一千八百四十六年道光二十五年喀拉塔勒河之南近伊犂邊所居乞爾嘰子入俄貢獻一千八百四十七年道光二十六年於喀拉塔勒河之東乞嘰子地建闊跋勒城將治其民也又建唯爾訥城其地直抵伊里河界

當是時中亞細亞地自北至東皆為俄有餘西南一角而已與布注布哈爾及散處之乞爾嘰子鄰三族時出抄掠俄主決志取之一千八百五十三年咸豐三年俄遣兵自倭連布遵希爾達利邪河步步為堡建撒羅爾斯礮台一千八百六十二年咸豐十一年又從東遣一軍由悉畢爾進攻霍罕三城曰比時別克曰託客馬克曰蔑兒克一千八百六十四年同治二年霍罕人因哈薩克受俄役使攻之俄合二軍伐霍罕迭勝降其衆道光二十二年敖罕為布哈爾所滅虜其酋長頭目遣使告捷於卡命乃不旋踵為俄所敗矣一千八百六十五年同治三年二軍又奪塔什干一千八百六十六年同治四年得霍占一千八百六十七年同治五年破布哈爾礮台

雅尼苦爾干設土爾迄司丹總管官格聶拉勒固必爾納脫塔爾巴哈台以北塔什干以東並霍罕地皆屬俄總管駐塔什干城考中國西陲鄰境葉爾羌距阿富汗四十驛距克什米爾五十驛皆為蔥嶺枝幹橫阻惟浩罕安集延一路絕少隘塞途徑較多今諸回部皆服於俄且聞內地叛回多數於是甚為所用誠可慮矣一千八百六十八年同治六年南取薩馬爾干此城所居內地叛回約數百人烏爾姑特偏擦干特皆布哈爾地也布哈爾遂與俄和其軍東南抵天山西南抵幾薩爾山與布哈爾定界留霍罕一城與其民居其民怨之潛通希注將與連兵叛俄復所失地一千八百七十三年同治十一年俄發兵三路進問罪希注一由倭連布一由克拉司吶倭得司克一由塔什干三路既集希注敗

乞盟定約以阿母河為界右屬俄左屬希又得地在鹹海裏海閒分為二一曰滿𠹭什拉克一曰克拉斯吶倭得司克一千八百七十五年（光緒元年）霍罕人常叛亂遣兵滅之獲其全境名曰費爾干省是時希洼布哈爾之南有土爾克綿尼人未服叵出劫掠一千八百七十六年（光緒二年）遣將司科別烈甫往征之其人絕驍勇善戰銀兜鍪白甲裳黑夜使人覩不畏𥗉俄之名將也至阿爾特克（其地四圍沙磧中有水草邨落俄名曰呵仄斯）收阿思哈巴特（即哈薩兒巴什東布魯特部）嘰倭鋏撤二地歸裏海鹹海閒稱襍喀思丕斯省土爾克綿尼之地盡入俄其小部落茷爾甫時猶存（亦呵仄斯）一千八百八十四年（光緒九年）茷爾甫亦降

案所稱土爾克綿尼即布魯特蔑爾甫當即厄魯特之別部也

謹論曰古之王者分九州制五服務盛內不求外故遼絕異黨之域苟自安其生業不為邊患亦惟操宅中馭外之權聽其食息酣豢於其閒羇縻之以為外臣而已顧勢分則易制勢合則難服彼犯誼侵禮邪行橫作其民望恩幸澤舉踵思慕則遠撫長駕又烏容已漢初胡虜披猖通烏孫招大夏降南單于而亭障無烽燧之驚論者謂遠交近攻之效然而自時厥後外夷皆豔羨中國多請內徙魏晉之世中原紛爭羯胡氐羌鮮卑柔然蠡起鶻擊其禍綦烈竊以為實混一之萌芽也方唐盛世拓地至廣突厥回紇靡不

懷畏至稱太宗為天可汗元代之強幾掃盪西域然唐所置都護府受降城但鎮以猛將重兵未嘗經理其土地持禮教信誼以化之遷豪俊善良以實之元建親藩率天性暴悖不恤民隱且無經世之略仍其剽悍疏拙之制用數百城之地得而復失終淪殊俗非真彼蒼以限華戎也我

國家翦滅噶夷平定回畺新畺收四大瓦剌廣幅員者數萬里其徼外諸回部多以弱小憐而撫之其去我邊境稍遠之國曰希洼曰布哈爾及哈薩克左部妄自交通於俄俄遂乘機而進漸及徼外諸部挾詐力以迫脅褚衣冠而伍田疇駐以勁旅布以猾商既

震以威更誘以利使城邑改觀驛路平治度支之費初浮於所入凡三倍今則不及一倍焉蓋是地居蔥嶺西古康居大宛烏孫月氏故壤實近赤道氣候溫和雖間有沙磧而肥沃之區物產饒裕如仙米烈費爾干諸境所產秔稻勝吳下長腰米至於吉貝尤衣被無窮果實亦佳通其估售力其農穡所穫常豐已為經紀爰漸增其繇賦以償所費又因回亂竊居伊犂後雖歸我而邊鄙頗受侵漁夫回俗澆詭罔識順逆洵無以持長久

朝廷閔其小而字之俄乃欺其小而并之揆諸天道亦安能恒有此土耶吳越并而滅於楚六詔并而入於元近世英吉利營亞麥

利加洲後卒歸於華盛頓此中殆有天焉亦不盡關人力矣

俄游彙編卷第二

奉使游歷俄羅斯國戶部主事繆祐孫纂

疆域表上

俄肇基於禄利格晚唐始建國諸甫果倮特數傳後迭經篡亂遷鐵耶甫遷務拉的密爾又遷莫斯克窪屬元兵威脅攘據名都封建親藩垂二百餘載僅存一小部落有明中葉以還兵力漸衰雄材輩出克收舊服因而窮武思盡飈鋭以事之狙伺鄰交鷸歐弱芬披荆翦棘墾闢荒墟維日孳孳罔有絀閒彼德羅徙都森比得堡擅黄海之利與英法德奥通商惠工敬教勸學制度文為徹特

損益先世實舍己從人焉自茲以往日臻强大故其措置時復更革或始立一省既又離析磔裂或始為數城厥後歸并或雖小城為國險隘爰改省治或增益敵土遽竄他名或緣新造以其國主之名易之曩所設施多歷年所糾紛錯雜罙難攷核就今所定次第臚舉撮其大勢則今歐羅巴亞細亞二洲烏拉嶺之左為歐洲其右為亞洲縱四千二百唯爾斯特俄里名中國之分寸尺丈皆以十進一百八十丈為一里俄尺即英尺以八分為寸七尺為丈五百丈為一里橫一萬二千六百唯爾斯特經度自三十七度起至二百有九度止緯度自赤道北三十六度起至七十八度止占地球二十五分之一陸地六分之一焉全國疆域方四十萬有四千密

律法里名合俄里七中國里十四歐洲方十萬亞洲方三十萬四千北盡北海東盡東海巨浸如玦環西南多陸界在歐洲者與瑙威瑞典普魯士奧斯馬加魯梅宜布爾噶為鄰在亞洲者西則土耳基波斯阿富汗阿富汗以額克斯河為界界南為印度界北則俄包希洼布哈爾二國均已臣屬為附庸東南接我喀什噶爾伊里塔爾巴哈台科布多外蒙古烏梁海札薩克圖汗三音諾顏土謝圖汗車臣汗呼倫貝爾黑龍江甯古塔琿春伯都訥三姓朝鮮攷其故封方九萬一千六百寄律耳遮益芬蘭方六千波蘭方二千三百十二襍喀復喀思方三千二百八十四中亞細亞方六萬悉畢爾方二十四萬八百有四歐洲凡四部西

曰波羅的海部西南曰黑海部東南曰裏海部西北曰白海部亞洲凡三部西曰喀復喀思部東北曰悉畢爾部南曰中亞細亞部合之得大省七十七小省十九國都而外名城五不隸於省者二衝要繁劇與偏僻磽瘠又自區別所轄城鎮大小縣判其險遠如中亞細亞悉畢爾一督而率數省乞請敷陳及政令條教多取決焉其壤地輒援人之種類與夫山川風俗之異而別標主名昔賢採輯間有踳駁悉加訂正庶明沿流變遷之實表系屬城山川物產礦台兵屯全界度數道里襍攷都會建置條其大者物產舉其多者而已又其女主葉喀帖離第一時舟人白令尋得北亞美利

加地曰監札加已於二十年前易與美國得五十萬盧布茲故不載至譯音清濁脣齒之間言人人殊拉提託忒彈舌轉喉遂至無文可代強爲傅麗亦復難叶中國南北方音已多舛迕此固恰合彼乃大歧爰於都名省名城名漢字之次增寫俄文用備審辨其它瑣屑概從省略

波羅的海部

康熙四十一年俄取瑞典東瀕海地建新都枕泥瓦江爲治與強鄰偪處所置諸城皆屹然成重鎮當是之時招集英荷才能之士講求製造火器希勒兵法勤習戰艦嚴飭陸軍虎視鷹瞵恒思吞

攫乘瑞典查爾之亡脅割海口大郡嗣值波蘭內閧與德奧聯兵乘敝蹈瑕暴露師徒一再侵削遂滅其國而有其二遺黎思舊後雖屢叛竟以強武讋服分建十省駐兵櫛密以為西邊藩蔽數襲瑞典割其芬蘭不恤廣莫荒寒特建八省距疊嶺層岑以限戎馬之足鞏彼西北此歐洲諸國所以歎其形勢而莫敢輕忽者也都城近畿前人稱為東峩今準地望芬蘭海灣實斜入東南其城近東者三近南者三近西南者四不得以東概之芬蘭昔皆渾舉間又特舉一城疏漏尤甚顧軍制或統於一其他政教賦稅所屬地鎮村堡劃然各有職守剖析鉤稽庶獲要領爾

都會	森比德堡 С Петербургъ 此俄新都 建於一千 七百年即 我康熙三 十六年跨 泥丸江為 治無城郭 宮室 額爾密他 什宮 阿尼敕肯
屬城	擦爾斯柯 耶禹洛 在都南 二十一 里前代 俄主曾 建離宮 避暑 撒持兌崔 甫 在都西 八里今 主避暑 處 撒得雖把 勿絡甫斯 克
山川	柯特琳島 葛和南島 別略作維 島 皆在芬 蘭灣內 蒲理包爾 提斯克格 獵達山 芬蘭海灣 拉多日湖 屬三分 之一 初特湖 屬三分 之一 倭爾霍甫
物產	各國貨物 皆集
礮台	克鑾石達 得 頭等台 在柯特 琳島為 行軍通 商之劇 要有機 器廠專 造師船 所用各 器 拏爾注 頭等台 在芬蘭 口有德 商作廠
兵屯	駐馬步隊 親兵二營 每營實額 一千六百 人共三千 二百人步 隊善鎗親 兵一營一 千六百人 分二隊每 隊八百人 馬隊親兵 二營三千 二百人步 隊守兵三 隊二千六 百二十五
全界	西界芬蘭 海灣西南 初特湖南 布思果甫 東諾甫果 保特北威 波爾
度數	在地球經 度四十七 度五十八 分 緯度赤道 北五十九 度五十七 分
道里	方八百有 九畜律 一畜律 合俄里 七合中 國里十 四
襍攷	俄羅斯總 記稱比特 華瀛環志 略稱比得 羅堡

甫宮
穆拉抹爾
宜宮
以上稱
冬宮或
曰溫宮
冬所居噶
也
米海洛甫
司克宮
殷日藝聶
爾宮
以上離
宮
苑囿
挨爾迷他
博物院
昆斯喀臧
訥萬生院

在都西
南二十
五里今
主之叔
寬忠垣
汀駐此
教訥
在都西
南十三
里有今
主離宮
歲徃居
此
嚧嘎
在都西
南一百
二十九
里
央布爾格
在都西

河
泥瓦江
其水西
流至城
中分三
大枝並
入芬蘭
灣南為
大泥瓦
北為小
泥瓦又
北一枝
分為涅
佛喀小
涅佛喀
斜肆河
嚧嘎河
巴沙河
納羅襪河
屬東岸

造紙及
麻索織
哈喇有
瀑布
什理佘離
布爾克
在拉多
日湖
撒特羅把
勿絡甫司
克
在泥瓦
江上每
日正午
電機升
礮一門

名巡界稽
稅馬兵一
營六百人
工兵六隊
每隊八百
七十五人
一隊親兵
一隊看守
宮物一隊
修造鐵路
三隊安修
電綫發電
報然達爾
穆司柯耶
一隊挨斯
可得侖巡
兵一隊每
隊二百四
十人阿霍
塔駐步隊

海族院
公家花園
官署
內部
外部
兵部
海部
戶部
刑部
管理國家
產業
管官學院
管理水陸
道路
總司會計
管馬廠
藏書庫
鑄錢局
稅關

南一百二十九里

阿霍塔倭拉嚴保

在都西北三十九里

格拉斯諾耶萬洛

即紅村

在都西南二十五里

戰兵一營一千六百人央步爾格孥爾達倭拉嚴保克鷺石達得各一營克鷺石達得駐步隊守兵一隊八百七十五人噶數訥駐枯班喀撒克馬隊一營一百人烏拉爾喀薩克一營一百人專護離宮紅村駐

大學塾
共一百
五十區
半教成
材半教
初學
觀象臺
黎帖街礮
廠
屑思託羅
阿烈司克
軍械廠
倭荷達火
藥廠
波羅的司
克船廠
菩提洛夫
礮廠
寺觀

礮隊戰兵
二營計三
隊第一隊
礮力重九
磅第二三
隊重四磅
隨帶子各
三車以下
同
提督官稱
格聶拉爾
兼轄倭羅
涅蔗諾甫
果倮特布
思果甫挨
斯特蘭阿
爾寒五省

倭羅涅慈 Олонецкая	涅佛寺比德建都時遷其祖瘞於此上造一寺一薩克禮拜堂登其樓見全堡喀聲禮拜堂撤特羅把勿洛甫斯克禮拜堂
威接格拉在省東南三百八十六	
倭羅涅慈山祖山倭涅日湖	
梯烏的司克漢白玉喀爾果波離產黍鼠	
駐防守兵一隊	
西北芬蘭西南拉多日湖比得堡南諾甫	
在經度五十二度有三分緯度赤道	
方二千三百二十一窰律距比得堡	
總記稱爲祿那志略稱廝勒內	

大省

撒特羅薩倭城

Петрозаводскъ

在倭湼曰湖上阿烈克三得鑄礮廠專造海軍所用寬擊則爾斯鐵廠

里麻林拉多曰湖克度產布
引水河屬三分波曰湼湙
口威接之一產布
格拉河謝格湖
上韋格湖
喀爾果波拉嘎湖
離倭湼嘎河
在省東威節格拉
六百有河
八里肆威爾河
波曰湼湙麻林引水
在省北河
一百八
十五里
鋪多曰
在省東
四百八
十六里

果倮特東北六十一四百五十
南倭倮格度四十七一里
達北阿爾分
寒

諾甫果倮特 Новгородъ

大省其城名同為祿利格開基之地五百年前與西面各國通商甚富庶後為莫斯克洼之主所擊破卒非亞天主堂有一千年前古碑

斯他亞盧薩在省南九十一里襪爾台在省東南一百三十二里替合法在省東北二百里有通海小港撤列歎曰泼在省東五百有八里

襪爾台山阿拉溫所分即烏拉爾波羅的之枝伊利明湖白湖倭執湖佘鸞儀河柯勿熱河羅哇吉河佘克司訥河穆思他河莫羅嘎河槎郎奪什河倭爾霍甫河

斯他亞盧薩產鹽及鹹錢水襪爾台產麤麻布船纜有廠鑄大鐘撤列歎曰泼烏思擊日訥別洛捘爾司克均產鐵器

駐步隊戰兵一營步隊守兵一隊斯他亞盧薩駐步隊戰兵一營改拉克扯一營郭魯吉諾一營木拉惟約甫駐砲隊守兵一營寫利什誠司克一營客得唯齊駐工兵三隊一隊親兵一隊治地一隊造

西北比得堡西南布思果甫南特威爾業洛思納甫東倭羅格達北倭羅湼葱

在經度四十八度五十六分緯度赤道北五十七度三十一分

方二千一百五十二密律距比得堡一百七十九里

總記稱阿羅義斯志略稱諾弗哥羅又曰諾戈洛何秋濤謂即倭羅克達為古欽察國地非也按此屬俄最久與倭羅克達本非一地又志略有斯多尼亞當即斯他亞盧薩直以城名為省名又謂有利牙大埔

烏思孳日替合浤引
納水河
在省東替合浤喀
三百八河
十五里
別洛授爾
司克
在省東
北六百
四十一
里
攺拉克扯
郭魯喜諾
在省東
北九十
里
木拉惟約
甫
密得唯齊
在省西

橋

崇利牙即
梨嘎在利
弗蘭省

南三十五里
寫理什誠司克

布思果甫 Псковъ
大省其城名同
大禮拜堂一區
以上地、皆在波羅的海東

倭波赤喀 在省南一百二十二里
倭斯特羅甫 在省南五十二里
渫黎嘆 在省東南一百四十五里
唯利嘰邪

襪爾台山 阿拉文之最高處
布思果甫湖
唯利喀邪河
洛襪吉河
佘鸞儀河

倭波赤喀倭斯特羅甫渫黎嘆三城皆產麻
唯利嘰邪盧吉託羅別汝霍爾木三城產熱皮張

駐步隊戰兵一營步隊守兵一隊

西北初特湖西利邪蘭南威帖布思克東南嘶馬連司克東特威爾東北諾甫果倮特北比得堡

在經度四十五度五十九分緯度赤道北五十七度四十九分

方七百八十四啓律距比得堡二百五十七里

總記稱伯斯果甫

盧吉　在省東南二百六十五里

託羅別洨　在省東南三百五十七里

霍爾木　在省東南二百七十二里

坡爾霍南　在省東七十四里

曬幽蘭 Ньюландъ 大省
節力新弗爾斯城 Гельсингфорсъ
昔芬蘭之酋所駐
芬蘭內務衙門
案芬蘭自其國一千八

博爾郭芬蘭枝山產鹹鐵木四維阿波駐步隊戰西南芬蘭在經度四方一百九總記綜芬
在省東珂特喀山爾兵一營步灣東威波十二度三十一簃律蘭為一部
五十五芬蘭海灣頭等新隊善鎗手爾西北阿十七分距比得堡譯為宏蘭
里頻芬內港式鍋底一隊礮隊波北塔穢緯度赤道三百九十其小部落
蘭灣暗礮在戰兵一營斯特姑司北六十度五里三十有三
挨喀臬斯芬蘭灣四維阿波特森米肘十分即南懷仁
在省東內近北爾駐步隊烈坤輿圖之
一百有小嶼之守兵一隊非納
六里上提督官兼
干革祀瓦爾特轄芬蘭全
在省西果爾境
一百九在芬蘭
十四里灣近北
自威波岸
爾米鐵干革
路止此
保唯褋
在省東
九十九
里

百有九年歸俄後因風俗殊異俄主阿烈克山德予民以自主之權請設此署由境内自舉一長主持大小政令俄所設官不能干其權民得自鑄錢大者名

馬爾克小者名撒尼晢仿佛瑞典制阿烈克三得大學舘	威波爾克 Выборгъ 大省其城名同近海口
	嚧斯切邪在省東北一百七十里 畢特喀蘭在省東北一百八十里 拂厲得利斯岡模在省西一百有
	芬蘭枝山 穢拉阿木島 有大寺 苛臬唯茨島 芬蘭引水河 由賽馬湖引出 拉多日湖屬三分
	嚧斯切邪産黑玉 畢特喀蘭産銅 拂厲得利斯岡模産大石可作桂礎
	威波爾頭等台
	駐步隊戰兵一營 步隊善鎗手一隊 步隊守兵一隊 拂厲得利斯岡模駐步隊戰兵一營
	南芬蘭灣 西畹幽蘭 東南比得堡拉多日湖 北柯批倭森木叶烈
	在經度四十六度二十六分 緯度赤道北六十度四十三分
	方五百四十七客律 距比得堡一百二十里

六里頒
芬蘭灣
有武備
學堂有
學他拉
石塘
切思鄂黎
睦
在省東
北八十
八里拉
多日湖
上
微爾腦斯
特蘭
在省西
北五十
里
叶爾多波
立

之一
賽馬湖
屬其南
一角
倭克薩河
從賽馬
至拉多
其河瀑
曰倚馬
得拉

	柯批倭 Kyonio 大省其伩喀城名同
在省東北一百六十五里	幽烟蘇在省東南二百里 在省東一百七十里 伊頗薩理窰在省北一百二十里 喀爾圖拉在省西
	芬蘭山在省東賽馬湖近北二分之一
	駐步隊鎗手一隊
	善南森米叶在經度四烈威波爾十五度十東北倭羅一分湟慈北烏緯度赤道烈阿波爾北六十二西瓦褋度五十三分
	方六百一十八窰律距此得堡四百三十九里

森米叶烈 СМихель 大省其城名同	
內什果保特 在省東八十五里 格諾拉 在省西南七十五里 不邪克斜芊喀 在省北六十五	北四十五里 勞揚拉節 在省西南五十五里
芬蘭山 賽馬湖 三分之一	
駐步隊鎗手一隊	
善南臘幽蘭在經度四方二百六 威波爾東十四度五十五審律 北柯扯倭十分 距比得堡 西北克褋縴度赤道二百八十 西塔襪斯北六十一 六里 特姑司特度四十二 分	

里

堪噶司聶樣 在省西北六十里

佛爾司 在省東北五十五里

核聶唯希 在省東北二百一十里

塔穖斯特姑

Тавастгусъ

塔穖爾復而思 在省西北一百八十里

芬蘭山 塔穖斯特湖

產小麥菽麥真種植豐歲一粒五穗歉則一穗

駐步隊戰兵一營步隊善鎗手一隊

南暱蚩蘭 東森米叶烈 北瓦穖 西阿波

在經度四方三百二十一度五十一寥律十八分、距比得堡緯度赤道三百六十北六十一八里

司特 大省其城名同	阿波 Aso 大省其城名同昔為芬蘭都會泥攸斯他
離西馬齊 在省南三十五里 拖牙拉 在省西北四十里 鴉木斜 在省東北一百二十里	別爾聶都爾克 在省北二百三十七里濱海
	芬蘭山 阿蘭群島 芬蘭灣 小泊一 小河一
	駐步隊善鎗手一隊
	東南瞻幽蘭西南芬蘭灣西伯特泥港東瑤機斯特姑司特北瓦棣
度	在經度三十九度五十七分緯度赤道北六十度二十七分
	方三百七十六密律距比得堡五百二十里

瀕海通特
商巨埠
阿波船廠

在省西北一百二十里瀕海

諾登達理
在省西北十六里濱海

馬理野航
在省西二百里濱海

拉烏穆
在省西北一百八十里濱海

瓦襍 Ваза 大省

尼閣賴司揖得城 Николайштатъ 頻海口

雅哥朴斯達特 在省東北一百七十一里頻海
噶木拉喀爾泐畢 在省東北二百二十里瀕海
幽洼斯秋拉 在省東南三百十五里
牛喀爾烈虎 在省東

芬蘭山 洼里葛龍島 噶木拉喀爾泐畢河

木質新柴之賈所聚 其埠在波特泥海港狹處

駐步隊善槍手一隊

南阿波塔襪斯特姑司特東柯批倭北烏烈阿波西伯特泥港

在經度三十九度十九分 緯度赤道北六十三度有四分

方六百八十二審律 距比得堡七百一十一里

烏列阿波爾克 Улеаборгъ	
卜拉赫斯他特在省西八十五里 拖爾爲	北一百三十里瀕海 克黎斯梯聶斯他特在省西南一百五十四里瀕海 喀司迦在省西南一百里
芬蘭山 滿色烈迦大嶺 哎訥爛湖 烏慘湖 烏慘河	
船料埠	
駐步隊善槍手一隊	
南瓦樣柯拔倭倭羅湼蕙東阿爾寒北那威國西瑞典伯特泥	
在經度四十三度有四分緯度赤道北六十五度有二分	
方二千八百三十八密律距比得堡六百二十二里	
嘉慶十三年氏瑞立約將芬蘭伯特泥亞二省讓於俄當即以	

大省其域名同在伯特泥港以上為芬蘭全境在波羅的海之北

在省西二百三十里接瑞典邊界

喀亞納 在省東南二百五十一里

泥洼拉 在省西南一百二十里

喀拉約喀 在省西南一百四十八里

茄客約奇河

拖爾篤河 與瑞典為界

塌納河 與腦威為界

港

上二省

挨斯特蘭 Эстляндия 大省

波羅提司剖爾特在省西四十七里海口塔蒲斯在省東南八十一里唯厝畢蘭克在省東九十七里嗎普薩里在省西南九十八里濱海內有閏海水

烏拉爾波羅的枝山達郭島窩爾穆思島芬蘭灣納羅穢河屬西岸初特湖北岸三分之一

法普諸貲所辛

烈威力台即因城為之頭等

駐步隊守兵一隊巡邊界稽查關稅馬兵一營

北芬蘭灣西波羅的海南利邦蘭初特湖東比得堡

在經度四十二度二十七分緯度赤道北五十九度二十五分

方四百六十七密律距比得堡三百四十七里

志略有里窩尼亞即烈威力殆以城名為省名總記又稱曰里圭何秋濤謂即斯多尼亞非也

烈威力城 Ревель

在芬蘭海口為通商行軍之要道倭來大禮拜堂高四百三十尺

大浴池
唯森石特
茵
在省東
南一百
七十九
里

麗馥蘭 Лифляндія
大省

黎嘎城 Рига
在維納
河上昔

吉納莫特島拉爾波產哈喇絲
在省北羅的枝山綫毛織罽
五十二奴懦島褥各種布
里維納莫勒島匹帆纜各
河入海哎接黎島種糖皆有
處鵠羅島作廠凡俄
迭爾鋪特黎嘎灣腹地所產
在省東初特湖貨物皆營
北二百厲西岸萃於此分
四十五三分之運各國
里瀕海一
有大學微爾營湖

吉訥冥特駐步隊戰北挨斯特在經度四方八百二康熙六十
台因城兵二營步蘭西波羅十一度四十六客律年俄與瑞
名在黎隊守兵二的海南庫十六分距比得堡興立約以
嘎海灣隊巡邊界爾蘭東南緯度赤道五百六十理佛尼亞
維納河稽查關稅威帖布司北五十六八里及愛斯託
入海處馬兵一營克東布恩度五十七尼亞二郡
礟隊戰兵果甫初特分歸於俄即
一營湖上二省也
阿蓮斯布南懷仁坤
爾克駐巡輿圖稱里
邊界稽查福尼亞稱
關稅馬兵其城曰利

布國之墊　恩拔河
舊域通撤爾諾甫挨阿河
商大埠

在省北二百四十一里梨嗚海灣有哈喇作廠

阿蓮斯布爾克　在省西北四百有三里哎接梨島有大浴池

倭里馬日　在省東北一百一十三

一營

加備乘稱比牙利斯德又曰即利牙地志略稱思多尼亞

里挨阿河上

淵顛在省東北八十三里挨阿河上

日爾羅在省東北二百四十四里

洼爾克在省東北一百六十二里

帝林在省東北二百

二十二里

庫爾蘭大省 Курлендія

迷他洼城 Митава

在挨阿河上以上地上波羅的海南

韞他洼在省西北一百八十九里小海口在韞他洼河上

里巴洼在省西一百七十六里瀕海商埔冬不封河

葛理金壁在省西

烏拉爾波羅的枝山黎嘎海灣挨阿河與麗馥蘭所屬同名而實別一水韞他洼河西維納河屬其左岸

駐步隊戰兵一營步隊守兵一隊

里巴洼駐步隊戰兵一營馬隊戰兵一營治地工兵一隊

噶尖波特駐造橋工兵一隊

弗屬得利施他特駐造橋工兵一隊

北黎嘎灣西北波羅的海南隅勿諾東威帖布司克東北麗馥蘭

在經度四十一度二十四分緯度赤道北五十六度三十九分

方四百九十密律距比得堡六百一十四里

南懷仁坤輿圖稱古爾蘭的亞何秋濤謂即戈蘭非也志略稱孤爾蘭的亞

北一百三十二里
噶尖波特在省西北一百四十一里
弗屬得利施他特在省東南一百一十九里六百年前屬布國
土昆在省西北五十四里

	威帖布司克 Витебскъ 大省其城名同
包司克 在省東南四十三里扶阿河上 雅可卜司捐得 在省東南一百七十一里	的斈布爾克 在省西北二百四十四里西維納河上有鍈路
	阿拉文斯克山 西維納河 嗒斯卜獵河 鳥朧河發源於阿拉文
	產麻及麻子淡巴菰 湖泊饒魚
	的斈布爾克頭等台 因城為名
	駐步隊戰兵二營步隊守兵一隊 的斈布爾克駐步隊戰兵三營步隊守檄
	西北麗韍蘭西南庫爾蘭唯里納南明司克摩畿略南東嘶馬連司克北布思果甫
	在經度四十七度五十二分緯度赤道北五十五度有十分
	方七百九十八器律 距比得堡五百八十一里
	總記稱威底基

在西維納河上大商埔其民白俄稱曰別羅嚧斯格

五條　波羅慈克　在省西北一百有四里西維訥河上古城也曾與法主拏破侖弟一戰於此其地為泊船埠
曰利曰　在省東北八十一里西維納河上

哆別日湖　小泊　獵撒離湖　轟曰利湖　其餘小泊凡九百區

兵二隊礮隊戰兵一營礮台駐備戰礮步兵二隊礮隊新兵一隊

烈日褉在省西北二百八十二里

留青在省西北二百七十里

聶日立在省北九十七里

特裏薩在省西北一百五十八里西維納河上

哆多日

	唯里納 Вильна
在省西北一百九十七里哆別日湖上 𤢨撇離在省西北一百一十三里烏朧河上 郭羅多克在省北三十七里	的思納在省東北二百九十六
	唯里耶河西維納河支流湟捫河
	駐步隊戰兵四營步隊善銃手三隊步隊
	北闊勿諾西蘇襪爾噶湟捫河南格囉得
	在經度四十二度五十七分緯度赤道
	方七百六十一容律距比得堡六百六十
	坤輿圖稱未爾納總記稱威爾那

大省其
城名同
在唯里
邪河上
俄西重
鎮
其民白俄

里在西
維納河
上
式韞淺
在省東
北八十
四里
唯列莬喀
在省東
南一百
三十里
倭賁勉
在省東
南七十
四里
李達
在省南
八十九
里
特保奇

屬其右
岸

守兵二隊
然達拉馬
兵一營礮
隊戰兵一
營開造鐵
路工兵一
隊
李達駐端
河喀撒克
馬隊戰兵
一營
式韞淺駐
步隊善鎗
手一隊
提督官兼
轄庫爾蘭
麗馥蘭闊
勿諾格囉
得諾穌穢
爾哦威帖

諾明斯克
東北威帖
布思克維
納河

北五十四
度四十一
分

三里

	闊勿諾 Ковно 大省其城名同在湼捫河上船埠其國一千八百十二年時法主拏破侖攻俄帥
在省西二十六里	韋利科睿爾在省東北六十四里桃落根在省西北一百七十三里有稅關攸耳布爾克在省西一百里有稅關
	湼捫河屬其北岸挨阿河發源之處韞他洼河發源之處維里邪小枝流
	韋利科睿爾厓麻
	闊勿諾頭等台
布司克明司克摩錢略甫	駐馬隊戰兵一營步隊戰兵二營步隊守兵一隊囉西假儀駐馬隊戰兵一營僂爾黎駐馬隊戰兵一營薩勿離駐步隊戰兵一營坡湼曰爾日駐步隊
	東北庫爾蘭西普魯士南蘇襪爾嘰唯里納
	在經度四十一度三十三分緯度赤道北五十四度五十四分
	方七百二十五睿律距比得堡六百九十四里

六十五萬兵大戰於此喪十之八九

囉西俍儀在省西北八十四里

迭離施在省西北一百八十六里

薩勿離在省北一百七十一里

坡湟日爾日在省北一百四十五里

諾倭阿烈克山德羅

戰兵一營格伊丹理駐平原馬礮兵二隊桃落根駐巡邊界稽關稅威爾日波羅倭馬兵一營章別科洛爾駐礮隊戰兵一營

甫司克
在省東北一百七十一里

開達禾
在省東八十二里

莫差其阿拉齊准利實錢
在省西北二百二十三里

倭爾棃
在省西北一百六十五

里
格伊丹理
在省北
六十八
里

格囉得諾 Гродно

大省其
城名同
在湼捫
河上
普駐重
兵自其
國一千
七百九
十三年

卜烈司特
里拖勿司
克
在省西
南二百
有三里
西布嘎
河上
別絡斯脫
克
在省西
南八十
里
別孛司克

湼捫河
沙拉河
西布嘎河
屬其東
岸
波布爾河
得湼卜爾
布嘎二河
之引水河
皆經此界
境內多泊
淖地窪下
蓄潦難涉

別絡斯脫
克產哈喇
毛罽距城
不遠有密
林名別洛
唯爾斯喀
雅普施槎
方二百五
十俄里中
有獸首類
獅身似牛
其主甚重
之歐洲諸
國所未有

倭所唯汝
頭等新
台
卜烈士特
里拖勿斯
克
頭等

駐步隊戰
兵三營步
隊守兵一
隊礮隊戰
兵一營
倭所唯汝
駐步隊戰
兵一營
卜烈士特
里挖勿司
克駐步隊
戰兵二營
倭爾柯唯
司克駐步

北蘇襪爾
嘰唯里訥
西囉撲熱
哆得列茨
南倭校司
克東明斯
克

在經度四
十一度三
十分
緯度赤道
北五十三
度四十一
分

方七百密
律
距比得堡
八百一十
一里

總記稱俄
羅雛

時波蘭主退位俄與德與三分其地重兵始漸撤以上在波羅的海西南

在省西南一百二十五里

蒲魯差泥在省南一百八十三里

倭爾柯唯司克在省南九十三里

思羅尼木在省東南一百六十七里沙拉河上

珂璞林

也因將此林封禁凡民不得往芻牧及傷此獸產猞猁猻熊獐野豕狼

隊戰兵一營

珂璞林駐步隊戰兵一營

別李司克駐步隊戰兵一營

別洛斯脫克駐馬隊戰兵一營

思羅泥木駐馬隊戰兵一營

卜烈士特里拖勿司克駐步隊守兵二隊礮隊戰兵一營平原

	瓦爾沙注 Варшава 大省其 城名同 在維思
在省南 二百三 十五里 洋柯爾噶 在省西 南四十 三里 惹頻喀 在省南 一百有 五里	枯特諾 在省西 北一百 一十八 里 保威飭 在省西 七十五
	維思納
	河城中蕃庶 百貨皆充 枯特諾產 糖有作廠
	阿烈克山 德 台在城 内
馬礮兵二 隊 思羅尼木 駐建修鐵 路工兵一 隊 倭爾柯唯 司克駐礮 隊戰兵一 隊	駐步隊親 兵一營馬 隊親兵一 營步隊戰 兵三營 枯班喀撤 克馬隊一 營礮隊戰
	北布羅茨 克囉摸熱 西普魯士 南茄勒茨 撤特羅闊 甫拉多穆 東哆奪列 茨
	在經度三 十八度四 十一分 緯度赤道 北五十二 度十四分
	方二百六 十三客律 距比得堡

納河之　里
左　思切爾湟
波蘭國華沙
之舊都
在省西
六十一
里
阿烈克山
德洛倭
在省西
北二百
二十里
德俄界
上
復諾沃拉
弗司克
在省西
北一百
六十九
里
拉底明

兵一營礮
城備戰兵
一隊步隊
守兵二隊
然達拉馬
兵一營工
兵四隊安
修電綫三
隊開造鐵
路一隊
復羅沃拉
弗司克駐
馬隊戰兵
一營步隊
戰兵一營
步隊善鎗
手一隊巡
邊界稽關
稅喀理士
馬兵一營

在省東北二十五里

民司克　在省東南六十五里

拉迭葉拂　在省西北三百里

格米嘍　在省南七十五里

過拉喀婺喀立亞　在省南三十五里

保威飭駐步隊戰兵一營礮隊戰兵一營恩切爾涅章茨駐步隊善鎗手二隊阿烈克三德洛倭駐步隊善鎗手一隊守台兵一隊栝特諾駐步隊善鎗手一隊果司堆凝駐礮隊戰兵一營拉底明駐

喀理士 Калишъ 大省其	
穎羅 在省東北六十二里洼爾達河	渠司推凝 在省西北一百三十九里 婆哈製甫 在省西北五十里
洼爾達河 入卜諾士納河 卜諾士納河	
產毛織各貨哈喇為大綜	
駐馬隊戰兵一營巡邊界稽關稅本省馬兵一營	平原馬礮兵二隊 格來嘍駐步隊戰兵一營 過拉喀黎喀立亞駐步隊戰兵一隊 其提督轄波蘭全境惟蘇襪爾巉歸維里訥
西北西南普魯士西卜洛士納河東南撒特羅鬧甫	
在經度三十五度四十六分緯度赤道北五十一	
方二百有五啓律距比得堡一千二百八十一里	

城名同上在卜訥河上與德國接界為通商大埠

蓮池軋在省東一百三十五里

蔫拉慈在省東南七十五里洼爾達河上

日留恩在省南九十一里

哥寗在省東北五十里洼爾達河上

左岸屬德右岸屬俄

蓮池軋駐東北尼爾度四十六步隊戰兵沙洼　分一營

日留恩哥寗各駐端河喀薩克馬隊戰兵一營

敦斯喀雅倭列駐平原馬礮兵一隊

肆魯溥仄 在省北七十七里與普為界

都烈克 在省東北三十八里

注爾達 在省東南六十二里注爾達河上

自敦斯喀

雅倭烈 在省東南一百十五里

普羅茨克 Плоцкъ

大省其城名同在維思訥河上

利卜諾在省西北五十五里 穆拉注在省東北八十三里 卜拉思理什在省東北一百一十八里 石蓮司克 博唯馬斯奪 褋果保餃木

維思訥河右岸 復可拏河

諸倭格倭爾括弗斯克頭等

駐步隊戰兵三營 利卜諾駐馬隊戰兵一營 石蓮司克駐端河喀撒克馬隊一營 穆拉注駐步隊戰兵一營 卜拉思理什駐步隊戰兵一營 諸倭格倭爾括弗司克駐礮隊戰兵一營 礮城備戰

西北普魯士南瓦爾沙注東羅摸熱

在經度三十七度二十一分緯度赤道北五十一度三十三分

方九十七啓律 距比得堡一千一百六十七里

	羅摸熱 AoMma 大省其城名同在拉列甫河上
	倭恩得羅連嘎 在省西三十三里拉列甫河上 其國一千八百三十一
	拉列甫河 博卜爾河 流入拉列甫河
兵一隊治地工兵二隊 博唯馬斯奪駐造橋工兵二隊 禁果保飭木駐看守官物工兵一隊	駐步隊戰兵一營馬隊戰兵一營巡邊稽稅喊爾日波羅倭馬兵一營 倭恩得羅連嘎鋪勤
	北普魯士西普羅次南尼爾沙洼哆得列汝東格倮得倮
	在經度三十九度四十五分緯度赤道北五十三度十一分
	方二百一十九寮律距比得堡九百八十六里

年勝波
蘭叛黨
處
鋪勒堵司
克
在省西
南八十
八里拉
列甫河
上
馬勒廷
在省南
八十五
里
倭斯特羅
甫
在省西
南七十
二里
哥裏諾

堵司克馬
勒廷各駐
步隊戰兵
一營
倭斯特羅
甫駐礮隊
戰兵一營
石楚成駐
馬隊戰兵
一營
倭思得羅
連嘎駐平
原馬礮兵
一隊

	蘇檖爾嘰 Cyвалки 大省其城名同
在省北二十七里 石楚戍在省東北四十三里 馬作唯汖在省東南五十里	喊爾日波羅倭在省北一百七十七里與德爲界有税關
	湼捫河屬左岸其右屬維里訥阿呂顧思拖倭引水河通唯思
	駐馬隊戰兵一營平原馬礮兵二隊馬利才木訥波立駐馬隊戰兵一營
	北闊勿諾南格羅得諾西普魯士東唯里
	在經度西十度三十六分緯度赤道北三十三度四十分
	方二百二十三密律距比得堡九百一十里

	阿烏顧思拖倭 在省南二十八里大集鎮每遇集期諸貨俱集如中國之趁墟 阿列克所得 在省北七十里有稅關 馬利牙穫波黎 在省東北五十六里	納與涅捫二水			阿烏顧思拖倭駐端河喀薩克馬隊一營喀爾瓦里耶駐礟隊戰兵一營			

撒特羅闊甫

Петроковъ

喀理瓦里耶在省東北四十里

袞伊內在省東三十里

烏拉的思拉倭在省北九十六里

羅吉在省北六十二里

卜列金在省東

濶卑林嶺由奧國分枝

森多密爾嶺由奧國

羅吉產吉貝花各種綿綫有作廠

駐步隊戰兵一營巡邊稽稅喀里士馬兵一營

西北喀理士西德莫界東茹勤兵泆拉多穆東北洼爾羅吉拉洼沙洼

在經度三十七度二十二分緯度赤道北五十一度十九分

方二百二十二吝律距比得堡一千一百八十五里

案此省名實與比得堡所屬撒特兒霍甫同蓋未得波蘭時故

大省其
城名司

北七十
五里
可留什發源
在省東
北六十
里
脫馬灼甫
在省東
北五十
里
阿拉奪穆
司克
在省西
南七十
五里
成思奪霍
甫
在省西
南四十
二里大

分枝
洼爾達河
陂裏乳河
轄其左
岸

各駐步隊
戰兵一營
誠思奪霍
甫駐步隊
善鎗手二
隊
阿拉奪穆
脫馬灼甫
各一隊
羅吉駐礮
隊戰兵一
營平原馬
礮兵一隊
成思奪霍
甫駐馬隊
戰兵一營

竊其名而
裔置之以
志必取也
如薩馬干
在回部而
泥瓦江上
亦有郵名
薩馬干至
於土爾基
之君士坦
丁或以之
為人名或
以之為地
名蓋尤不
能忘者也

集鎮有大廟一區

編金在省西南一百四十六里近奥國界

瑣斯諾唯汝在省西南一百五十八里

格拉尼擦在省西南一百五十二里與奥

為界

拉司克 在省西北四十九里

拉注 在省東北九十九里

迦勒汲

Knabybı

大省其城名同

庵德列業甫 在省西南三十三里

薩霍甫 在省西南七十四里

哦理古什

沼草林嶺 森多密爾嶺 比利稞河 其西撒特羅闊甫界 維思訥河 在南與 界

駐步隊戰兵一營平原馬礮兵一隊 品擢甫駐馬隊戰兵一營 薩霍甫駐端河喀撒克馬隊戰

西撒特羅闊甫南與斯馬加東北拉多穆

在經度三十六度十六分緯度赤道北五十度五十二分

方一百八十三密律

距比得堡一千二百一十八里

在省西南一百一十二里
品攉甫 在省西南五十里
斯拖布擬札 在省南六十三里
吳諾什攉甫 在省西北五十里
比里擦 在省西

兵一營
吳諾什攉甫駐礮隊戰兵一營
比里擦駐平原馬礮兵一隊

南二百六十七里

拉多穆 Padomr

大省其城名同

倭波飭訥在省西嶺北一百一十五里

寬司克在省西八十里

卜勤在省西南五十里

伊里熱在省南二十九里

森多窩爾溜單林嶺維思訥河由西包至北比利粺河由南包至東北

駐步隊戰兵一營礟隊戰兵一營

寬司克顆吻泥營吞駐步隊戰兵一營

士達灼敷駐馬隊戰兵一營

森多窩爾駐巡邊稽稅阿拉幾威保甫馬兵一營

北洼爾沙洼西撒特羅闊甫西南與斯馬加東溜單林東北吻奪列涘

在經度三十八度十六分緯度赤道北五十一度二十四分

方二百二十四客律距比得堡一千一百四十六里

倭巴尋甫 在省南七十九里

森多密爾 在省南一百有八里

顆多泥砦 在省東北三十六里

土達脫灼弗 在省西南一百一十四里

吻奪列茨 Cndleyъ 大省其城名同

璐穎甫在省南二十六里 淵革羅甫在省西北四十四里 瑣穎絡甫在省北二十八里 别拉在省東南六十六里 拉金在省南一百三十四里

維思納河屬其東岸 西布噫河屬其西岸

駐步隊守兵一隊 瑣穎絡甫執列霍甫各駐步隊守兵一隊 别爾拉駐礮隊戰兵一營 匆洛塔注駐馬隊戰兵一營 羅西仈駐平原馬礮兵一隊

北囉摸熱 西瓦爾沙 洼西南拉多穆 南灣臯林 東格囉得諾

在經度三十九度五十七分 緯度赤道北五十二度十分

方二百六十密律 距比得堡一千有二十八里

喀爾倭琳 在省西南一百二十五里

熱列霍爾 在省西南九十五里

勿洛撻洼 在省東南一百五十四里

囉西仄 在省東二十九里

鴉諾爾 在省東

八十五里

潘阜林 Люблинъ

大省其城名同 以上在波羅的海西波蘭境內十省

諾威阿列潘阜林嶺 克山德耶森多密爾嶺 在省西北六十五里 潘巴爾脫甫 在省東北一百七十二里唯卜爾日河上 霍爾木 在省東南九十六里

維思訥河屬其東岸 唯卜爾日河發源之處 西布嘎河屬其西岸

波布羅勿宜幾頭等 伊萬果保特頭等在唯思拉河上 襍莫思期耶頭等

駐步隊戰兵一營礮隊戰兵一營 霍爾木駐喀撒克馬兵一營 襍莫思期耶駐步隊戰兵一營端喀撒克礮隊馬隊戰兵一隊礮城備戰兵一隊 波布羅勿宜幾駐守

北哆奪列茨西拉多穆南與斯馬加東倭棱司克

在經度四十四度十四分 緯度赤道北五十一度十五分

方三百有五密律 距比得堡一千一百四十四里

案波蘭總記稱為戈蘭

刻拉斯諾斯達甫
在省東南四十九里唯卜爾日河上
牙諾甫
在省西南八十三里
禖莫思期邪
在省東南八十五里
別爾勒果乃
在省南一百三

礮台兵一隊礮城備戰兵一隊
伊萬果保特駐步隊守兵二隊治地工兵一隊
格嚕畢灼甫駐馬隊戰兵一營
別勒果乃駐端河喀撒克馬兵一營
格嚕畢灼甫駐馬隊戰兵一營
刻拉思諾斯達甫僅

十三里

革噶別灼敦　在省東南一百有八里

倭波烈　在省西七十里

駝馬說弗　在省南一百一十四里

什車卜慈深　在省南一百三十五里

波列各駐步隊戰兵一營

牙諾甬駝馬灼專各駐端河喀撒克馬隊戰兵一營

什車卜慈深駐端河喀撒克騎兵一隊

黑海部

俄人之得逞志於東南者實緣女主葉喀帖林第二時與土耳基稱兵決勝獲黑海之殷富又剗諸小國弱肉而強食於是括其糧粟鹽鐵以佐軍儲因利乘便長驅遠騖開地萬里顧近海商埠利之所在害亦隨之其民錯集天方猶太暨英法德奥之巨商五方輻輳風氣不齊無事則酣嬉有事則浮動又南鄰土耳基之東部西鄰魯梅宜奥斯馬加疆場之事一彼一此偶有症懈遂啓窺伺馭內防外亦屬匪易如赫爾酸他勿利二省所轄諸城皆其最緊且要者也可汗離宮左賢別業暇資游豫亦用以填撫其民春秋

佳日風物清美憑眺其間使人思土戀慕蓋後漢甘英所臨之西海也欲訪驢分苫國澤散之存亡而遺聞邈焉案新唐書古大秦居西海上一曰海西國西海即黑海也又曰在苫西北直突厥可薩部西瀕海有遲散城東南接波斯地臣役小國數十以名通者曰澤散曰驢分今診其地勢當在阿速以東而古跡淪滅無從訪求矣飛橋渡海在古為奇今之機艇颷輪抑又勝之而長梯百尋豈即古人遺法邪元祖起漠北征蔑里擣阿速兵勢之强摧枯拉朽封狼居胥更奚足喻惜無豐碑隆碣紀述勛名徒想像羆虎軍容而已綜大省十五小省一大城三兼白俄小俄新俄即南俄大俄地

省　屬城　山川物產　礮台　兵屯　全界度數　道里　襍攷

斯馬連司克 Смоленскъ

大省其
城名同
據山建
造極為
雄峻
其國一千
六百十二
年分波蘭
時曾為戰
場一千八
百十二年
與法𡊮擊
破侖大戰
於此

唯爾吉麻阿拉丈山唯爾吉麻
在省東湼卜爾河產餅餌名
一百六發源於卜斂宜克
十五里此俄人嗜之
劇邑也倭步薩河各省皆取
葛惹次克其水由給於此
在省東葰熱河葛惹次克
北二百流入再產鐵器多
二十三入西維鍊作廠
里葛惹納河
齊河上喀斯卜斂
大商埠發源於
別播此其水
在省東入西維
北一百納河
四十六葛惹齊河
里倭步發源於
薩河上此其水
薄列飭耶入襪俎
在省西札再入

駐步隊戰北特威爾在經度四方一千有總記稱斯
兵二營步西布思果十九度四十七寄律摩連志略
隊守兵一甫威帖布十三分距比得堡稱斯摩棱
隊礮隊守司克西南緯度赤道六百九十
兵一營摩鐵略甫北五十四九里
唯爾吉麻南車爾泥度四十七
駐礮隊戰果甫阿略分
兵一營勿東莫斯
葛惹次克克注
駐馬隊戰
兵一營步
隊守兵一
隊

有大浮圖高六十丈

北七十四里喀斯朴斂河上

克拉斯界在省南四十六里湟卜爾河上

託羅步日在省東九十二里湟卜爾河上

葉儀訥在省東南一百一十里

由和諾爾在省東

倭爾噶河

烏格拉河發源處

節斯拉河發源處南流入識耶爾境再入倭爾噶河

摩
ebe

南二百七十八里烏格拉河上
囉思拉南在省南一百一十里
都霍佛勒拉在省東北五十三里
西制弗喀在省東北二百三十四里
石顆洛南阿拉丈山
在省北涅卜爾河

駐步隊守
兵一隊步
北威帖布
司克東南
在經度四
十八度
方八百七
十密律
總記稱目
布里甫志

識略甫 Mozul 大省其名同在湼卜爾河上貿遷多猶太人其西境之俗每禮拜六停市其民白義

三十五里湼卜爾河上

倭爾沙 在省北七十里湼卜爾河上泊舟埠

郭蔑黎 在省南一百七十一里朔日河上劇邑

囉格擢南 在省南一百有八里湼卜爾河

朔日河 巴西河 此水入朔日河同入湼卜爾河

隊戰兵二營

郭蔑黎郎駐劄隊戰兵一營

車爾泥果甫東嘶馬連司克

緯度赤道北五十三度五十四分

距北得堡七百二十九里

略稱摩宜勒威

上泊舟埠

卑霍甫在省南六十一里湟卜爾河上

穆思梯斯他勿立在省東一百四十里朔日河上

撒立果爾在省東南八十七里朔日河上

客里莫維池

明初

在省東南一百三十三里

果耳期 在省東北八十一里

察勿斯 在省東南四十八里巴西河上

哆羅 在省西北一百四十八里

薄里索甫 在省東

肆唯斯羅 飭河

頻司克產 熱皮張有

波布魯齊 礮台

駐步隊戰 兵二隊每

北唯里納 西格囉得

在經度四 十五度十

方一千六 百五十六

總記稱敏 塞

斯克 Минс

大省其城名同在肆唯斯羅飭河上地卑溼其半多水其民白俄

北七十五里在別烈齊拉河上司徒顛喀在省東六十八里別烈齊拉河上波布魯彝司克在省東南一百三十九里頻司克在省西南二百五十四

別列齊拉河又引水河通湼卜爾至西維納卜里別齊河郭林河湼捫河發源之處汶訥河伺魯斥河鄙納河亞邱爾達河唯里亞河發源之處

作廠十區

頭等

隊八百人馬隊戰兵二營每營九百四十人步隊守兵一隊礮隊戰兵一隊波布魯彝駐步隊戰兵二隊步隊守兵一隊頻司克駐步隊守兵一隊鼎士唯日駐馬隊戰兵一營諸倭格魯

諸南倭林斯克鐵耶南東摩鐵略南東北威帖布斯克

三分緯度赤道北五十三度五十四分

寄律距比得堡八百四十八里

里
額列遲搭
在省東
南一百
七十八
里
斯魯茨克
在省南
一百八
十五里
末慈克
在省東
南三百
有六里
卜里別
齊河上
諾倭格魯
朵克
在省西
一百五

沙拉河
發源
處其水
入涅們
倭
金引水
河
引沙拉
至亞些
爾達

朵克駐建
修鍊路工
兵一隊

十三里
湼捫河上

伊古綿格在省東南九十八里

聶士唯日在省西南一百有五里

車爾泥果甫

Черниговъ

大省其城名同在節斯

諾甫果倮哆唯立斯克

在省東北二百二十三里

斯他羅堵卜

阿拉丈山節斯拉河其水田此二木河入伊卜奇河在湼卜爾之左

斯他羅堵卜產麻產椴木皮格盧霍甫產鐵器聶矽產淡巴菰

駐步隊戰兵三營步隊守兵一隊馬隊戰兵一營諾甫果倮哆唯立斯克格盧霍甫拔圖陵

北喇斯馬連司克西北摩羲略甫西民斯克羲耶甫南坡爾塔羲東南古爾司克東阿略勿

在經度四十九度緯度赤道北五十一度二十九分

方九百五十一賽律距比得堡一千有八里

總記稱查尼俄甫志略稱者爾厄痾弗

拉河上其民小俄稱曰馬絡嚕西牙

在省東北一百七十六里

格盧霍甫　在省東二百七十里其土可作瓷

灼斯謙火藥局

克囉列唯茨　在省東二百四十里大集場

拔圖陵　在省東

薄爾茨拏課節列茨各駐步隊戰兵一隊即由本城分出

聶初駐步隊守兵一隊礮隊戰兵一營

南一百九十六里昔小峨建都之地

聶訶在省東南七十五里別思博羅特大學塾昔多希臘人

睦格陵在省東北二百三十五里

郭羅得拈

課節列放　在省東北五十六里
薄爾淥峯　在省南六十三里
可諾脫卜　在省東南一百三十四里
諾倭吉卜果甫　在省東南一百六十九里
　在省東

北一百
五十四
里
倭斯黠兒
在省南
八十一
里節斯
拉河上
鎖司泥擦
在省東
南一百
三十五
里
蘇拉日
在省東
北二百
七十
里

坡爾
aba

克列明初蘇拉河
在省西卜眉爾河

駐步隊戰
兵三營礮
北車爾泥
果甫西南
在經度五
十二度十
方九百有
六密律
總記稱布
爾多洼郎

塔礮 Толм

大省其城名同在倭爾斯克拉河上依皇迎大集每歲一次期十四日約出入二千五百萬盧布大比德時在此敗瑞典兵事在其國一千七百有九年其地曠野

南一百一十二里與克留果甫鄰湼卜爾河上水陸大埠由北來者皆麥由南來者皆鹽保年尼在省西北一百六十八里蘇拉河上有集場二當期

倭爾思柯拉河二水入湼卜爾湼卜爾河轄東岸荷羅里河葛魯湼河別列思脫南河烏台河保合唯擦河

隊戰兵一營步隊守兵一隊克列明初寬司坦幾諸隔拉特各駐步隊戰兵一營即本城所分保年尼駐馬隊戰兵一營曾卜泥朴理盧幾各一營保爾唯茨駐烏拉爾馬隊一營作洛脫諸熱駐馬隊守兵一

幾耶甫南協爾酷葉克接離思納甫東哈爾果甫

四分緯度赤道北四十九度三十五分

距比得堡一千三百有六里

南懷仁坤輿圖之木耳度瓦何秋濤謂為新比斯克非也

平衍無山出入五百
其民小俄萬盧希

魯卜尼在省西北一百三十四里蘇拉河上有大園圃昔比德羅所建皆種藥材至今官藥俱取給於此其餘私家園圃極多

別列牙斯訥甫

隊別列牙斯訥甫二隊波果睹霍弗一隊扯爾奴哈一隊雅果勤一隊

在省西北二百六十四里昔小我主博葛丹霍袞離泥淳格於其國一千六百五十四年時在此立約降俄主阿烈克西米海諾威飭
噶嘉飭
在省北

一百一十一里葛魯湟河上

堅穎甫在省北七十五里

作洛脫諾薩在省西二百四十四里

顆別獵齊在省西南七十一里倭爾斯克拉河上

寬斯坦汀

諾隔拉特
在省東南七十四里別列思脫甫河上

倮合唯茨
在省西北一百八十九里倮合唯擦河上

審爾果倮特
在省西北一百三十七里霍羅里河上

皮獵汀
在省西北一百七十七里

樸理盧幾
在省西北二百一十八里烏台河上

荷羅里
在省西北一百里霍羅里河上

波果睹霍甫
在省西北一百

	古爾斯克 Курскъ 大省其城名同在此模河上
六十五里扯爾奴哈在省西北一百五十里雅果勤在省西北二百五十里	果爾司克在省西一百三十七里此模河上朴梯勿利在省西南二百
	烏拉爾喀綿訥耶格獵達在南境格獵達即畦也蓋山脉凸起之形
	產畫眉鳥果爾司克產麻織各物哈喇氈毯作廠蘇札產銅器
	駐步隊戰兵一營步隊守兵三隊礮隊守兵一營倭波倨宜駐步隊戰兵一營別勒果保持
	北阿略勿東倭保湟日南哈爾果甫西車爾泥果甫
	在經度五十三度五十一分緯度赤道北五十一度四十四分
	方八百四十三密律距比得堡一千一百有六里
	總記轄戈塞

哥連拉耶大集場距城二十七里其貿易出入每年約一千萬特盧布其民大我

一十四里古城在哆模河上　別勒果傑特在省南一百三十三里端湟河上劇邑民多媚藝事　蘇札在省西北一百四十七里民多善

哆模河發源　蒲胥洛河發源　端湟茨一小較　倭思顯爾河　倭爾思格端湟茨拉河發源

駐步隊守兵一隊駐礮隊戰兵一營阿果爾司克駐平原馬礮兵一隊駐端河喀撒克礮隊馬兵一隊

製銅鋏刀斧鎖鑰等器

格來倭倮勒

在省西南二百有八里倭爾思格拉河上

得米得利耶南

在省西北一百三十六里

顆羅擦

在省西八十一里

里此模河上懦威倭思柯立在省東南二百四十三里斯他立倭思柯立在省東南一百六十一里以上二城在倭思顆爾河上倭波偃宜在省南

織耶甯 Kielz	
別爾蹡遲甯在省西一百五	一百二十一里蒲廇洛河上機模在省東九十里法切日在省西北四十四里什期萬槼在省東五十七里
喀綿納耶格獵達湼卜爾河屬其右	
產糖大莪諸省皆賴之每歲約出五百萬	
織耶甯頭等	
駐步隊戰兵一營步隊守兵二隊倭連布	
北明斯克南協爾酸西倭林斯克坡多立	
在經度四十八度十一分緯度赤道	
方九百二十九密律距比得堡一千一百	
總記稱幾富忠略稱究部	

大省其城名同在湼卜爾河上九百八十八年至一千二百四十年舊都備庫古禮拜堂古城郭基址故宮室今為俄主離宮齊葉倭別撒爾廟內有窟室深廣容數千人昔之奉

十里多猶太人阿盧復里大集場出入一千萬盧布合每歲各業所入約五千萬盧布別拉耶且爾顆甫在省西南八十一里囉西河上劇邑車爾喀斯

岸有大橋接火車道帖帖烈甫河其水入湼卜爾嚹西河其水入湼卜爾

鋪特

喀薩克馬隊戰兵一營礮隊戰兵二營山內散隊礮步兵三隊每隊礮八尊然達拉馬兵一營工兵十隊治地三隊看管官物一隊造橋兩隊安修電綫發電報三隊開造鐵路一隊別爾幾遲甫車爾喀

斯克東北坡爾塔襪東車爾泥果甫

北五十度二十七分

四十一里

教者没後咸送入率非耶教堂

八百年前所造葉洛斯訥甫酉在此定制度

烏納的窖爾大學館

寬特拉克得大集場每年出入五百萬盧布

其民小莪甫

在省東南二百九十三里涅卜爾河上昔多雜頗倮日測游牧之民雜處其間往往生事

齒機陵

在省東南三百五十里

瓦西理果

在省西南三十

斯各駐步隊戰兵一營礮隊戰兵一營

別拉耶且黎果甫駐馬隊戰兵一營

烏鑾駐步隊守兵一隊提督兼轄倭林司克坡多立思克

七里

自日宜果倮特喀在省南一百八十八里

喀湼弗在省東南二百一十四里

喀綿喀在省東南一百九十五里

麗博唯茨在省西南一百九十五

里

拉奪美斯在省西九十八里帖帖烈甫河上

肆克威拉在省西南一百一十五里

拉什槎在省南一百二十里囉西河上

烏蠻在省西南二百

	倭棱司克 大省 Волынь
六十一里 髮思奪甫在省西南六十五里 喀撒經在省西南一百五十五里	克列勉涅汝在省西二百七十三里地極番庶拉極威羅
	喀綿納耶格獵達在南半境四駟鶩赤河發源郭林河發源
	倭斯特羅郭產哈喇
	駐步隊戰兵二營步隊守兵一隊克列勉涅汝駐步隊戰兵一營馬隊戰兵
	北格羅得諾明斯克南波多立司克西溜卑林哆奪列汝西南與斯馬加東鐵耶甫
	在經度四十六度二十分緯度赤道北五十度十五分
	方一千三百有二密律距比得堡一千二百三十二里
	總記稱窩爾者尼志略稱窩黎尼亞

日拖迷爾城 Житомиръ

在帖帖倭斯特羅烈甬河郭上其民大栽

南肆推爾河發源在省西北二百三十五里與奧國接界有關稅

帖帖烈甬河發源

西布格河右岸

在省西北二百一十三里

務拉的客爾倭棱司克

在省西北三百一十六里

一營端河喀撒克礮隊馬兵一隊拉極威羅甬駐步隊戰兵一營巡邊稽稅本城馬兵一營魯慈克駐步隊戰兵一營馬隊戰兵一營都卜諾駐步隊戰兵一營馬隊戰兵一營務拉的客爾倭棱司

囉雜勿諾
在省西
北一百
七十四
里
岢威黎
在省西
北二百
九十九
里
都卜諾
在省西
北二百
三十一
里
襍司拉甫
在省西
一百八
二里
魯慈克

克駐端河
喀薩克馬
隊一營
囉雜勿諾駐
礮隊戰兵
一營
士拉烏達
駐平原馬
礮兵一隊
襍斯發勇
駐步隊戰
兵一營
倭斯特羅
郭駐步隊
守兵一隊
岢威黎一
隊

在省西北二百五十里

啫倭格拉特倭棱司克

在省西北八十二里

倭勿嚕斥

在省東北二百二十六里

斯他囉寬思垣汀

在省西南一百二十九里駟四駑

	波多立司克大省 Подольская 喀 ольскъ
赤河上士拉烏達在省西一百二十五里克黎沄在省西北一百五十五里	莫蹻烈甫在省東南一百三十二里湼思特河上包爾榻在省東南三百
	喀爾巴特枝山其祖山在奧境湼斯特爾河河南布格河左岸思末得里
	莫蹻烈甫產桑釀桑落酒又產糖食窨漬
	駐馬隊戰兵二營步隊守兵一隊唯尼禩駐步隊戰兵一營步隊守兵一隊獵蹟赤甫
	北倭林司克西奧斯馬加西南別薩拉南協爾酸東鐵耶甫
	在經度四十四度十四分緯度四十八度四十分
	方八百有六寨律距比得堡僅一千四百九十里
	總記稱波羅里阿志略稱波多里亞

一十九里看買賣城

布拉次納甫 在省東二百三十九里

卜羅斯庫羅佛 在省北八十八里

唯尼襆 在省東北二百有六里

以上三城在南布格河

乜湟浹城 Каменецъ Под

在息米得里黑赤河上依山為城其民小栽

之塞伊普日駐步隊戰兵一營圖理成駐步隊善鎗手四千拉堆仍八百包爾榻駐步隊守兵一隊理經駐礮隊戰兵一營果偎司可倭駐端河喀撒克礮隊馬兵一隊司他勿泥札駐平原

上
敃星在省東二百七十二里
獵蹟赤甫在省東北一百三十九里
理經在省東北一百七十六里
司他勿尼札在省東北一百二十里

馬礮兵一隊

羅倭烏什擦
在省東六十六里

倭里柯駁利
在省東南二百八十六里

楊蒲黎
在省東南一百八十六里溼恩特河上

圖理成
在省東二百里

	別薩拉比亞 Бессарабие 大省 嘰深 въ
果保司可倭在省東南二百二十里拉堆任在省西南二百十五里	阿克爾腦在省東南一百六十三里涅斯特爾河上劇邑霍屋在省西
	喀爾巴特枝山涅斯特爾河西岸普魯特河其水入多腦河口東屬俄
	產酒麻各種果木勤達孝最多阿克爾腦產鹽酒淡巴孫其民羊業此三者
	霍屋頭等邊迭爾頭等
	駐步隊戰兵二營步隊守兵二隊平原馬礮兵一隊邊迭爾阿克爾腦各駐步隊戰兵一營諾倭宮利
	東北倭林司克東協爾酸東南黑海南魯梅尼多腦河西魯梅尼普魯士
	在經度四十六度三十分緯度赤道北四十七度有二分
	方二百有八密律距比得堡一千七百二十九里
	坤輿圖稱必查納總記稱密沙那彌志略稱北薩拉比亞備乘作比沙拉比孜其國一千八百一十年俄

虐甫城 Кuшeн
在阜格河上
大集場邊迭爾
其民新栽

北二百六十九里與與接界涅斯特爾河上邊迭爾
在省東南五十四里涅斯得兒河上
諾倭窩利幾
在省西北二百七十三里
土顆斂宜
在省西

西屬魯梅宜
多腦河
阜克河
其水入涅斯特爾河

幾伊曰馬
以勒各駐
巡邊稽稅
本地馬兵一營
諾倭窩利幾駐瑞河
喀撒兒礮隊
馬兵一隊
伊曰馬以勒鎖羅幾各駐馬隊
戰兵一營

土立約土將多腦河口西北一省讓於俄即此地也

北一百七十五里與會梅宜接界以上二城有稅關

伊自馬以勒在省西南三百有五里

齊里亞在省南三百六十五里多腦河上

別理婁

在省西北一百二十一里

倭爾接耶弗

在省北四十一里

鎖羅幾

在省北一百七十六里涅斯得兒河上

雅思

在省西北一百一十里與曾梅

宜接界今其城屬疊俄以易多腦河者也

赫爾酸 Херсонъ

大省其城名同在涅卜爾河上大船廠其民新我

倭疊薩城

在省西一百八十三里黑海大埠為比得堡之亞多高門大廈富室巨商萃焉

大布格河入黑海鸜鴣爾河涅卜爾河轄西岸其水入黑海鸜鴣別莰河入涅卜爾涅斯特爾河

俄西南所產木料聚集於此再發往各埠阿疊薩產務驕湖鹽歲出五百萬鋪特野黎薩唯特格拉特倭茲涅旋司克二城為牛羊羣

尼可來耶復二等阿疊沙平礮台海口水雷極多有鐵閘阻敵舟

駐礮隊戰兵一營步隊守兵二隊阿疊薩駐步隊戰兵二營端河喀薩克馬隊一營然達拉馬兵一營巡界稽稅馬兵一營步隊

北畿耶甫坡多立司克南黑海西別薩拉必亞涅斯特爾河東葉克接離司納甫東南他勿利制司克涅卜爾河

在經度五十度十七分緯度赤道北四十六度三十八分

方一千二百八十五窩律距比得堡一千七百三十三里

內府圖作格里博根總記稱卜循志略稱給爾孫或曰協爾酸詳審其音惟赫爾酸三字為準其尼可來耶復南懷仁圖作尼閣辣

停泊商舟約千餘艘英法德意之人皆至其人多操法語管理地方衙門諸倭羅西師克大學館稅關每年出入貨直九千萬盧布查驗人口關因防瘟疫

東岸

所萃生理以鬣角之獸為大綜

善鎗手一隊駐治地工兵三隊安修電綫工兵三隊尼可來耶復駐步隊戰兵一營步隊守兵一隊端河喀薩克馬隊一營看守官物工兵一隊野黎薩唯特格拉特諸倭格倭鐵耶甫寨爾果傈特各駐馬隊

也通海馬頭有長梯寬三十馬如大橋

尼可來耶

復

在省西北六十二里布格河與鸚姑爾河合流之處海口船埠黑海水師提督駐此船廠

戰兵一營倭慈涅旋司克駐礮隊戰兵一營

阿列克三得理亞駐平原馬礮兵二隊

提督駐倭疊薩兼轄葉克揆離司納甫別薩拉必亞他勿利制司克

觀星台
倭兹湼旋
司克
在省西
北一百
四十五
里布格
河上
大集場
野黎薩唯
特格拉特
在省北
三百三
十三里
鸚姑爾
河上
大集場
二城生
理大綜
在戴角

之獸如牛羊之類

阿烈克三得理亞 在省東北三百二十六里鷓姑列茨河上

阿拉擬耶甫

諾倭審爾果保特 在省北三百九十四里

擠拉斯波立

他 [illegible]

些涯斯拖坡離

在省西北二百九十一里

自拉綿嘎在省北二百二十五里

克留顆甫在省北二百六十五里

畢爾鋤擊在省西北二百七十五里

克雷木半島

酒料木料所聚克雷

些涯斯拖坡離

駐步隊戰兵一營步

北葉克接離斯納甫

在經度五十一度四

方一千有九十六密

總記稱擄利達又名

勿利治司克 Таврическ 大省

星飛洛波立城 Симферополь

在克雷木半島薩勒幾爾河上其民新俄

在省西南七十二里海口昔與英法土意大戰於此此船廠巴拉赫拉洼在省西南八十二里海口曲港敵舟不得深入所居多猶太人

槎特爾達格山高五千尺亞依拉崖他勿利山薩勒幾爾河河涅卜爾河東岸西洼灘海

木產果木蒲陶梨李櫻桃蘋婆果取油橄欖為最多半黎拖波立產羊

頭等切爾赤頭等

隊守兵一隊馬隊散兵二隊三百人此洼斯拖波離駐步隊戰兵二營步隊守兵一隊巡邊稽稅馬兵一營礟隊戰兵一營切爾赤駐步隊戰兵一營步隊守兵一隊巡邊稽稅馬兵一營匪倭朵西

西北赫爾酸西南黑海東亞速海

十六分緯度赤道北四十四度五十七分

律距比得堡一千九百五十五里

格里彌阿志略稱濤里達內府圖作澤爾訥備考作道里達李光廷漢西域圖考謂條支國今俄羅斯南境南裁五部高加薩新藩五部地今按後漢書條支國城在山上周回四十餘里臨西海海水曲環其南

巴楴赤薩來

在省西南三千里昔克雷木汗之都故宮園亭猶存廛閭多就地列市一切仍其舊俗婦女出外多以白布羃面極避男女之嫌孩童多赤體走

亞駐步隊戰兵一營別爾顛司克駐喀薩克馬兵一營克雷木駐馬隊守兵一營巡守全島

及東北三面路絕唯西北隅通陸自當在克雷木島之北洼斯把坡立爾地或至高加薩索必盡着今南俄五部也

市閙其民皆奉天方教

初數特嗒列

在省西南七十里多猶太人皆上等者性頗慧黠

鴉爾塔

在省東南八十九里黑海埠有浴池能除疾在亞伊

拉崖之畔

黎洼皆 在省東南七十八里近鴉爾塔有俄主離宮

倭爾馬達 在省東南八十里近鴉爾塔有俄主弟寬思坦丁之別業

阿陸卜戛 在省西

南七十六里近此洼斯拕坡離有花園

匪倭朵西亞大城在省東一百里海口

蘇達克斯山谷

切爾赤大城在省東一百九十里在亞速海黑海之口為行

軍通商
之劇要
挨尾喀獵
在省東
二百有
三里
二城屬
一城長
別爾顛司
克
在省東
三百五
十八里
阿速海
口
舟埔出
黑海口
者五穀
入阿速
口者魚

鱻
半黎拖波立
在省東南二百二十五里
多布國人居此講穡事甚勤
耶勿拔多立亞
在省西北六十三里地多沙灘以沙泥浴可除疾

	葉喀帖離諾斯納甫 Екатеринославъ 大省其城名同在涅卜爾河上
撒列顆甫 在省北一百三十三里黑海亞速之間	巴赫模特 在省東二百五十一里有大石炭鑛 斯納唯諾屑兒卜司克 在省東三百三十三里端涅泼
	端涅泼山山内有石炭鑛 端涅泼河 涅卜爾河河中有石灘 喀爾窩無思河
	產各牲畜脂民販毛角為生俱運往阿疊薩產淡巴菰 巴赫模特產石炭馬理伍駁離所出貨以大小麥為大綜
	駐步隊戰兵二營步隊守兵二隊 諾倭莫斯果甫斯克駐步隊戰兵一營步隊守兵二隊 拔無諾格拉特駐步隊戰兵一
	北玻爾塔襪哈爾果甫南他匆利山西協爾酸東端斯喀耶
	在經度五十二度四十四分緯度赤道北四十八度二十八分
	方一千二百二十九窰律距比得堡二千有四十四里

大集場
其民新栽

河上
盧干作
廠
馬理伍駁
離
在省東
南三百
六十三
里
亞速海
口
多希臘
人
阿列烈克三
德奪嚙離甫
在省南
八十里
涅卜爾
河上
唯爾克聶

營
巴赫模特
駐礮隊守
兵一營

波卜爾斯克
在省西北六十六里

羅作洼耶
在省東北一百二十五里、

諾倭莫斯果甫司克
在省東北二百九十里

拔無諾格拉特
在省東八十三里

哈爾果甫 Харковъ

大省其城名同在哈爾果甫河上大學塾一區其城商務其大有大集場四曰克列士成斯克每歲開一月曰烏斯斟思克耶每歲

蘇梅在省西北一百八十七里卜學兒河上有大集場市馬者最多開十四日亦犂穆在省東南一百二十三里北端湼茨河上司拉完在省東

端湼茨山一角哈爾果甫河北端湼茨河倭爾思克拉河倭斯果爾河卜學爾河蘇拉河

產毛織各物淡巴菰大小麥油麥蘇梅產馬亦犂穆產牛羊麥石多運往塔干洛出口

駐步隊戰兵二營步隊守兵三隊倭連布喀薩克馬隊戰兵一營蘇梅駐步隊戰兵一營馬隊戰兵一營倭羅昌司克駐步隊戰兵一營亦犂穆駐平原馬礮兵一隊端河喀撒克礮隊馬兵一隊

北古爾斯克倭羅湼日南葉克接離斯納甫西南坡爾塔𤲞東端斯喀耶

在經度五十三度五十四分緯度赤道北五十度

方九百有六寮律距比得堡一千三百三十五里

開二十日
日頗可羅
甫司克耶阿赫堆爾
每歲開一喀
日日圖類
益司克耶
每歲開一
月計一歲
出入四千
萬盧希克
列最大每播郭獨霍
歲約二千數
萬
其民大俄

南一百
六十里
在省西
北一百
有八里
倭爾思
克拉河
上
在省西
北六十
一里
洼爾峨
在省西
南五十
二里
倭倮吕司

阿赫堆爾
喀駐馬隊
戰兵一營
楮古葉甫
一營
提督管兼
轄阿略勿
車爾泥果
甫坡爾塔
機窩囉湟
日古爾司
克端斯喀
耶

克
在省東北六十四里
宇彌邪南
在省南三十七里
枯偏司克
在省東南一百七十七里倭思果爾河上
躐別玎司克
在省西北一百七十五

	窩囉湼日 Воронежъ
里下學兒河上思他羅別粟司克在省東南二百一十四里楮古葉甫在省東南三十六里阿合的爾克	波布羅甫在省東南一百二十九里碧秋
	端湼汊山窩囉湼日河碧秋格河霍撇爾河
	穀麥所聚牛羊油所聚波布羅甫產馬駐建
	駐步隊守兵一隊把勿羅甫司克一隊倭思得保
	北阿略勿貪博甫南哈爾果甫西古爾斯克東南端
	在經度五十六度五十二分緯度赤道北五十一
	方一千一百九十六密律距氏得堡一千一百
	總記稱窩羅義斯志略稱窩羅尼日

大省其城名同在窩囉涅日河上其民大俄

格河上赫連諾勿官馬廠其馬善走專備騎布圖理諾甫加邨其民多精於藝事碧琉赤在省西南一百六十八里城中有阿烈克此耶甫噶村波姑槎爾

三水皆入端河端河或曰敦河其水有三枝流所經之地甚廣其兼端字者皆是倭思果爾河

能負重布圖理諾甫加邨產羊皮熟牛皮鞾阿烈克此邪甫加邨產向日葵油

郭日司克薩端勒波姑槎爾喀拉朵雅克尼稽耷甫克阿烈克此邪甫理淵司克烏拉若倭喀拉池布圖爾尼諾甫加倭蘭左扶克別羅果爾邪別特羅甫克洛西邪倭播打博甫蔑洛瓦耶各駐馬隊守兵一隊

斯喀耶東薩拉耷甫

度三十九分

五十四里

在省東南二百七十二里瓦雷 在省西南二百二百二十九里薩端勒 在省北八十四里端河上節末連司克 在省西北四十四里哥囉素雅	
一百五十人碧瑠赤二隊把勿羅甫司克四隊	

克
在省南八十八里
尼日里疊尾淡克
在省西六十七里
諸倭霍撇爾
在省東南二百七十六里霍撇爾河上
倭思得倮郭日司克
在省東南一百

八十五里

把勿羅弗司克喀拉朵雅克在省東南二百二十里

倭蘭在扶喀在省西南二百有二里

別羅果爾邪在省西南一百五十一里

喀斯端 HCka-eojl	
囉思奔甫在省西南三十八里端	別特雅甫克尼稽奔甫克理淵司克在省西南一百九十里烏拉若倭喀喇池巍洛瓦耶播打博甫在省東南二百里
端涅茨山大端河阿克賽河入大端	
端涅茨山產石炭葛盧魯甫喀產石油	
駐端河喀撒克馬隊一營囉思奔甫	
北葛羅涅日薩拉奔甫南枯班司塔勿羅	
在經度五十七度四十六分緯度赤道	
方二千九百有九密律距比得堡	
總記稱端戈沙斯地理全志同喀薩克郎	

邪小省[illegible]

諾倭飭爾喀斯克城

在阿克賽河上有喀薩克提督駐此其民三年充兵三年耕作

河上大集場二百貨所萃 阿克賽在省西南二十五里端河上 河上魚鮮市 拉思多爾在省東一百六十一里端河上蒲陶園二千區方二十俄里 次穆蓮

河霍擻爾河入大端河 幾蟲嚾吉禚河 伊洛無斂河 薩爾河 馬泥赤河 端湟茨河 挨牙河入亞速海

石炭其產特拉樓特廠石炭不引火他國廠不敢帶引火物此廠不忌 阿克薩產魚鱻 拉思多爾產蒲陶白酒 次木蓮產紅酒黃酒其黃者似香冰 烏瑠屛產馬牛

駐步隊守兵一營

波立西哈爾果甫葉克捺離斯納甫東阿思達勤汗

北四十七度二十五分

一千七百一十六里

突厥可薩部之遺在端河近阿速諸地志略謂其在薩拉德夫按薩拉德夫濱倭爾噶河與端河相去遠至一千餘里何秋濤又謂羅刹即可薩當年為患於黑龍江雅克薩諸城即此種人蓋因總記稱常德四

在省東北二百十五里

烏瑠屏 在省東北六百三十四里大集場市馬牛諸牲畜

喀槎舲 在省北三百十五里端河上泊舟埔

喀拉尺 在省東北三百

年端戈薩司之彌特釐著直至東洋荷萬斯海岸偵探道路之說豈知羅刹乃諱音之誤而是時俄人尚未收服喀薩克也

二十里端河上倭爾噶河所至貨由此入車棧

塔干洛在省西一百有五里阿速海口麥石生理最盛

萬盧設諦喀在省北三十七里

阿速古城在省西

南八十五里阿速海口比得羅以舟師勝土爾基得之那西邏灣有阿爾綿人

俄游彙編卷第三

奉使游歷俄羅斯國戶部主事繆祐孫纂

疆域表中

裏海部

此部包大莪舊基其近倭爾噶河之五省俄人稱曰泥作威即志略所謂加匽俄總記以為韃韃里之地明世宗嘉靖三十九年始歸俄原云一千五百五十年今考其國沿革圖實一千四百五十年乃明代宗景泰元年皆翦滅蒙回之境也其東至烏拉山所建撒爾穆省倭連布省烏發省又行國衰替之餘所侵敓也其開國

初在西北鄰邦陵侮漸移之東又漸移之南既乃兼山澤之富騷騷昌熾如倭爾噶河喀麻河凡歐東亞西之貨皆由是轉輸烏拉大嶺產金銀寶國之度支所賴故至今以為根本重地國之中原馬居民雜匈奴突厥種類或未改游牧之習然久施銜勒悉就馴揣其性情亦大半樸僿育六畜勤百工植二麥菽粟紅蔴白苎業魚鹽蜃蛤五金玉石鑛產取不盡而用不竭今復有增設省治於葉喀帖林布爾克之議殆府海官山其風泱泱矣顧海道不通於大洋山產亦挽運維艱民食頗豐商利較薄惟以鐵軌濟其窮而已凡二十一省

都會	莫斯克窪 Москва 城名同俄之南京也在邀闌河溟克陵河莫斯克洼河合流之處二百七十五年前其主都此城
屬城	顆倮木訥在省東南一百有七里莫斯克洼河上與倭嘎河相近埠頭販絲線綿花段綢緞紗之類 鳥爾布和甫在省西北六十
山川	倭羅畢約山近傍城 阿拉文山 邀闌河 莫斯克洼河發源 克欽吉麻河 倭嘎河北岸小汊 寫斯得拉河譯曰姊妹河
物產	產哈喇及毛織各貨麻綫綿綫繡貨片金錦段 寫爾布和甫產棉花 葛惹里斯克產漆器印花布
礮台	克列門
兵屯	駐步隊戰兵二營步隊守兵二隊喀薩克馬兵二營馬隊戰兵一營端河喀薩克一營 顆倮木訥駐馬隊戰兵一營 寫爾布霍甫駐礮隊守兵一營 的米奪羅甫駐平原
全界	北特威爾 南喀嚕嘎 圖拉列贊 西嘶馬連司克 東烏拉的密尔
度數	在經度五十五度十四分 緯度赤道北五十五度四十五分
道里	方六百有四密律 距比得堡六百有四里
襍攷	異域錄稱莫斯科窪 總記稱莫斯科 志略與總記同 又或譯曰莫斯瓜 莫斯姑 皆英法語也 職方外紀稱莫哥斯未亞 又言其城有大鐘 以搖不以撞 欲搖非三十人不能 惟國

方六十四
俄里
內城曰克
烈門中為
宮室凡其
主坐牀加
冕必至此
曰烏斯偏
司克
格拉諾葦
它邪把臘
達行宮
倭盧熱那
行宮今改
為博物院
內有古鎗
械及大比
得手製器
皿
宣萬大鐘

六里
薄葛傈慈
克
在省東
北七十
九里克
斂吉麻
河上
其民織
絲綫貨
的米敍羅
甫
在省北
大十五
里
寫利嘰耶
甫
在省東
北六十
五里

涅克陵河

馬礮兵二
隊
提督官無
轄特威尔
嘶馬連司
克喀嚕嘎
圖拉列簪
貪博甫務
拉的密尔
尼日里諾
甫果傈特
葉洛斯納
甫科思得
羅馬倭羅
格達

王即位及
其誕日鳴
之即此王
鐘是也又
云所造大
礮其長三
丈七尺一
發藥二石
可容二人
入內掃除
案此王礮
長約一丈
六尺其闊
容一人掃
除而已又
儒略之言
不免誇誕
案倭嘎河
當即元史
之阿里吉

樓 有託羅
王鐘 益自科
大十餘 大廟
圍高丈 民善製
餘重三 小戲具
萬鋪待萬惹里司
王礮 克
口門徑 在省東
三尺 九十一
以上在 里
內城 民善製
其東曰中 麤漆器
國城元時 唯尔必
所建也皆 力茨邨
廛市有客 民善製
人館售各 細漆器
服物用物 擦烈倭
曰果斯金 邨其民
得倭爾 多業印
瓦西理天 花布廠

河

主堂天主堂克極多其形不一此其最大者宜萬第四時收復喀醬回部後所建有石碑紀功在其國一千五百五十二年又波蘭國於一千六百十二年來

莫悉伊斯在省西南八十里莫斯克達河上一千八百十二年與法主拿破侖大戰於濤羅毗諾之地蓋此城所屬也有大碑卜羅尼紫在省東南五十

襲米凝破札尔司克禦之大捷亦有紀功碑餘曰白城其街四出而街迴旋旁通肆拔西帖尔禮拜堂大浮圖内貯自來水於其顛分注全城鐵路六閭城凡作廠一千六

三里莫斯克洼河上唯獵邪司克在省西南一百有七里僂羅郭孥木司克在省西北一百二十八里自唯尼果倮特在省西五十五里莫斯克洼河

百區工人十二萬所出各貨歲值一萬二千萬盧布外來之貨經稅關者約值三千二百萬盧布其民大俄	特威爾 Тверь 大省其
上 克林在省西北八十二里爲斯得拉河上 坡多尔斯克在省南四十里 盧牟在省西一百有二里	倭斯他什果甫在省西北二百三十八
	阿拉文山最高處倭尔噶河發源處特威尔褋
	產麻綫棉綫布匹倭斯他什果甫產熟皮張棉布鐵
	駐馬隊戰兵一營喀倮撒克馬兵一隊步隊守兵一隊
	北諾甫果特南莫斯克洼嘶馬連司克西布斯果
	在經度五十三度三十五分緯度赤道北五十六
	方一千二百有九窪律距彼得堡四百四十
	總記稱底窪志略稱的威尔

城名同在特威尔樵河與倭尔噶河合流之處其民大俄

里寫利幾湖上買賣城棉布廠熟皮廠冶鐵作廠熱甫在省西南一百六十八里足布窄甫在省西南一百八十六里倭尔噶河上泊舟埔穀石所

河抹洛噶河茨拉河維什擬倭那擢克引水河寫利幾尔湖

器如刀斧鐮鑿之屬維識擬倭羅擢克產洋琴牛角刀其製極精拕尔若克產香牛皮熟牛皮顆尔摭洼產熟牛皮嘰木拉產皮鞾鞋

平原馬礮兵二隊倭斯他什果甫駐馬隊守兵一營六百人別熟茨克拕尔若克各一營斯他離札駐平原馬礮兵一隊

甫東葉洛斯訥甫務拉的菘尔

度二十二分

七里

聚
維識擬倭
羅擢克
在省北
一百一
十一里
茨拉河
上
舟廠造
篷船小
舠
其民工
藝事
托尔若克
在省西
北七十
二里特
威尔襍
河上
皮廠

嘰木拉 在省東一百里市多造皮鞾韈者

別熱汶克 在省東北二百三十三里抹洛噶河上

唯西邪觀 在省西三十一里抹洛噶河上

喀欽金 在省東北一百

七十五里

喀審
在省東北一百五十五里

斯他離札
在省西南一百三十九里倭尔噶河上

克拉斯涅霍尔木
在省東北二百七十四里

葉洛斯訥甫 Ярославъ

大省其城名同在倭尔嘎河岸脫洛斯立河合流之處大買賣城織機廠帝密陀甫斯克大學塾地密人稠其民大俄

唯利磕邪邨民以績麻織布為生布獵什車耶倭邨民以印書造紙為生右二邨皆負郭彙頻司克在首西北八十一里倭尔嘎河上有薄羅郭耶火車棧

阿拉丈山高處倭尔嘎河岢脫落斯立河入倭尔嘎河色克斯那河蘇霍訥河發源那斯奪甫湖索郭日河入抹洛嘎河

產綿布麻布為俄境之最佳者那斯奪甫產鐵器

駐步隊戰兵二營步隊守兵一隊彙頻司克駐步隊戰兵一營

北諾甫果倮特高羅格達南烏拉的密尔西特威尔東科思得羅馬

在經度五十七度三十四分緯度赤道北五十八度三十七分

方六百四十五密律距比得堡六百五十六里

總記稱耶羅斯羅志略稱日羅斯拉

極慧善經
商多石工

又為倭
尒噶河
弟二大
船埠沿
河約四
五俄里
分九段
每年貨
物來往
約七千
萬鋪特
舟楫一
萬餘夏
日約聚
工商十
萬人其
出入盧
布一萬
萬
那斯奪甫

在省西南五十二里那斯奪甫湖上大集場民嫻藝事善治製小鐵器最精

烏格里斥 在省西一百五十里倭尔噶河上

莫洛嘎 在省西北一百有十里

倭尔噶河上民俗與那斯聳甫同

達宜洛甫在省北六十二里

留肩末在省東北九十二里

麥什金在省西一百二十四里倭尔噶河上

薄什渾

在省西北二百六十五里索郭日河上
囉馬諾瀆黎索格烈卜
在省北三十六里倭尔噶河上

科斯得羅馬
кострма

齊業石馬阿拉文山產麻布生
在省東南八十烏拉尔波鐵器金銀
南八十羅的山首飾工緻
六里倭倭尔噶河絕倫
尔噶河科斯得羅齊業石馬
上馬河產麻布麻
大省其喀里尺唯特嚧嗄哈喇

駐步隊戰北倭倮格在經度五方一千有總記稱果
兵一營步達南烏拉十八度三三十密律斯多羅麻
隊守兵一的窩尔義十六分距比得堡志略稱哥
隊日里諾甫緯度赤道七百五十斯德羅馬
果倮特西北五十七二里
葉羅斯納度四十六
甫東唯亞分

城名同在科斯得羅馬河入倭尔噶河處米海宜製尺司克機器廠水龍吸筒廠化學館益爬醫蓝一千六百一十三年具主米海伊尔費多洛唯特阿羅

在省東北一百二十里喀里尺湖上索里喀里在省東北二百二十三里科斯得羅馬河上多臘泉卜列斯在省東南一百三十九里倭尔噶河上

河耶牙河入温惹河再入倭尔噶河喀里尺河

喀里尺產羊皮香牛皮卜列斯產粗布鐵斧木工所用各器唯脫盧嘎產木器椴樹皮藤草及草鞋涼席筐篋漆器樺皮松脂唯杵嘎產細麻布布依產刀剪鎖鑰

特喀

馬諾天唯脫盧嘎
在此稱汗其民大俄俗春夏畊植冬日勤習藝事所屬各城皆然多石工
在首東三百二十九里唯脫盧嘎河上多深林老箐

唯杵嘎
在首東南一百一十一里

布依
在首北一百七十二里科斯得羅馬河上

禐不納沄
在省東
南三百
八十四
里
顆倮隔理
弗
在省東
北一百
六十二
里溫惹
河上
麻喀裏邪
甫
在省東
一百八
十五里
聶列合達
在省西
南四十

二里

出和絡嗎在省北七十五里

游黎耶曰茨在省東南一百四十四里

尼日里諾甫果倮特

НИЖНИНОР ЭЗ

巴納赫峰在省西北三十三里尓噶河上造爪皮艇蓬船瓦西理蘇

倭尓噶河倭嘎河蘇拉河倭唯持盧嘎河

產細麻布阿尓札麻思產麻油細花氈曰倭伊洛磕工極良郭尓巴奪甫產刀翦鎖匙凡製

礮城舊基

駐礮隊戰兵二營步隊守兵二隊礮隊戰兵一營馬隊戰兵二營倭連布喀薩克馬隊一營

北科斯得羅馬南偏襍貪博甫西務拉的密尓東喀礬星比尓斯克

在經度六十一度四十分緯度赤道北五十六度二十分

方九百三十密律距比得堡一千有一十四里

總記稱尼斯諾科志略稱尼內諸烏疴羅異域錄稱黑林諾甫業元史曷思麥里傳由阿速進

大省其魯司克

城名同在倭尔噶河倭嘎河合流處城距山頂有古雉堞礮壘

在省東一百七十二里蘇拉河上糧石埔

麻噶里耶南

有古雉麻噶理耶南

在省東一百有八里

大集場

為俄歐境各城之冠出入貨物約直三萬萬盧布每歲該國七

古集場其一千八百十六年因遭火災遷至省城對岸播司可倭

器工皆分類一器必經數手而成

克斡羅斯先招下黑林城疑即其地也

月中開市期五十日所聚約二十萬人肆或仿中國式日中國街有六十家巨室貿易者二千五百戶行賈多思波斯人布哈尔人機洼人普魯士人亦有英法甫

在省東一百有五里倭尔噶河上所有子粒皆運至此磨粉磨房凡三百家有水磨有風磨

阿尔札麻在省南一百一十二里大皮厰

郭尔巴聾

輿意人圖集場有引水河一條河之外有四千户其室木質凡百工百貨柔革其貨以哈喇大呢回絨花絨鐵皮張吉甫貝茶為大綜藤草紙張珠寶木器糧石

在省西七十四里有三大郵一日壹字碑里仄有船纜作廠一日倭尒司馬一日爬勿羅倭阿尒達奪在省西南一百六十二里有韋克

酒氈屬
皆以數克
百萬計
凡歐洲
亞洲之
貨咸至
機器造船盧課奄
廠
其民大俄

松鐵廠
歛秘凝
在省東
北一百
二十九
里
在省南
一百六
十八里
吻平諾甫
在省北
六十八
里
寫尔噶夠
在省東
南一百
七十八
里

喀噶 Kα3HG

大省其城名同在喀噶河上其水入倭尔噶昔為喀噶酋都城於其國一千五百五十二年奪取其地其商務通中亞細亞烏拉尔悉畢爾多回教禮

飭思拖波立在省東南一百三十六里喀馬河上博郭羅茨克郵有大皮廠科自的米顏司克在省西北二百二十里倭尔噶河拉歸今甫在省南

倭尔噶河喀馬河蘇拉河唯亞特喀河入喀馬肆威亞嘎河拉獵木山河發源

產馬及大紅布膩腆

駐步隊戰兵二營步隊守兵三隊礮隊戰兵一營計三隊提督官兼轄唯亞特喀撒尔木烏發倭連布星比尔司克薩馬拉薩拉奪甫阿思達勒汗烏拉尔斯克土尔該

北唯亞特喀南星比尔司克薩馬拉西尼日里諾甫果倮特東烏發

在經度六十六度四十七分緯度赤道北五十五度四十七分

方一千一百五十六密律距比得堡一千四百三十里

此城據何秋濤書斷為元時之康里

拜堂所祀竿上作月牙形其民泥作威即加匽俄又曰加森善藝事蓄良馬

五十九里喀馬河上
嗎嗎兒付在省東一百九十五里唯亞特喀河上
肆威亞在省西六十三里肆威亞嘎河入倭尔噶河處
駟牧斯嘰禩端在省南一百二

十三里倭尔噶河上有河汊為冬日船塢

摭就付 在省南一百六十八里倭尔噶河上

扎烈倭郭克飾斯克 在省西北一百三十三里

次威立斯克

星比爾斯

шбирскъ

在省西一百三十五里撒博克薩尔在省西北一百四十六里鵶得林在省西二百四十七里蘇拉河上悉孚蘭在省南一百五十三里倭尔噶

熱古略南山　石骨臨倭尔噶河倭尔噶河

產二麥顆尔孫產氈可作帽作襪作鞾

駐步隊戰兵一營步隊守兵二隊悉孚蘭駐

北喀營南薩拉隼甫西尼日里諾甫戈倮特偏樸東

在經度六十六度有四分緯度赤道北五十四

方八百九十八密律距比得堡一千四百七十三里

總記稱新麥塞志略稱新比耳斯克即異域錄之西

克 Cu
大省其城名同顆爾孫河
在倭爾噶河上
其民統稱
泥作威

河上
糧石埠肆威亞嘎
蘇拉河
發源
在省西九十五里有二部一日尼嘰齊諾一日柯別獵嘰
阿拉堆爾
在省西北一百九十一里有部日蒲羅木齊諾
在蘇拉河上埠

馬隊守兵薩馬那
半隊
度十九分

穆必爾斯
科

頭

阿尓撻奪甫　在省西北一百六十九里

步埜斯克　在省北七十五里

古尓彌什　在省北三百一十九里

顯基烈　在省東南六十五里倭尓噶河

薩拉奪甫 Capamoвъ

大省其城名同在倭尔噶河上糧石埠其地尋常收獲八成熟則收至十五成每年除本省民食之外餘五穀六百萬扯帖唯尔積每

赫佳陵司日古略甫產麻向日
克　山　葵肥牛大
在省東　沿倭尔尾羊良馬
北二百　噶河右產烈十達
一十七　岸　產渼巴菰
里倭尔倭尔噶河及婦女所
噶河上蘇拉河　用巾網手
倭尔司克　發源日套斧末
在省東　古略甫
北二百霍撒尔河
九十七蕿的唯積
里倭尔褋河
噶河上　發源
喀梅深　伊洛刎欽
在省南河
一百七　發源日
十九里　古略甫
倭尔噶
河上猴

駐馬隊戰北偏褋星在經度六方一千五
兵七千步氐尔司克十三度四百三十四
隊守兵二南端斯喀十四分　密律
隊礮隊戰耶阿斯達緯度赤道距比得堡
兵一營　勒汗西倉北五十一　一千四百
博甫倭羅度三十二有七里
湼日東薩分
馬拉

一扯帖喹尔積約中國一石園圃一千五百區每區約方二十五三十疊斜畦一疊斜畦合中國方二千丈每園每歲收成約值七千盧布其民泥作威

尔敦湖所産鹽聚處
擦利勤
在省南三百六十二里
倭尔噶河上
薩烈卜達
在擦利勤之内
多德國人在此耕種製芥末為業
阿特喀尔
在省西八十四

里
巴拉灼弗在省西二百五十里翟撒尔河上
枯字聶慈克在省北四百二十里
撒特羅甫司克在省西北一百四十五里蔑的唯積穙河上

	薩馬拉 Самара 大省其城名同在薩馬拉河入倭爾噶河處田疇沃美惜民不講溝洫一遇旱潦便成
哀爾多布司克在省西北二百一十七里	布穀魯思蘭在省東北二百六十九里稽乃立河上窩利稽在布穀魯思蘭境內尼可來耶復司克在省西
	烏連該山古別琳山倭爾噶河薩馬拉河從烏拉爾枝山出入倭爾噶河稽乃立河入薩馬拉河伊爾幾子河從烏連
	產麥每年出五百萬扯帖唯爾積產馬牛羊牲畜油把納苛葉克接林什他得庫大麥渼巴菰窩利稽產硫黃水鐵水
	駐步隊戰兵一營步隊守兵二隊
	北喀薩烏發南阿思達勒汗西星比爾司克薩拉奪甫東倭連布爾克東南烏拉爾
	在經度六十七度四十五分緯度赤道北五十三度十一分
	方二千七百四十三密律距比得堡一千七百二十四里

荒歉
其民泥作
咸

南一百該發源
六十五入倭尔
里伊尔噶
嘰子河大烏靜河
上小烏靜河
把納哥倭發源入
葉克接林烏拉尔
什他得屬小泊
右二郎步谷尔明
在尼哥嘎河
來內葉嚕司蘭
步谷尔河
在省東入倭尔
北三百噶
七十七摭列木山
里步谷河
尔明嘎發源嘮
河上箨入倭
布足魯克尔噶
在省東

阿思
xaHb

一百六十六里薩馬拉河上
諾倭烏靜在省西南三百六十八里大烏靜河上
思塔勿羅波立在省西北一百四十五里倭尔噶河上
査列甫在省西北四百
倭尔噶河阿赫圖巴河
凡䄌喀復喀斯䄌喀斯丕思波

駐步隊守兵一營喀撒克馬兵
北薩馬拉司塔勿羅波立東南
在經度六十五度四十二分
方四千二百八十二密律
志略備乘譯音皆同一作迭大

達拉汗 Aempa

大省其城名同在倭尓噶河上距裏海九十俄里多布茄耶勿斯克游牧哈薩克善服馬畜牛羊肥腯即以為生凡喀尓梅幾類十一萬九千五

八十一里昔羅塔耶酉建都處俗稱金回回其城曰薩來境內有兩大湖產鹽歲銷一千萬鋪特一日挨尓敦一曰巴斯琨察克汗斯喀耶斯撻未喀在省西

薩尓巴河挨尓敦湖巴斯琨察克湖有鐵路至黑鴉兒

斯諸貨皆聚於此產魚鱻所出紅魚每夏季可一百二十五萬鋪特蘇達克魚四千萬條一年魚價可七百萬盧布產各種果實頻婆梨柿桃李蒲陶西瓜木瓜大白瓜山藥豆春菜

一隊

裏海東島拉尓西薩拉蹇甫端斯喀耶

緯度赤道北四十六度二十一分

距比得堡二千有一十八里

字內府圖作阿斯達拉罕利馬實圖作亞大蠟甘南懷仁圖作亞私大蠟甘乂儒略湯若望圖並作亞斯德辣罕異域錄作阿斯塔尓漢又作阿斯塔兒汗總記作阿薩塔干案蒙古回部王公表傳云準噶尓稱

百餘人布茄耶勿類十三萬四千人其民泥作成

北一百四十二里即舊日汗營也

葉諾塔咽弗司克在省東北三十五里

克拉司疊鴉兒即紅鴉兒在省西北二百五十七里阿赫圖巴河上

車尓尼鴉

北厄魯特系出厄墨特達尓汗諾顏當即指此也喀尓梅幾即北厄魯特又查烈甫當即馬努託海土尓扈特卓帳處普所譯音皆由蒙古出故與俄語不能脗合

兒
即黑鴉
兒在倭
尔嗹河
上

阿略勿
Opelo
大省其
城名同
在倭嘎
河上
大埔出
口貨錄
粒油質
麻約直
一百萬
盧布
其民大我

布連司克阿拉文山產麥
在省西　多平岡
北一百　純土
二十五帖斯納河
里帖斯倭嘎河
納河上　發源於
大埔出　此
貨大宗足薩河
為糧石所思納河
麻牲畜　發源於
油　此入端
官礮廠　河
軍器局
夏槧東
甫司克

駐步隊戰北嘶馬連在經度五方八百四總記稱阿
兵一營步司克喀嚕十三度四十密律　蠟尔志略
隊守兵一嘎圖拉南十四分　距比得堡稱痾勒尔
隊　車尔尼果緯度赤道九百六十
布連司克甫南古尔北五十二二里
野列茨各斯克東南度五十八
駐步隊戰窩羅涅日分
兵一營　東貪博甫
哈拉扯甫
駐步隊守
兵一隊
穆曆司克
駐礮隊戰
兵一營

勤農事石地磽薄半之四方逐末謀食阿非尼人設作廠造各用物運往他境撲拉索維人專販牛羊往西北各城出售

金銀銅鐵作廠 夏擊果甫司克 水晶玻璃作廠 穆層司克 在省東北四十八里足薩河上 糧石麻埠 薄尔霍甫 在省北五十四里 船纜廠 皮廠 野列淡

在省東南一百八十二里所思納河上麥石埔來貨每日約一萬小車磨房最多

吉米奔羅甫

在省西南八十八里

哈拉扯甫

在省西北八十四里

克倮牟在省西南三十八里

黎無餒在省東南一百四十三里所思

納河土馬絡阿尔汗在省南七十九里

寫⺈司克在省西南一百五十里

圖嚕布扯

勿司克在省西二百一十五里帖思納河上

喀嚕嘎 Kалуга

大省其城名同在倭嘎河上其民大俄

熱斯得納在省西南一百五十八里熱斯得納河上卜諾希羅郝科窄里司克在省西南六十六里熱斯得納

阿拉文山倭嘎河熱思得納河不陵河烏可納河

產麻製各物哈喇紙張麥粉俄之發麪皆稱曰喀嚕嘎其地所和發麪最佳

駐喀薩克馬兵一營步隊守兵一隊礮隊步兵一營

北莫斯克窪西北嘶馬連司克南阿略勿東圖拉

在經度五十三度五十五分緯度赤道北五十四度三十一分

方五百六十一密律距比得堡七百八十二里

總記稱加魯牙志略稱加婁牙

河上船篷厰其製佳通國尚之

蘇

嬉僾凝在省西南九十一里不陵河上牲畜油麻油聚處目約到一萬小車其各棧可儲三千萬盧布之貨其貨運至

西維納河再分運西北各城

馬絡耶囉斯納唯洨一千八百十二年時與法戰於此在省北五十八里

薄羅甫思克耶在省西九十四里

黎合沄在省南

四十一里倭嘎河上
蔑汀
在省西北七十四里
蔑思濯南司克
在省西南七十八里
摸撒尔斯克
在省西一百有六里
别列牟什
在省南二十七

	圖拉 Myla 大省其城名同在烏拔河上 軍械廠 大生業在治五金製器皿 皮毛作廠 麻作廠 鎖作廠
里倭嘎河上 達盧司克在省東北七十一里	別烈弗在省西南一百二十五里倭嘎河上 葉畢泛在省東南一百有三里 古里可倭在省南九十二里
	阿拉文山 烏拔河發源於此入倭嘎 端河發源 足薩河發源入倭嘎 倭嘎南岸一小枝
	產鎗械銅 茶鑪各種 銅器
	駐喀薩克馬兵一營步隊守兵二隊 葉弗列沫甫駐步隊守兵步隊
	北莫斯克洼南阿略勿西喀嚕嘎東列鐵
	在經度五十五度十七分 緯度赤道北五十四度十一分
	方五百六十二密律 距比得堡九百六十二里
	總記稱都職志略稱都拉古里可倭當即元史速不台傳之禿里思歌城案史稱討几魯思部圍禿里思歌城不克遣速不台往一戰獲其主

其民大俄勤農事

其國一千三百八十年的米特栗王曾在此敗韃靼兵的米特立像至今印於五盧布鈔上其十盧布鈔上乃米海洛匪倭德羅維池之像一百盧布乃葉喀

俄書言曾敗韃靼兵蓋耀其始之小勝而隱其後之被禽也

帖離納
之像乃
一千六
百七百
年之主
在今主
前十二
三代
阿列克新
在省北
五十里
倭嘎河
上
駁郭羅吉
紮克
在省東
南八十
里倭嘎
河上
唯狸拂

在省東
北四十
八里
葉勿列沫
甫
在省南
一百五
十四里
喀隰拉
在省東
北一百
有六里
倭嘎河
上
刻拉比吳
納
在省西
南五十
里
諾倭西黎

列簪 9e3aH6
大省其
城名同
在土魯

在省南
一百四
十八里
足薩河
上

倭多葉弗
在省西
南八十
五里烏
拔河上

掣林
在省西
南八十
九里

穙來司克阿拉文山產牛羊哈
在省西倭嘎河
喇布紙
八十四土魯別日
里民以河
宰割牲卜倮涅河
畜為業 二水皆

駐喀薩克北烏拉的在經度五方七百六總記稱赫
馬兵一營密尔西莫十七度二十一密律阿匽
步隊守兵斯克窪圖十六分 距比得堡
一隊格尔拉東南含緯度赤道七百八十
弩覺礮隊博甫 北五十四 九里
步兵一隊 度三十八

别日河與倭嘎河會流處
其民大俄以販牲畜糧石為生

販其肉於四方出售
肆拔司克在省東南五十二里肆拔司克湖上近倭嘎河
哈喇廠
紙作廠
印花布廠
喀犀莫甫在省東北一百三十二里倭嘎河上

入倭嘎
端河
倭羅湼日河發源

肆拔司克駐馬隊守兵一隊
咧日司克駐馬隊守兵一隊
肆果賓駐馬隊守兵一隊
葉果理耶甫司克駐馬隊守兵一隊
米海洛夫司克駐馬隊守兵一隊
襍來司克駐平原馬礮兵一隊

分

熟皮廠丹顆甫在省西南二百三十二里端河上

葉過裡邪甫司克在省西北一百三十里

米海洛夫司克在省西南六十二里端河上

蒲輪司克在省西

端河喀撒克駐礮隊馬兵一隊

南九十三里卜偎望河上

拉巖布尔克在省南一百六十五里

咧日司克在省南一百有二里

撒波若克在省東南一百五十六里

肆果賓在省南

貪博甫
Тамбовъ
大省其
城名同
在次訥
河上
其民大俄
講求農事克

一百九
十八里
科自羅甫次訥河產駿馬類
在省西發源入亞剌伯鹹
六十七磨克薩腊醃骰盛
里倭羅再入倭行於彼得
涅日河嘎堡利別烋
上霍撇尔河克產鐵水
貿易其倭羅涅日肆拔司克
大河產羔皮歲
磨尔山司端河出一百萬
碧秋河張
在省北倭羅那河
二百七譯曰老
十八里鴉河
茨訥河
上埔頭
列別兼
在省西
一百七

駐喀薩克北務拉的在經度五方一千二總記稱曰
馬兵一營密尔尼日十九度有百有九密摩甫志略
步隊守兵里諾甫果七分律稱當波弗
一隊倮特南倭緯度赤道距比得堡
磨尔山司羅涅日西北五十二一千有五
克駐喀薩列罄圖拉度四十四十四里
克馬兵一阿略勿東分
營偏椎薩拉
幾尔三郢奪甫
甫駐馬隊
守兵一營

十五里端河上馬集場凡快馬皆聚於此

利别沁克在省西一百六十一里倭羅涅日河上

薄利索格列布司克在省東南三百二十三里倭那斈河上各郡落

土產皆聚於此肆拔司克與列鬱所屬名同在省東北三百九十九里

葉拉集嗎在省北四百二十三里倭嗄河上

幾尔三鄂甫在省東八十九里

務拉的密

a-IuMipz

書牙在省東北一百有三里河帖札河	切年尼果甫在省東北五百二十七里磨克薩河上 烏私鑾在省西一百七十六里 薩慈克在省北三百四十九里
阿拉文山倭嘎河克欽齊麻河其水入	
產吉月櫻桃其布匹較他省賤販運者多倭匪尼族	
駐步隊戰兵一營步隊守兵一隊書牙駐步	
北葉洛斯納甫科斯得羅馬南列贊貪博甫西特威	
在經度五十八度有五分緯度赤道北五十五	
方八百八十五密律距比得堡七百八十一里	
總記稱高拉里麻地理備考作瓦拉的述爾地理全	

爾Bn
大省其
城名同
在克歛
齊麻河
上
俄一千年德羅甫
以前之舊
京
市多作厰
與莫斯姑
相倣而繁
華遜之
其民大俄
半農半工
多適他省
謀生者

上
棉花作
厰俄境
各城半
由此運河
販
阿列克三
在省西
北一百
四十六
里
印花布
厰
大紅布
厰
回回絨
厰
染坊凡
喀復喀

倭嘎
帖襍河
入倭嘎
特魯別日

約數萬每
年出貨值
五千萬盧
布

隊戰兵一
隊
穆若磨駐
馬隊戰兵
一營

尔西南莫
斯克注東
尼日里諾
甫果俾特

度有八分

志作拉的
迷

思運來
布匹皆
於此下
染而以
大紅為
最
退可倭邨
得尼羅倭
邨
宜萬羅倭
邨
以上三
處皆多
棉花作
廠
倭自逞旋
司克
在省東
北一百
六十四

里
曰自泥基
在省東
一百二
十二里
多繪神
像者
列賓可倭
邨
棉花作
廠
銅鐵工
蘇自達運
在省北
三十四
里古城
也
皮作廠
棉花廠
加卧黎羅

倭邨民擅工藝

芈連嘰在省東南一百六十五里

馬利撮水晶廠

棉花廠

穆樂磨在省東南一百二十七里倭嘎河上埠頭

香牛皮廠

織布機廠

船篷機

布廠

郭洛霍唯慈

在省東一百六十九里

克歎齊桑河上

顆㧜略窩

在省東北七十五里

別烈邪思訥夫

在省西六十二里特噜

別日河上
波可羅夫在省西北六十里
蘇呆嘎在省東南三十七里
攸理耶甫在省西北八十九里

偏褀 Пенза
大省其城名同
在偏褀

慕克山在省西北四十里慕克薩河上運麥石
偏褀河發源入蘇拉
蘇拉河慕克薩河發源
產里布貴大銅鐘
駐步隊守兵一隊
北尼日里在經度六方七百有總記稱冰
諾甫戈傈十二度四五密律耶志略稱
特南薩拉十二分距比得堡奔薩內府
奪甫貪博緯度赤道一千二百圖作畢都
甫東皇比北五十三七十八里克大地全
尔司克度十一分球說以奔

河蘇拉河合流之處蘇拉河之大埔官果園官果木學塾專究種植其民大俄

埔
果俾底石　在省東四十八里
殷薩兒　在省西北九十六里殷薩兒河上
茄連諾克　在省西南一百四十八里
刻拉司諾斯羅波辭克　在省西

殷薩兒河發源
霍撇尓河發源
倭倮那河發源

薩音近欽察疑即元之欽察是也何秋濤謂欽察在斡羅思之北而奔薩在莫斯科之南方隅不合今案元史台不台傳請討欽察隨引兵繞寬田吉思海轉至太和嶺鑿石開道至則遇其部長及塔塔哈兒方

北一百八十五里慕克蓮河上

拏羅甯槎特 在省西北一百三十八里

尼日里傈抹甯 在省西北一百有一里

悅不赫宜傈抹甯 在省北一百有五里

聚於不祖河縱兵禁擊衆潰走又至阿里吉河與斡羅思部大小密赤思老遇一戰降之大掠阿速部而還所謂寬田吉思海即裏海不祖河即貪博甫之碧秋河其時亦屬欽察元人由金山和林進兵必先至

唯
亞α

薩南司克
在省北
一百三
十里股
薩兒河
上
成巴尔
在省西
南一百
三十八
里

格拉作甫
在省東
二百有

烏拉尔枝
山
唯亞特喀

產健馬小
而有力色
乾草黃名

駐步隊守
兵一隊

北窩羅格
達南喀贊
烏發西科

在經度六
十七度二
十一分

方二十七
百八十窓
律

裏海太和
嶺當是烏
拉山之枝
蓋由南而
轉至北適
當其地是
時俄人尚
都務拉的
密尔所謂
阿里吉河
即阿嘎河
也由此南
循端河而
下遂至阿
連偏褋之
為欽察國
無疑矣
南懷仁圖
作未厭得
加總計稱

特喀 Bumx
大省其城名同在唯亞特喀河上大埔頭境內四分之三皆茂林深箐其民大俄

十里駟絡博犇斯科耶在省北三十一里唯亞特喀河上埔頭鑄鐘廠薩拉布在省東南五百八十五里喀馬河上益若甫司克軍械廠距泊舟埠

河喀馬河發源於境內東北流末洛馬河

倭布沄格所屬格拉作甫最多產油麥炎麥子麻牛羊哈喇紙狐皮灰鼠壩雪鼠木器樂器箱筍其木器樂器箱筍發中亞細亞其皮張麻牲畜油等發比得堡阿尔寒莫斯孤

斯得羅馬東撒尔木

緯度赤道北五十八度三十六分

距比得堡一千三百八十八里

禾慶加志略稱維亞德加備乘稱維得加

郭里堰
三十里
喀穆斯
克倭特
肯機器
鐵廠
葉納布嘎
在省東
南四百
二十里
喀馬河
上
邊切黎尼
慈
在省西
南九十
六里唯
亞特喀
河上
馬勒朶日

在省東南二百八十里唯亞特喀河上

諾陵司克
在省南一百三十三里

倭兒洛敷
在省西五十一里唯亞特喀河上

烏尓辱木
在省南一百八十九里

雅蘭司克

撒爾穆 Пермь

大省其城名同在出所哏耶河與喀馬河合流處

大埔

由烏拉山所來之貨皆集於此再由倭尓

在省西南二百二十一里

葉喀帖離布尓克大比得所建之邑其長轄烏拉嶺經理礦產民業冶多五金鑛廠近日該國政府議欲將此城分建省治

烏拉尓山 喀馬河 出所哏耶河 思羅洼河發源於烏拉尓入出所哏再入喀馬 烏發河發源烏拉尓 顆尓洼河發源烏拉枝岡

產五金金鋼石子母綠孔雀石青水晶墨晶紅藍瑤石采石歲出黃金四百餘鋪特白金一百鋪特生鐵二千萬鋪特熟鐵一千四百萬鋪特銅二十萬鋪特石灰

駐鐵路工兵一隊

北高羅格達南烏發倭連布尓克西唯亞特喀東拖波尓司克

在經度七十三度五十六分緯度赤道北五十八度有一分

方五千九百九十七溛律距比得堡一千八百七十二里

內府圖作巴達雅喝珊南懷仁圖作白尓米亞又作白尓墨勿緫記稱巴母志略稱白尓摩其唯尓合都利耶郎異域錄之貴耶尓和斯科也

噶運出
生鋼生鐵
作廠
專造大
礮炸彈
船艎鐵
板機輪
哈喇廠
皮廠
其民昔稱
烏拉尔部

以民富　入喀馬一千萬鋪
庶而鑛撖摧拉河特此統烏
甚旺也　發源烏拉山計之
在省東　拉尔入者也
南三百　北海　犖離喀穆
六十五以上烏拉司克產井
里烏拉山西土拉鹽石鹽
嶺脊金河
廠　發源烏
銅錢局　拉尔入
琢廠　拖波尔
唯尔西　河
裹特治孟設提河
作　發源撖
唯尔赫　尔木入
拈沄治　拖波尔
作　河
別略作米亞斯河
勿司克　發源倭
金鑛　連布經

伊尔比切 撇尔木
在省東 入益設
南六百 提河
有六里 羅吉達河
伊尔比 發源烏
切河上 拉尔入
大集場 塔勿達
歐亞兩 河再入
洲互萃 伊尔推
分運期 什河
一月聚 伊尔比切
七萬餘 河
人每次 發源烏
出入三 拉尔入
千六百 泥而河
萬盧布 再入土
唯尔合都 拉
利耶 卑日馬河
在省東 其水入
六百六 王拉河

廿三里以上烏拉
土拉河山以東
上
尼日拈
塔咭黎
揑勿馬
果倮卜
拉葛達
特
薄郭思
羅甫
以上皆
鐵廠專
造鐵路
火車各
器
涉黎喀穆
司克
在省北
二百有

六里喀麻河上民以煮鹽爲業桔孜欽邨連洼村烏簑笠葉村

喀梅石羅甫

在省東南四百九十五里卑日馬河上

克拉斯諾烏飛木司克

在省南

二百有四里烏發河上

琨姑尔

在省東南六十一里忽羅洼河上

窩薩

在省南一百三十九里近喀馬河

倭孛斯克

在省西南六十八里喀馬河上

東爾玎
在省東北二百九十六里

沙得琳斯克
在省東南五百七十八里益設提河上

烏發 Уфа
大省其城名同在烏發河與別拉邪河

自拉拖烏綠克
在省東北四百有六里
軍械廠鋼鐵廠睞亞斯

烏拉爾山
烏發河發源烏拉山入別拉牙河
喽河發源烏

產沙金牲畜禽鳥

北撤爾木東南倭連布西南薩馬拉西喀瞀

在經度六十八度三十六分緯度北五十四度四十三分

方二千二百一十五密律赤道距比得堡一千九百六十一里

會處其土黑壤宜麥其民昔稱倭運布部

河上產金沙郎名眯亞游斯

別獵俾在省西南一百六十八里

比爾斯克在省西北別拉牙河上

珉茄玲司克在省西北二百七十一里

斯得爾里

拉山入烏發

獵鐸河發源烏拉山入烏發

隱節兒河發源烏拉山入別拉牙河

喀馬河東岸一小汊

達馬克
在省南
一百二
十三里
別拉牙
河上

倭連布尔克
Оренбургъ
大省其
城名同
在烏拉
尔河上
有稅關
其民舊稱
倭連布部

特羅鑿慈烏拉尔山産吉貝河倭連布駐步隊戰北撒尔木在經度七方三千四總記稱阿
克倭連該山內産艸名二等兵一營本南烏拉尔十二度四百四十五林墨志略
在省東伊獵綿苴克拉披機倭尔司克省喀薩克斯克西烏十六分里稱荷倫不
北七百山類麻其民二等礮隊馬兵發薩馬拏緯度赤道距比得堡尔厄備乘
五十一烏拉尔河有拔什嘰阿克求別一隊分駐東拖波尔北五十一二千一百作阿鄰堡
里烏伊烏伊河尔族取以伊列汝克米雉斯懕司克土尔度四十五有四里
河上發源於織布甚密在伊烈一隊該司克分
有稅關倭連該如番布河上
其地用入拖波英撤拉得
橐駝負尔河司克
貨往布薩克馬拉三等
哈尔等河拉思蹶特
處其水入尼克
唯尔嚇黏烏拉尔尼可來復

烏拉尔斯
司克
在省東
北五百
七十五
里烏拉
尔河上
倭尔司克
在省東
二百六
十五里
倭尔河
與烏拉
尔河合
流處
拉斂平司
克
在省東
北八百
三十二

河
别拉牙河
發源於
倭連該
乜牙思河
發源於
倭連該
入益設
提河
隱節尔河
發源境
内
薩馬拉河
發源於
此
伊列克河
其水入
烏拉尔
河

司克
三等
米海洛甫
司克
三等
寬思坦汀
諾甫司克
三等

里乜牙斯河上
米雅斯際在省東北七百二十四里

白海部

白海乃北冰海之一角俄人於其港汊輒以昏名之即古所謂海湣也極目寒廳村墟寥落叢木灌莽獸蹏鳥跡徧於四郊自緯度六十五以南地始宜麥其實甘白水程則繞出大西洋與北亞美利嘉通能逕達於瑞典英吉利法蘭西三百三十年前其主伊萬

第四時英人成斯獵爾探路至此始立埠市是時出入諸貨一切無征但許英人通商泊比得羅時乃釐定稅則並旺歐洲諸國賈舶入口由是風氣稍開噩悶頗化生民有賴林總日滋然帆檣往來歲僅數旬所載出者惟木惟魚是為巨產值嚴冬民多驅鹿車南徙謀食故其地方二萬餘里祇建二省焉其曠弃不足墾治者蓋十之六七矣

省	屬城	山川	物產	礮台	兵屯	全界	度數	道里	襍攷
阿爾寒 ельскъ.	索倫班離與省隔河有船厰	其東兼烏拉尔枝山西兼芬蘭枝山東北	產鹿皮鼠皮海狗長鯨黃花魚寫利嘰魚		駐本省喀撒克馬兵一營巡邊稽稅馬兵	北白海北海南倭羅洋慈寗羅格達西分	在經度五十六度三十三分緯度赤道	方一萬五千三百有一寒律距比得堡	總記作阿占牙志略稱亞尔一日尔棗此

節黎司克 Архакг

大省其城名同在北唯內河上距北海五十二里為國境北方重鎮海口衝要每年各國來船約五百艘以英雷法美為最多

倭聶嘎 在省西南二百三十一里倭聶嘎河上船埔娑羅唯慈島上有廟其神靈翼如中國之南海補陀島人多往朝之

霍洛末各 在省東南七十

拜恢山 白海 北唯納河入海處 倭聶嘎河入海處 剛達納克海汊 七鯖河入海處 扯司喀海汊 烏薩河發源烏拉尔山入别權尔河 夷日馬河發源烏拉尔波

野鶩 倭聶嘎產畫眉鳥霍洛末各雷產長角大牛名霍洛末各耶又水畜曰摸尔日形如海犬口有二長牙彎如鉤一名海馬而與南洋之海馬小大懸殊形亦不類

一營

闊東恭畢尔之拖波尔司克

北六十四度五十七分

一千一百有五里

即舊稱夫使頭城也

食用皆仰給於他境每歲入口之貨值六十六萬盧布
本國各省之貨至此復運出者木料牲畜油紅麻二麥每歲約值七百萬盧布皆往瑞典美利堅英法諸境
街衢紙鋪
木質
船纜廠

一里北唯納河上
昔有民人名洛米諾索甫負壯志至莫斯科學各藝歸而授於人榛狂漸啟
且穆
在省西四百八十六里且穆河上
乜鯖

羅的山入別擺尔河
皮聶嘎河入北唯納
哇嘎河入北唯納
且穆河入北海
可納河入北冰海
帕卧節拉湖
拖波棱洛湖
枯特諾湖

木廠 皮廠 民多熟皮為業兼多皮廠戶 其林斧寬廣饒新木斫伐頻仍不相護惜因而濯濯者有之今克已須禁令有限制云 民養麇多以之挽車用其皮角食其肉及其乳

在省東北五百七十里皮聶嘎 在省東二百一十一里皮聶嘎河上 深姑尓司 在省南三百七十四里哇嘎河上

窩 ga

唯利克烏斯鳩格

烏拉尓波羅的山

産熊狐獺銀鼠埽雪

駐步隊守兵一隊

北阿尓寒節黎司克

在經度五十七度三

方七千三百有二密

總記稱那窩俄落志

倮格達 Волог

大省其城名同在窩倮格達河上民善績細麻織巾布綱絡務耕作

在省東北四百五十四里蘇合拉河與幽嘎河合流處洛舒理埔在盧襆河上百貨萃此

朵吉麻在省東北二百有三里蘇合拉河上民煮鹽為業

在其南境烏拉山在其東境蘇合拉河發源古頻斯克湖會委徹格達名北唯納窩倮格達河入蘇合拉盧襆河入幽嘎河委徹格達

鼠野鳥鶚鶉白翎馬尾松唯利克烏斯鳩格產鏤花銀器其花紋黑色索里委撒果慈克亦產鏤花銀器兼鍍器

南葉洛司納甫科司得羅馬唯亞特喀撒尒木西諾甫果倮特東拖波尒司克

十三分緯度赤道北五十八度十三分

律距比得堡七百有八里

略稱窩羅苛達

雅連司克河
在省東駟所拉河
北七百入委撒
二十里格達
烏私奇駟威眾河
索力司克入委撒
在省東格達
北八百别濯納河
七十七皮聶河
里民以發源
吉斂尼哇嗄河
族最多發源
生鍊儆温葱河
索里委撒發源入
果慈克倭尔噶
在省東
北五百
四十二
里委撒
格達河

上民多銕工製衣鎖鑰銕螺絲其俗稱物每一百四十作洛特尼克合儀一斤尼顆立司克在省東六百一十六里幽嘎河上喀得尼科甫

在省北四十二里

唯立司克在省北二百六十七里

俄游彙編卷第四

奉使游歷俄羅斯國戶部主事繆祐孫纂

疆域表下

喀復喀斯部

有大山嵂屻波詭雲譎介黑海裏海間由西北斜下迤於東南約二千里即魏書西域傳所謂兩海之間水澤以南為一域也俄人稱為喀復喀斯舊譯為高加索高架所高加薩又曰喀卜喀山即唐書西域傳之波悉山長育番族澆鄙獷悍歐洲諸國自古視為域外大荒無復眄睞內諸小渠長蓋數十考西人記載謂亞細亞

北方有匈奴三百七十年間徙西方與亞蘭人爭其居亞蘭人住窩爾噶河敦河之間料匈奴難敵遂合為一診其地當即此部所謂亞蘭者即阿爾綿宜也棲身窮谷邃壑酣馬潼飽牛酪安知城郭之固兵革之利關河之險土地之富哉波斯瞰其南土耳基瞰其西俄瞰其北兩國力薄羈縻以為藩屬而已俄竟梟剋酋健摧破附落且於二國所已得者搤其吭而出之餌驅其民人剗殘其山骨近數十年經營慘淡於是大定菁華迸洩用利於國而食其民昔因部眾梗頑號難治其國一千八百四十年於都城設喀復喀斯科彌階特署專理其事前主阿烈克三德第二之弟海米勒

分藩於喀境今因民俗漸化其署已裁凡分為十六省山之南自
拔圖穆以次又別曰雜喀復喀斯凡曰雜者以後言也自其國視
之則在山後也總記志略備乘皆於此部多未詳核所稱高加索
九部曰日爾日曰諾尼阿曰義米勒多曰明哥里曰是爾灣曰納
希斯丹曰亞巴西亞曰薩加社皆其地也而譯音譌轉不可究詰
其族曰喀撒克者即隨唐時突厥之可薩部所謂近西海與波斯
大食鄰者實此境也勇敢善鬬七八歲便馳馬如飛用為騎卒戰
屢克捷遂衣以紅甲裳俾殊其式而威鄰敵他族之欲為騎卒者
得入其籍而端河之喀薩克亦頗著焉俄主歲或一幸以撫咻之

使王子遙領提督以矜寵而鼓舞之故凡有大事俄主長子尼闊來必服喀撒克之衣凡國之邊要皆駐喀撒克隊蓋其鑛產遼遜於悉畢爾而赳赳武夫足衛社稷亦如我中國之用錫伯索倫也

省	司塔勿羅波力 Ставрополь 大省其城名同距大山極雄峙
屬城	諸倭格利郭里耶復司克在省東南一百八十四里別諸格林斯克邪在省東一百有
山川	麻熟嘎山白石銳峰枯馬河發源喀復喀斯山入裏海馬未飭河屬南岸即以為
物產	產牛羊
礮台	
兵屯	駐步隊守兵一隊別諸格林斯克邪駐本境馬隊守兵一營諸倭格利郭里邪復司克駐步隊守兵一隊
全界	北端斯喀耶阿斯達勒汗東南烏拉的喀復喀斯西枯班
度數	在經度五十九度三十九分緯度赤道北四十五度有三分
道里	方一千二百三十八密律距比得堡二千有五十四里
襟玫	

其民喀撒克族諸該族喀尔梅幾族家有一萬牲畜者為巨富凡游牧共八萬三千七百四十二人	枯班 小省 Кубанская 葉喀接離諾 Нодаръ
三里	唉司克在省北二百五十八里亞速東岸海口大埔所出之貨以二麥牲畜油
界其水入端河	喀復喀斯山亞速海枯班河發源喀復喀山一枝入黑海一枝入亞速中則
	產蒲陶石炭每年二十萬鋪特且抹榴克產鹽邁果朴產石油
	烏私奇拉頻斯克二等
提督宮轄喀復喀斯全境兼轄襍喀斯丕思者	駐本城喀薩克馬隊一營礮隊一營邁果樸諸倭傅格倮甫斯喀耶烏自偏斯喀耶伊里迎司喀耶
	北端斯喀耶南蘇烘木東司塔勿羅波力節尓斯喀耶西亞速海西南車尓諸莫耶司克
	在經度五十六度三十八分緯度赤道北四十五度有一分
	方一千六百八十密律距比得堡二千有四十四里
	即備乘所稱亞巴西亞全志作古里利

達爾城 Екатери

在枯班河上官果園菜種植之法設官經理以為民法其民別一類充馬兵者曰枯班馬兵與喀撒克均別編一籍著紅甲裳統計約二十七萬人其健者揀至

皮張為大宗

揭們在省西一百七十三里黑海亞速之間

且抹留克在省西北一百三十五里業購湖上近亞速

邁果樸在省東一百三十九里傍黑海

揭們島也

烏魯卜河拉巴河別拉耶河三水發源喀復喀斯山入枯班

各駐喀復喀斯馬隊守兵一營邁果樸涅沄諾梅斯喀邪烏私奇拉頻斯喀邪各駐步隊戰兵一營阿勒馬尾不駐礮隊戰兵一營邁果樸駐喀撒克礮隊馬兵一營

彼得堡日加練習以成勁旅

在喀復喀斯山極西
湼沄諾梅司喀邪
在省東南二百七十四里
烏私奇拉頻司喀耶
在省東北六十四里
諾倭博格倮甬斯喀耶
在省東北一百五十里

烏自偏斯
喀耶
伊利迎司
喀耶
阿勒馬尾
尔

節爾斯喀耶 小省 Терскоя

務拉的喀復喀 Владикавказъ

抹自奪克喀復喀斯產蒲陶西務拉的喀駐步隊戰北司塔勿在經度六方一千一此下凡濱
在省北山瓜山桑絲復喀斯兵一營本羅波立南十二度二百有五寮裏海者皆
八十七唉裏希盧蒲陶酒極二等省喀薩克枯塔伊思十一分律前人書中
里斯山甘美名嘰擄拉霍甫馬隊戰兵梯富麗斯緯度赤道距比得堡所稱薩加
嘰自獵尔得合擣山自獵尔因格倮茨納一營礮隊達嗐思丹北四十三二千三百社部
在省東喀思伯克其城所造邪戰兵一營西枯班東度有二分五十七里
北二百山最佳也節卜利幾倭自得威裏海
四十里安迭斯克出成斯喀耶
茄獵克嶺三等格倮茨納
河上秋連宜島別尔第且耶喀薩夫
民孄種在裏海宜幽尔特抹
果種桑茄獵茨克三等自奪克各
養蠶繅河倭自得威駐步隊戰
絲其絲發源喀成斯克耶兵一營

斯城
在茄獵克河上

名灼尔克販往各城
撒泰果尔斯克
在省西北二百三十九里
格倮茨納耶
在省東一百里
隔倭尔幾耶甫司克
在省西北一百六十五里
唯玎

復喀山入裏海
松熱河入茄獵茨河

三等
嘰舍倪
葉勿夆嘰末甫
哈薩夫幽耳特
皆三等

格倮茨納耶阿尔敦斯喀耶布倮池拉耶各駐本省喀撒克馬隊各一營共一千九百人
隔倭尔幾耶甫司克倭自得威成斯喀耶一隊
格倮茨撒泰果尔司克各駐步隊守兵一隊
米海洛夫

在省東南一百五十七里

阿尔胘在省東一百七十九里

哈薩夫幽尔特在省東一百八十九里

阿尔敦斯喀耶米海洛夫斯喀耶布倮池拉耶葉喀圖幾

斯喀耶葉喀圖幾各駐本省喀撒克釃隊馬兵一隊

	達咭思丹 小省 Дагестанская 帖寄爾寒暑拉 Темиръ-ханъ-шура
在省西北二百一十四里 倭自里在省東一百二十四里	顛爾邊大城在省東南一百四十二里 別立城長不爾於達吉思丹之圖必爾臘托
	喀復喀斯山在省南安迭斯克領蘇拉克河南岸薩木耳河發源喀復喀斯山入裏海
	顛爾邊 二等 帖寄爾寒暑拉 二等 諾威襪克塔勒 二等 古尼布 二等 拔十柯多爾
	駐步隊戰兵一營嶶隊戰兵一營疊什拉噶爾赤爾悠爾特顛爾邊各駐步隊戰兵一營
	北節爾斯喀南耶哩薩唯託波力八枯西梯夫力斯東裏海
	在經度六十四度四十七分緯度赤道北四十二度五十分
	方五百三十八寄律帖寄爾距比得堡二千六百一十五里顛爾邊距比得堡二千七百五十八里

大城 在裏海西岸

海口商埠

奴哈别特洛府司克 在省東北四十三里海口商埠南北築堅石壩捍波濤阻敵艦

古尼布 在省南一百二十一里

古薩尼軋喀他立

盧劑克

阿克精

枯拉合

枯木合 皆三等

	梯富麗斯 Тифлисъ 大省其城名同在枯拉河上俄主離宮一區
疊什拉噶尔在省東南六十九里赤金悠尔特在省西北四十七里	未茨窩特在省北二十里阿拉隔哇河入枯拉河之處格魯吉拉部之舊都
	喀復喀斯山在省南梯富麗斯山環城哇克唐山梯富麗斯乃喀復喀斯
	產鏤銀器皿白綢花綢果實以桼橙西瓜蒲陶為最繁產銅每歲約六七萬鋪特
	阿哈尔積赫頭等即在城上阿茨呼尔二等擦尔喀二等克洼斂宜二等
	駐步隊戰兵一營喀薩克馬兵隊喀薩克步隊善鎗手二隊步隊守兵一隊平原馬礟兵一隊然達拉馬
	北節尔斯喀耶南喀兒斯挨裏灣耶里薩唯託波力西枯櫚伊斯東達咭斯丹
	在經度六十二度二十八分緯度赤道北四十一度四十二分
	方七百三十一寨律距比得堡二千六百三十里
	備乘作特付里斯

西克斯克教堂昔曾分藩今罷地為新藩之劇以下襍喀復喀斯

阿哈尔積赫 在省西一百八十九里
畢努廠
果黎 在省西北七十里枯拉河上
杜舌特 在省北五十二里
西隔拉合 在省東一百一十八里
節拉弗

向南之枝此山又梯富麗斯所分也
枯拉河又有引水河由枯拉而南至沙漠止
阿拉隔哇河
入枯拉
阿拉豬河入枯拉
約拉河入枯拉

撒子赫尼斯拉郭得錫喀拉土斑叶尔特唯斯皆三等

兵一營喀復喀司工兵四隊安修雷線二隊看守宮物一隊治地一隊
阿哈尔積赫拉郭得錫各駐步隊戰兵一營
阿哈尔積赫拉郭得錫各駐礮隊戰兵一營
克洼斂宜果黎各駐喀薩克步

在省東
北一百
六十二
里阿拉
簪河上
阿哈尒喀
拉吉
在省西
一百五
十七里
波尒蒼本
在省西
一百有
四里
今儀主
之叔米
海伊尒
每夏日
過此避
暑

隊善鎗手
一隊
阿哈尒喀
拉吉駐喀
撒克礮隊
馬兵一隊
擦尒司戩
喀羅特懇
駐喀復喀
斯馬隊戰
兵一營
提督官轄
樵喀復喀
斯

	耶哩薩唯託波力 Елисаветполь 大省其城名同在剛熱河入枯班河處
擦亇司幾喀囉特慈耶 在省東南一百五十六里	舒薩在省南一百三十三里 𩿤哈在省東北一百二十六里 土宜蠶桑民善繅絲 往克
	喀復喀斯山 在省北 小喀復喀斯山 在省南 枯拉河 剛熱河 入枯拉 約拉河 入枯拉 阿拉簪河 入枯拉
	產果實蠶絲
	舒薩 二等 近波斯界上小徼營十四座
	往克駐枯班喀薩馬隊戰兵一營野運兵尒韻一營罕庚的駐喀撒克徼隊馬兵二隊 的里染駐喀復喀斯治地工兵一隊
	北梯富麗斯達嗐斯丹西南挨裏海南波斯國界東八枯
	在經度六十四度有一分緯度赤道北四十度四十一分
	方八百有一寨律距比得堡二千二百一十二里

在省西南三十九里

罕庚的
在省南一百九十二里

的里染
在省東南一百四十二里

野蓮朵爾馥
在省東南三百一十七里果園極多

以上二水皆發源境內

八枯 бaку

大省其城名同在裏海西面最好船埠

連珂蘭 在省西南二百一十四里裏海口近薩拉島薩連村 佘馬哈 在省西一百一十三里絲作廠 箇格欽司克 在省西一百七十五里 枯拔 在省西

喀復喀斯山 在省北枯拉河阿拉克斯河唁窄尔阿嘎飭海汊

城東北十里巴拉酣產石油每年出五千萬鋪特又十八里蘇拉酣大山有鍊石油廠地多山桑民飼蠶繅絲產綢如中國蜀綢而光澤不逮產書貝絨蜀酒紅花其名曰然復蘭丹參其名曰馬烈納云可染作藍色非藥中之

近波斯界上小壘二十二座

駐巡邊馬兵一營連珂蘭佘馬哈各駐枯班喀薩克馬隊戰兵一營枯拔古薩勒各駐步隊戰兵一營

北達唁斯丹南波斯國界西耶哩薩唯託波力東裏海

在經度六十七度三十分緯度赤道北四十度二十二分

方七百三十五裏律距氏得堡二千二百一十二里

備乘作巴沽業道光八年俄與波斯立約讓地七郡歸於俄當即以上三省各城也

	挨裏灣 Эриванъ 大省其城名同 地本阿尔綿宜部介俄與土尔基波斯三國厥後分
北一百五十六里 古薩勒	納西遲灣 在省東南一百四十九里即阿綿宜之舊都 阿列克山德羅波立 在省西北一百
	小喀復喀斯山 阿拉拉特山 阿拉皆自山 銳峯絶高 阿拉克司河 果克差
丹參也其貨物半由裏海運往波斯出售波斯稅亦重若再運出必至折閲故至波境而止	產石鹽
	挨裏灣 頭等 阿列克山德羅波立 頭等 蘇尔馬尼 近波斯界 土尔基界 共小礮營五十一座
	駐步隊善鎗手一隊 枯班喀薩克馬隊戰兵一營 阿列克三德羅波立駐步隊戰兵一營步隊守兵一隊
	北梯富麗斯南土尔基界波斯分界西喀兒斯東北耶哩薩唯託波立
	在經度六十二度十分 緯度赤道北四十度十分
	方四百三十九寨律 距比得堡二千八百八十一里
	道光九年俄土立約將多腦河中各島專屬於俄將東土爾基之阿尔米尼數處地方讓歸俄當即此省地也阿尔

剖但存部九十七湖
長盧號住里
此城所屬諸威巴牙
之唉遲彌窄特
阿金

在省東
北一百
一十二
里果克
差湖上
阿尒拉里
合耶
唉遲彌阿
金
在省西
一百八
十里
枯里卜
郁
阿馬拉特

米尼即阿
尒綿宜志
略備考全
志備乘皆
稱是尒灣

枯擷伊斯 Kymancz. 大省其城名同在黎淵溪上襍喀復喀斯內最古之城其境內田畝歲豐收麥種一斗可得三十倍粟穀更旺有水田出秔稻饒裕
波蹟 在省西一百二十四里黎淵入海處黑海船埠貿遷極暢　倭足兒接特 在省西南八十里　獵都特克烈 在省西一百有五里黑海埔
喀復喀斯山 在省北　安札尔山 在省南　洼合唐山 在省東　黎淵溪
產白綢如蜀綢花綢如甌綢產匏器鏤花銀器牛角杯果實以橙橘香櫞榛李蒲陶為最有木名馬斯里拉柞之取油
獵都特克烈 二等
駐步隊戰兵一營枯班喀薩克馬隊戰兵一營巡邊馬兵一營倭足兒接特駐喀薩克步隊善鎗手一隊
北節尔斯喀南拔充木西黑海西北蘇烘木東南梯富麗斯
在經度二十六度十八分緯度赤道北六十度二十二分
方三百七十五審律距比得堡二千二百九十三里

拔圖模 Батумъ 小省其城名同在黑海東岸船埠	喀兒斯 Карсъ 小省其城名同
阿尔特汯在省東南七十七里濯洛克河上	阿尔達干在省西北七十六里枯拉河上前屬土尔基時曾築大礮台倭尔堆
喀復喀斯枝山安札尔山濯羅克河	小喀復喀斯山阿拉拉特山枯拉河發源倭尔達河其水入濯羅河阿拉克斯
阿尔特汯倭尔堆二等台	喀兒斯頭等專為防土尔基喀拉楮合阿尔達干三等古尼耶在黑海上二等
阿尔特汯駐步隊守兵一隊	駐步隊戰兵二營阿尔達干喀尔基奎什購薩彙喀梅斯各駐步隊戰兵一營喀拉枯尔特駐枯班喀薩克馬
北枯揖伊斯南土尔基界西黑海東喀兒斯	北梯富麗斯南土尔基界西拔圖模東挨彙喀梅斯裹灣
在經度二十七度十八分緯度赤道北五十九度十八分	在經度二十七度七十八分緯度赤道北六十度四十四分
方一百三十一審律距比得堡二千三百九十九里	方三百三十七審律距比得堡二千九百四十七里
	乾隆五十六年俄土立約將弗尼斯河以東一地讓於俄嘗郎以上二自

	蘇木烘 сухумскм 小省 蘇c
在省西河一百七十一里倭尔達河上 喀奎什瞞在省南七十一里 薩霥喀梅斯在省西南五十五里	喀格立在省東南三十里
	喀復喀斯山
台 諾里瞞倭尔堆二等 迷城接尔特 防土尔基三等台	喀格立二等
兵一營倭尔堆駐節尔斯喀薩克馬兵一營 喀奎什瞞駐巡邊稽稅馬兵一營	駐防守兵一營六百人
	北喀復喀斯山南黑海西車兒諾嘆斯克東枯捐伊斯
	在經度五十八度四十分緯度赤道北四十二度五十九
	方一百五十二密律距比得堡二千三百八十一里

烘克烈城 Сухумъкал 地本狹小因濱黑海東岸為防海要區故不屬他省	車兒喏莫斯克大省 Черноморскій отд 諾倭羅 сійскъ
	阿納巴大城在省西南三十二里黑海要口在喀復喀斯山極西
	喀復喀斯山
	產石油
	諾倭羅西司克二等 阿納巴二等
	駐步隊守兵一隊枯班喀薩克馬隊戰兵一營
	北枯班西南皆瀕黑海東蘇烘木
分	在經度五十五度二十七分緯度赤道北四十四度四十三分
	方一百三十二窸律距比得堡二千有四十四里
	以上二省即備乘所稱義米勒多地

西司克 Новорос 緊要海口在黑海東北岸

悉畢爾部

務廣地者荒務廣德者强有其有者安貪人有者殘漢世祖之言也中夏賢聖之主不欲討伐戎狄恢展封略故漠北窮荒方萬餘里未嘗郡邑其部落衣冠其旃毳以震耀當時誇示後世焉夫以行國剽忽聚散不執恆業山川韞毓無緣發舒亦非造物者之意也俄起歐洲北適當胡虜衰寡竟席捲而有之畫理土地械束人

民亦復大有規模考其全境至北極出地三十四度以南赤道北五十六度内始宜穀麥餘多窩集泥淖杉樺松栝密植叢生間以岡巒蓋積陰之地木皮三寸冰厚六尺矣由西而東約闊二千餘里金銀鑛多於銅鐵鉛皆採自烏拉爾山阿爾泰山達烏爾山薩彥山聶爾琛山列納河歲可得金鑛二千五百鋪特每鋪特準中國二十八斤銀鑛一千鋪特金沙出於支河者聽民淘取黑白狐來自呑得拉近南多灰鼠歲可得一千萬豐貂往歲可得四萬近則二萬餘林捕熊獐山獵麋鹿業皺者集倭别河伊爾推什河拜喀爾湖宰桑湖及頻東海諸港東海之魚潮汛大時積壓湧入溢於沙岸供烏

哺獸祭阿穆爾河之魚大者至四百餘斤拜噶爾湖有魚名郭倮綿嘎極鱻美碎不易捕浪激於岸急收之遲即融焉此物産饒裕所宜詳者也其北之人二種一本國一他族本國悉回民土著他族曰伊諾囉特茨其中游食於四方者有定居竊掘金鑛為生者冬入林（即樹林中百姓）夏徙之呑得拉曰臥古纍倭斯噶幾善用水麻織布曰薩莫咽得即喀木尼堪（黑龍江外紀曰索倫族類至繁有敖喇都爾布喇穆等姓布特哈呼倫貝爾皆有之在齊齊哈爾墨爾根黑龍江者寥寥亦有流寓俄羅斯者其國謂之喀穆尼漢又謂之通古斯蓋羅刹作亂劫去者是以喀穆尼漢與東姑師為一類非也）善刳木為小舠以上三者在也尼塞之西北東姑師古匈奴種族或譌曰通古斯儻俄斯善服鹿用如牛馬雅古

特善養健馬馬毛長不畏風雪雖奇寒放諸埜又善熟皮張鍊乜首彫牛骨微器曰科裏耶咭曰攸噶㗐爾皆柰瑪爾之族其性馴而質曰杵克遲兒獷難制曰岡槎纍流鬼遺孽以上六者在也尼塞之東北所謂食肉而飲酪其人密理鳥獸毳毛其性能寒者也凡北方之民入城貿遷以貨物納稅不取幣近南則游牧蒙古亦分三種其近拖波爾司克之南者曰哈薩克其近阿爾泰山者曰喀爾梅幾即喀勒瑪克乃準噶爾種類其近拜喀爾湖之後者曰布獵特即布哩雅特與喀爾喀相似此三種皆以豢養牲畜為業所豢馬小而瘠然絕有力能越山超澗本國人往者或自願行商

開鑛墾治田畝或充馬隊之喀撒克由國派駐及執鎗為城守兵為卡倫兵予以地使耕而食如中國屯田制其以辠遣謫者亦予以地限滿留屯葉適之言曰有民必使之闢地闢地則增稅故其居可以為役出可以為兵俄其知此意乎其罪重者充鑛役兼執襍賤工多瘠瘁死而國收其利計歲譴諸四至八九千人以故善良少而姦蠹多彼亦恃其使詐使貪之術而已守土官又輒喜事貪功中國邊陲隱受鼠竊狗偷之患有難以道御者又案悉畢爾或稱錫伯利西伯利蓋以伯力一地槩其全土也其稱細密理悉比釐西畢里亞悉畢釐阿者與俄音略近今細審之實惟悉畢爾

三字較準聞諸俄之學者雅德琳渕甫云悉畢爾實鮮卑兒三字之音轉考後漢書鮮卑者東胡之支光武初匈奴強盛率以冦抄北邊及南單于坿漢北虜孤弱永元中大將軍竇憲遣右校尉耿夔擊破匈奴北單于逃走鮮卑因此轉徙據其地匈奴餘種留者尚有十餘萬落皆號鮮卑以此揆之其言非妄

省	拖波爾司克 Тобольскъ 大省其
屬城	袞兎在省西南二百五十七里吐拉河上悉必尔
山川	烏拉尔山倭別河伊尔推什河拖波尔河入伊尔推什河
物產	袞兎產牲畜油粗麻布別略作甫產皮張魚鱗松子土林司克
驛台	
兵屯	駐步隊守兵一營平日為一巴塔里淵戰時增為坡尔克
全界	北北冰海南土尔該司克阿克摸林司克東託穆司克梽尨塞司克
度數	在經度八十五度五十三分緯度赤道北五十八度十二分
道里	方二萬六千有二十一密律距比得堡二千九百九十三里
襍攷	內府圖作托博尔理藩院則例作托博勒餘多稱為托波兒總記作都莫

城名同在挖波尔河與伊尔推什河合流之處

之孔道百貨咸萃熟細毛皮廠吉貝由土尔迄斯丹來集分售哈薩克人及蒙回各種人皆至此交易

别略作甫

在省北一千有六十五里

伊什穆

伊什穆河産馬口鐵益攝提河其民多習他勿達河繪事吐拉河喀西穆河

乃有三千五百人

斯志略作德波尔各鎮全志作德波斯科龍沙紀略作脱博斯奇朔方備乘定為唐播國地表冕即異域錄之圖敢南懷仁圖作都問內府國作都捫海國圖作土鄰近日譯者或日居由門疊由門去們皆由英

在省南四百有五里伊什穆河上

枯尔干司克

在省西南二百七十里拖波尔河上

他拉

在省東南五百七十五里伊尔推什河上

土林司克

語出實不能切合

在省西北四百二十二里吐拉河上

雅魯妥羅復司克

在省西南三百三十九里

撒雷木

在省東北五百二十里

蘇尔姑特

在省東北八百六十四里倭別

託穆司克 Томскъ

大省其城名同在託穆河上 大學館一區 以上為西巴爾納烏 悉畢爾勒

河上 西畢爾 在省東北三百九十四里

可雷灣 在省西南二百一十五里倭別河上 山城頗得勢民工琢玉供國徵求 在省西

阿爾泰山產熟皮張拉雷

倭別河 託穆河 比牙河 入倭別 喀吞河 拖迷河 入倭別 楮林河 克乞河 入倭別 即揭的河 入倭別

古磯台 今已廢 芊列次 三等 克乞 上託木 舒里賓 烏冰 三等

駐步隊守兵一營

西北拖波爾司克東北楚尼塞司克南仙米帕拉停司克東南中國所屬科布多布倫託海諸邊境

在經度一百有二度三十六分緯度赤道北五十六度三十分

方一萬五千四百七十六客律距比得堡四千一百八十五里

四裔考異域錄皆稱託穆斯科內府圖作託穆斯歸總記作科利弗志略全志並作疴慕斯科備乘定為古黠戛斯地後為吉利吉思部案志略謂

南五十七里倭別河上凡官物民物皆運集於此其有司為之董理蓋此邑為阿尔泰山之衝要其官即為各邑之領袖所有阿尔泰山之金銀鑛必先經其

他拉河入伊尔推什長湖切列慈湖比牙河發源

此城在也尼塞之東何秋濤辨之是也王云托穆河西流入額尔齊斯河則大誤按額尔齊斯即伊尔推什自西來會倭別託穆自東來會倭別其間相去二千餘里何蓋誤以拖波尔河為託穆河也

核檢而後前進防侵蝕備征虞也
各種作廠
自咩伊諸郭耳廠鑛工一萬人此廠一百年內得銀五萬鋪特金一千鋪特
畢司克在省南四百三

十五里
比牙河
上
喀迎司克
在省西
五百二
十三里
倭米河
上
枯自聶浹
在省東
南三百
五十四
里託木
河上
馬理迎司
克
在省東
南二百
里

	楚尼塞司克 Енистскоя 大省 克拉斯諾雅尔 Красноярскъ
槎內什自俄羅過拉類穆在省西北三百六十里倭別河上	楚尼塞小城在省北三百四十里楚尼塞河上儲畜頗裕米奴新司克在省南
	薩彥山蒙古名寒薤山由楚尼塞河至洩楞格河皆是馬利弗領楚尼塞河初訥河東姑師河喀拉河
	米奴新司克產鹿茸麝香土魯汗司克楚尼塞小城產白狐青狐水獺北海產鯨鱘大者千餘斤
	馬科弗斯特三等台
	駐步隊守兵一營悉畢尔喀薩克馬兵一百人
	北北冰海南薩彥山外蒙古科瑣甘烏布薩雨湖之間西拖波尔司克託穆司克東雅古特司克伊尔古特司克
	在經度一百有九度四十六分緯度赤道北五十八度二十七分
	方四萬六千六百九十九審律距比得堡四千七百三十八里
	四裔考異域錄作伊聶謝內府圖作者尼色斯歸總記作華尼西阿志略一作云益士備乘定為古匈奴北境鮮卑突厥遞有

司克城

在楚尼塞河上

四百九十里阿巴甘牘野田土肥饒收成極豐一歲之儲足養悉畢尓全境之人

入楚尼塞

他字河

霍灘噶河

叶塔河

怕希訥河

以上四水皆入北海

阿陳司克

在省西一百六十五里

孔道

滿嘎則

在省北九百六十里

其地唐為骨利幹元為昂可拉部明時曰加大閣辣

	雅古特蔥克 Якутскъ 小省其
堪司克在省東二百一十六里喀拉河上 孔道吐魯汗司克在省北一千四百一十五里	唯尔何沿司克在省北八百六十里牙拏河上 維雷司克
	雅布倫山轄其北司他納限嶺轄其西可帖里尼島
	產豐貂紅狐海虎水獺熊鼠猞猁猻諸皮髮亦產麝香鹿茸羚羊角堪達
	北北冰海南伊尔古特蔥克穔拜噶尔阿穆尔司克東卜里摸尔司克
	在經度一百四十七度二十四分緯度赤道北六十二度有一分
	方七萬一千三百五十八密律距比得堡八千五百六十三里
	案雅古即雅庫古府圖作蔥[illegible]斯歸[illegible]廷專地圖作蔥匊[illegible]記稱雅古薩

城名同在烈納河上

在省西七百一十里維雷河上倭烈克明司克在省南六百五十七里倭烈克馬河入烈納河處科雷木司克上下在省東北一千四百六十里哥擂馬河

法節島新悉畢尔島愛元島熊島列霍甫島皆在北海烈訥河發源伊尔古特司克省内拜噶尔山唯吉木河其西岸在襍拜噶尔伊尔古特司克省

韓牛黃鱘鰉魚筋腦

志略稱亞古德斯科一作牙谷備孜作亞古德斯各備乘定為古匈奴東境唐為鞠國北境明為加大閤辣以東地

上

倭烈克馬河
發源雅布倫山
阿尔丹河
發源雅布倫山
入烈納河
維雷河
槎拏河
牙拏河
阿木噶河
發源雅布倫入阿尔丹
馬牙河
發源司他那隈嶺

伊尔古特薩克
Иркутскъ
大省其
城名同
在安噶

巴拉干司
克
在省北
一百九
十里安
噶拉河
上
日尔霍運
司克

下東姑師
河
發源
科雷馬河
因的當尔
喀河
倭烈涅克
河
塔巴拉河
入牙猝
河

薩彥山
拜噶尔嶺
拜噶尔湖
西一半
安噶拉河
入也尼
塞
伊亞河
入倭喀

凡中國之
茶葉絲綢
及其境內
皮張皆萃

禿出尔
額尔林
布拉特
皆沿河
三等台

駐步隊守
兵一營
悉畢尔喀
薩克馬兵
一百人
提督官兼
轄雅古特
司克楚尼
塞司克

東北雅古
特司克西
北也尼塞
司克東襍
拜噶尔司
克南中國
所屬蒙古
境庫蘇古
尔噶湖薩

在經度一
百二十一
度五十六
分
緯度赤道
北五十二
度十六分

方一萬四
千五百四
十二察律
距比得堡
五千七百
四十五里

內府圖作
伊尔古斯
歸綏服紀
略稱額尔
口城志略
作義尔古
德斯科備
考作義尔
古德斯大

拉河上東悉畢尔極繁劇之城稅關鑄金廠凡東悉畢尔各屬所產之金皆交納此廠鎔鑄成定解赴彼得堡玻璃廠帖里珉廠專造哈喇布紙蠟

在省東北二百七十三里烈納河上吉連司克在省東北一千二百八十里尼日里烏金司克在省西北五百三十五里烏達河上伊里穆在省北五百二

倭喀河入安噶拉烏達河入安噶拉伊里穆河入安噶拉烈納河發源於拜噶尔山唯吉木河入安噶拉尼日里東姑師河發源於此即下

地全球說作阿个古克龍沙紀略作尼尔若斯備乘斷為古匈奴北地丁零國地後鮮卑突厥遞有其地唐為鞠國亦曰褫部元為帛可剌部東南境明為加大閣隸東南境已棄稱額尔口城者以額尔口河得

十里伊
里穆河
上

東姑師

名今致額尔口河即伊理木河經伊理木城故以水名為城名蓋其屬地也此省舊為蒙古布列特種族所居今其人猶衆語言與外蒙古近庫倫官皆以蒙古人作譯或布烈特圖以額尓口名之者也

禖拜噶尔司克 小省 Забайкальская

赤塔城 Чита.

在陰葛達河上比德羅甫鍊作廠造輪船放入拜噶尔湖及什尔喀河

聶尔琛司克

在省東三百里聶尔槎河入什尔喀河處即尼布楚城

金銀廠

土洛伊自科薩勿司克

在省西南四百九十五里恰克圖河上距恰克圖八里

達烏尔山東南界中國曰肯特山在什尔喀河阿尔琨河之間南聶尔琛山又西哈馬尔達班嶺近拜噶湖東南曰拜喀尔嶺陰葛達河鄂倫河即傲嫩河

產金沙銀鑛皮張

土洛伊自科薩勿司克 三等

駐散隊步兵一隊八百七十五人本省喀撒克馬兵一營步兵二隊繳隊馬兵一隊土洛伊自科薩勿司克駐散隊步兵一隊喀黎司幾普傑梅斯里駐本省喀撒克步兵一隊唯尔赫涅烏金司克駐本省喀

西北伊尔古特慈克北雅古特司克東北阿穆尔東南界中國興安嶺額尔古納河正南車臣汗境

在經度一百三十一度十分緯度赤道北五十二度有二分

方一萬一千三百二十五密律距比得堡六千六百九十八里

恰克圖中俄互市卡在省西南五百一十二里

二水合流為什尒喀河什尒喀河會額尒古納河同入黑龍江

唯尒赫湟烏金司克在省西四百四十一里

溾楞格河俄音又日叶連嘎

烏達河入溾楞格河處即上烏金也有會塲每年二月開三十日

烏達河發源聶尒琛入溾楞格

巴尒古情河入拜噶尒湖

撤克儆隊馬兵一隊施特列廑司克駐步隊戰兵一隊

洩楞庚司唯吉木河克
在省西南五百六十七里洩楞格河上

發源聶尔環
聶尔槎河發源雅布倫山入什尔喀

巴尔古情
在省西北三百二十五里巴尔古情河上

拜噶尔湖東半

喀黎斯幾普保梅司里
在省南三十八里

	阿穆爾省 Амурская 布拉郭悅式屋司克 Благовѣщенскъ
施特列屋司克在省東北三百五十九里什尔喀河上有輪舟	阿穆尔城在省東南六百五十里阿穆尔河上 阿勒巴屋在省西北五百二十里即雅克薩
	雅布倫山產金山南其半在雅古特 阿穆尔河北岸即黑龍江 節牙河發源雅布倫山即錦衣里江又
	布拉郭悅式屋司克二等台傍黑龍江
	駐散隊步兵八百七十五名本省喀撒克馬兵一營六百人
	北雅古特慈克西蕪拜噶尔司克東北卜哩摸尔司克南中國黑龍江西近達來諾尔湖東近愛琿城中近內興安嶺
	在經度一百四十五度十八分緯度赤道北四十九度二十二分
	方八千一百六十窑律距比得堡八千一百五十九里
	此有地半係咸豐十一年愛琿定約時所讓

城即海南泡在節牙河入阿穆尔河處與中國愛琿城僅隔一河	卜里摸尔司克大省 Приморся ровка 哈巴羅
	務拉的倭司託克在省西南一千八百八十一里即海葠威俄人稱為行兵通商
日精奇里江卜理牙河發源雅布倫山	雅布倫那倭耶嶺斯他那倭耶嶺喀米槎特嶺希霍達嶺沿日本海岸薩哈霖島
	產貂狐海虎水獺諸皮岡槎得產石炭
	務拉的倭司託克二等台計六座尼顆拉耶務司克二等哈巴羅夫二等撇特羅把
	駐散隊步兵一隊八百七十五名礮隊戰兵一營尼顆立司斯克駐步隊戰兵善鎗手二隊一千六百
	北北冰海東南朝鮮西雅古特司克阿穆尔司克西南中國三姓琿春松花江綏芬河東東海
	在經度一百五十二度四十六分緯度赤道北四十八度二十八分
	方三萬四千三百三十六密律距比得堡九千有三十四里
	內府圖作郭列穆斯歸海國圖作燭亮砥族志略作痾哥德斯科一作阿谷備玫作痾哥德斯各全志作

夫城xa sa所謂東海濱者城即伯利在烏蘇里河入黑龍江處以上東悉畢尔

要道即庫頁
大船埠島近日
其海口俄之遺
寬三俄犯多至
里內口此督開
寬四俄石炭
里長三科門多尔
大餘兩羣島
岸礮台在岡槎
軍械庫得之外
船廠欲訥島
尼顆拉耶在哦霍
務司克茨克海
在省東喀拉新島
北二千在大東
一百五洋
十里即阿穆尔河
廟尔在烏蘇里河
黑龍江東岸
北岸有阿木肱河

勿諾斯克人
二等

拉茨奪理
諾耶阿魯
起保喏倭
幾耶甫喏
甫果保特
司幾斯拉
丈噶把拉
巴什務拉
的倭思託
克各駐散
隊步兵一
隊
烏拉的倭
思脫克駐
治地工兵
一隊礮隊
戰兵一營
米海洛西
斯苗克駐

訶哥斯科
皆哦霍茨
三字之遞
譯也備乘
作郭列穆
斯科定為
唐駮馬國
所居極東
北海隅則
唐夜叉國
地蓋即流
鬼之域也
又備乘別
甘查加為
一部今此
省實轄圖
槎特
又案俄屬
小郡鎮有
名佘德郭

倉儲軍械庫
阿烟海口在省北一千有四十里
頻哦霍茨克海
哦霍茨克在省東北二千里哦霍茨克海
上
上下喀米槎得在省東北一千九百五十里

即恒滾河入阿穆尔
阿拉堆尔河
發源斯他那倭耶嶺入東海
喀米槎得河
入東海
韓喀湖
即興開湖

喀薩克步兵半隊四百三十七人烏蘇里東岸守卡
命喀薩克步兵半隊四百三十七人
亞塔馬絡甫斯果耶駐散隊馬兵一隊一百五十人
近朝鮮界琿春郵駐馬隊散兵一隊
巴拉把什駐礟隊戰

者即摩闊
歲名俄祭
個者即摩
勒幹

撒特羅把
勿諾斯克
在省東
北一千
八百里
喀米槎
特上
波力佘
在省東
北二百
四十八
里喀米
槎得上
朔非亞
在省北
二千七
百里
吉任司克
在省南
六百一

兵一隊
喀綿宜雷
波洛甫駐
喀薩克步
隊半隊
諾甫果傑
特司幾駐
步隊善鎗
手一隊
提督官兼
轄襍拜噶
尓阿穆尔

十六里哦霍泼克海上

泥顆立司克

在省西南一百五十里即雙城子之東城廓米薩尓所住

米海洛西斯苗克

在省南六百七十里即徐尓固當溫麻

河松該里河入阿穆尔河之處實南北要津南岸近三姓屬地西南四十餘里有拉喀穌其東三十餘里有額圖什納皆憑江據險防守之要地綏分司克

在省南六百八十五里
斯拉丈噶
在省南五百五十里即蝦蟆塘係綏芬海口門戶
拉茨節理勒耶郵
烏拉的密尔郵
在省東南六百二十里
亞塔馬絡甫斯果耶

琿春部
在省南六百里

阿烈克三德部
在省東南六百五十里海口

喀綿宜雷波洛甫
在省南五百二十里與凱湖上

阿魯旦起倮喏倭鐵耶甫
在省南六百四

十里即巖粁河布叶在省南三百七十里亦名布司喏甫果倮特司幾把拉巴什即蒙古街

中亞細亞部

俄自獲悉畢爾諸鑛以致富遂有志於軍突希洼布哈爾蓋豔其地亦産金也然阻裏海鹹海復間以沙漠故其始極跋涉倥偬桴

革屬韃轂馬揚埃勞師於遠傷敗踵係屢歲無功厥後步為營壘以逼哈薩克之衆次第侵蝕至康熙三十餘年以至於今猶斷斷也嘉慶年間屯重兵於此與英人爭印度始助阿富汗嗣以阿富汗為英誘附又與搆難雖未大逞而中亞細亞之地蓋十得八九矣希洼舊壘方五萬八千啟羅邁當德里名較俄里略小今不及其半布哈爾方二十三萬九千啟羅邁當今亦不及其半俯首帖耳甘心臣妾乃俄志必彌難而後快今建鐵路已貫布哈爾境將抵塔什干窮力南趨其堅銳不撓之心且未釋於印度我之新疆諸城如伊里喀什噶爾葉爾羌及塔爾巴哈台皆與之繡壤相錯或屏嶺劃

畫隔河為治卧榻之畔即覬敵國曩桀猾訌率衆竊據詭云代守償背返地復恣情割裂其末敢遽梗者緣我兵方大克捷挈全勝之勢彼道涂綿阻兵食器械艱於迅濟主客緩急相形勝負難必亡何國內變作民賊其主上下惶惑西顧之憂正切東向之志遂餒今乃繼續前轍登登馮馮更欲窺我衛藏阿里覬覦之萌芽得不孰籌而豫刻哉

省	屬城	山川	物產	礮台	兵屯	全界	度數	道里	襍攷
阿克摸林司 AKMOAUHCKЪ	倭木司克在省東北四百五十里伊尔推	五鹿陶在沙漠中回語呼山曰陶		阿克摸林三等倭木司克二等	倭木司克駐步隊守兵一營提督官兼轄拖波尔	北拖波尔司克南希尔達利亞西土尔該東仙米帕	在經度四十五度五十八分緯度赤道北五十一	方九千九百有三密律距比得堡三千五百	志略稱多僕備乘全志皆作多木斯科蓋誤以城名

克大省其城名同在伊實穆河上大集場凡中亞細亞諸產皆聚於此其民多哈薩克部居西北境
什河上提督官住此武備學堂一區撒特羅把勿洛司克在省西二百五十里伊實穆河上買賣城與哈薩克人土尔迄斯丹人貿易其貨皮張牲畜油吉
伊實木河鶩拉河入顛吉子湖撒裡酥河入掃馬尔湖阿特巴撒河入伊實木河儲河轄其北岸其南屬希尔達利耶所謂懸沙漠者其地極瘠苦
司克託穆司克
拉停司克
度有九分
八十一里倭木司克距比得堡三千三百有八里
為省名

貝乾果顛吉子湖
阿特巴撒尔二區
在省西北二百二十里阿特巴撒尔河上
郭克赤達南

烏拉爾斯克 Уральская
小省其城名同在烏拉河上

蓀釐擦南在省南四百八十四里烏拉尔河入裏海之處喀勒梅果南斯克

烏拉尔山南西穆喀察尔嶺烏拉之枝烏連該嶺固别尔林嶺

貿易收裏海魚鹽之利

上恩頻司克三等
下恩頻司克二等
烏衣理司克三等

北倭連布尔克薩馬拉南襟喀斯丕斯西南裏海西阿思達勒汗東南鹹海東土尔該

在經度六十九度有二分緯度赤道北三十一度十二分

方三千六百五十四密律距比得堡二千二百六十七里

三二一

其民即烏拉尔馬兵餘多游牧哈薩克	土爾該司 Тургай
在省南二百五十三里烏拉尔河上 日尔赫恩頻司克在省東南五百二十四里恩拔河上 尼日里恩頻司克在省南五百里	伊尔蠛子在省西南二百一十里
鹹海五分之一 烏拉尔河 恩拔河發源穆喀察尔嶺 薩木湖 阿思滿台湖	烏拉尔山 穆喀察尔嶺 雞翅山
帖褰尔三等	土尔該二等 伊尔蠛子二等
	駐本省喀撒克馬兵一營六百五十人
	北倭連布尔克南鹹海希尔達利耶西烏
	在經度八十一度十五分緯度赤道
	方八千二百九十三審律距比得堡

克大省其城名同在土尔該河上其民什九哈薩克游牧	仙米帕拉僜 unalamuHckъ
伊尔嘰子河上	喀拉喀林司克在省西南六百六十八
阿克塋山河伊尔嘰子札蘭尺克河土尔該河喀拉土尔該河即土尔該發源處拖波尔河發源鹹海五分之一	阿尔泰山其東南在中國塔尔巴哈台嶺
喀拉布達克 三等	仙米帕拉僜司克 二等 烏私奇喀綿諾果尔
	駐步隊守兵一隊烏私奇喀綿諾果尔司克駐西
拉尔司克東阿克摸林司克	正北東北託穆司克南仙米烈屢司克西阿克模林
北四十九度三十八分	在經度九十七度五十六分緯度赤道北五十度
三千有三十三里	方八千八百五十六密律距比得堡四千有三

司克 Сем

小省其城名同在伊爾推什河上倚伊爾推什河所居者皆俄之本國人其近伊犁湖北岸沙漠地皆哈薩克游牧人

里

把勿洛達爾在省西北三百三十七里伊爾推什河上烏私奇喀綿諾果爾司克在省東南二百有二里伊爾推什河上柯克別克堆在省東

其東南在中國阿爾陶即杭海山其東南在中國成吉斯陶喀爾賓嶺在伊爾推什河之南伊爾推什河發源宰桑湖又有車爾泥伊爾推什由中國南

司克布赫揚爾明司克亞末余甯司克熱列勒司克皆四等

悉畢爾磤隊馬兵一隊駐西悉畢宰桑卡倫爾喀撒克馬兵一營散隊步兵八百七十五人

司克東中國阿爾台山塔爾巴哈台嶺之間

二十四分

十五里

	仙米烈屋司克 Семпрѣчинская
南三百五十七里 窣桑 在省東南五百里距窣桑湖五十餘里 巴烟傲尔 在省西北三百五十里	寫尔吉波力 在省東北一百七十九里阿雅枯河上
阿尔台山來入此湖再出即為此水 窣桑湖巴尔哈什湖 屬北岸一半	天山西面 塔尔巴哈台嶺西面 巴達克山恭吉阿拉
	產秔稻吉貝花
	曰尔壘二等 闊拔尔二等 寫尔吉波立二等
	駐步隊守兵一營散隊步兵一千七百五十人本省喀撒克馬兵一營愁
	北仙米帕拉停司克西希尔達利耶费尔干西北阿克摸林司克東中國
	在經度九十四度三十三分緯度赤道北四十三度十六分
	方七千三百有四密律距比得堡四千五百六十八里
	案元史郭寶玉傳收別失八里別失蘭等城次忽章河別失八里當即比

小省即
所謂七
河省也
曰
爾壘
城[illegible]
在阿勒
馬塔河
上
其民什之
七八游牧
哈薩克又
有喀撤克
兵籍其土
腴俄人多
往開墾

近中國陶
界
闊跋勒
在省東
北三百
二十里
近中國
界
脫克馬克
在省西
一百九
十里儲
河上
喀拉科爾
在省東
南一百
五十里
近中國
界
列卜新司

在伊西
庫爾湖
北岸
乞爾幾子
阿拉陶
阿烈克山
德嶺
巴爾哈什
湖
三分之
一
阿拉枯力
湖
薩錫枯力
湖
伊西庫爾
湖
阿勒馬塔
河

託克馬克
伊犁司克
在伊犁
河上
納林司克
在納林
河上
古爾特喀
在納林
河上
穆札爾特
皆三等

畢爾喀撤
克馬兵一
營皺隊戰
兵一營
槎爾干特
喀拉科爾
朔兆司克
郭把爾各
駐散隊步
兵八百七
十五人
槎爾干特
駐悉畢爾
喀撤克馬
兵二營

阿克蘇烏
梁海之間
南中國阿
克蘇喀什
噶爾之間

失別克忽
章河當即
儲河歐陽
圭齋高昌
偰氏家傳
北庭者今
之別失八
里城蓋以
唐臣李德
裕所築北
庭都護府
當之非也

在省東	入伊犁
北四百	河
二十里伊犁河	
近中國	發源於
界	天山入
比失別克	伊犁湖
在省西	喀拉塔勒
二百里	河
儲河上	發源中
波羅呼穓	俄界上
爾	阿拉陶
在省東	列普薩河
北二百	發源中
七十里	俄界上
穆札爾特	阿拉陶
在省東	入伊犁
南三百	湖
二十里	阿牙古自
近中國	河
界	發源俄

烏爾札爾境塔爾巴赫堆巴哈台阿呵特尼山入伊次柯耶犂湖

槎爾干特儲河在省東北三百五十里發源恭吉阿拉陶

朔斐司克納林河發源中俄界上天山至土爾克斯丹境入布爾達利亞河

譪米力河發源中國塔爾

	希爾達利亞 Сыръ-Дарьинская 小省 塔什干城 Ташкентъ 在尺爾尺克河上 地氣熱至四十餘度
	霍占在省南一百一十五里 希爾達利亞河上 土爾迄司丹在省北二百六十六里 車木堪特在省東北一百里
巴哈台山入阿拉枯力湖	阿列克三德嶺 喀拉陶 槎特喀爾山 阿克賽山 希爾達利亞河發源天山入鹹海 尺爾尺河 阿雷斯克河發源喀拉陶入
	產吉貝花 土爾迄斯丹產絲織綿織各物頗精罈鬲亦美
	塔什干特二等 車木堪特二等 土爾迄斯丹二等 阿拉爾斯克耶二等 復爾特一 復爾特二 復爾特三 俄人稱小礮台曰復爾
	駐步隊戰兵善鎗手一營散隊步兵二隊倭連布喀撒克馬兵一營礮隊戰兵一營又倭連布喀撒克礮隊馬兵一隊治地工兵一隊 復爾特駐散隊步兵二隊車木
	北土爾該阿克摸林東南費爾干南穓拉夫山布哈爾西南阿母達利耶西鹹海東仙米烈程司克
	在經度八十六度五十七分緯度赤道北四十一度十八分
	方七千八百有八密律 距比得堡四千有五十二里

夏令開冰
廠用機器
造冰以售
於市

傲利耶達	在省東北二百五十里	希尔達利耶河枯宛達利耶河
別羅甬司克	在省西北五百里希尔達利耶河上	希尔達利亞之旁枝槎明達利耶河希尔達利亞入海處
喀薩林司克	在省西北八百五十里	盧列塔河儲河與阿克摸林交界
織襍克	在省西南一百七十里	鹹海五分之一喀拉枯湖

特此三堪特一隊
者皆無提督官兼
名但以轄襍拉夫
次弟計山阿母達
耳利耶費尔
別羅甬司干初名土
克尔迮斯丹
儲列克總管
以上皆
在希尔
達利耶
河上
傲利耶達
克留赤倭
耶
志那莰

志那汳

在省西南五十里尺尔尺克河上

烏拉汞別在省西南二百里與中國雪山近

掃馬尔湖

阿母達利耶 小省 Амударьинскя

成拜在省北一百五十里 諾威烏尔兼飭在省南

布堪山 鹹海五分之一 阿母河

撤特羅阿列克三德 二等奴古司 四等臘衣哈巴薩力

駐倭連布喀薩克馬兵一營步隊戰兵三隊

北鹹海東布尔達利耶南布哈尔西希注

在經度七十七度四十二分緯度赤道北四十一度二十三分

方一千八百有八密律 距比得堡四千有五十二里

撒得羅阿烈克三德城 在阿母河上 Петро-Александровскъ

襍拉夫山 Заравшанская

薩馬爾小省 Самаркандъ

十五里

烏爾古特
在省東
南四十
五里
偏察干特
雅宜庫爾
干
在省北

奴拉陶
屬其南
面其北
面為吉
薩爾山
吉薩爾山
襍拉夫山
河

產稻米麥
粉

四等

薩馬爾干
二等
烏爾姑特
三等
伊爾尺克
在布哈
爾境內
為保護

駐烏拉爾
喀撒克馬
兵一營步
隊散兵一
營
顆特庫爾
干駐步隊
戰兵一隊

北布爾達
利耶西南
布哈爾東
費爾干

在經度八
十四度三
十九分
緯度赤道
北三十九
度三十九
分

方九百二
十四審律
距比得堡
四千三百
二十四里

干城 Ca Ma 在襍拉干夫山河上 中亞細亞之地惟此田畝肥腴出產饒裕每歲種麥一粒得百種稻一粒得二百五百年前屬成吉斯汗厥後四百年前為回酋塔茂尔蘭之都回語稱提穆

八十里 顆特庫尔 在省西北六十里 克什都特

在奴拉陶吉薩尔之間即發源於境內其水入流布哈尔

鍈路之用其台亦小

尔達噴中國語曰鋏跛子	費爾干 小省 ферганская 諾威馬爾格蘭城 НОВ Магелланв 地三分之一水三分之二山人三分之一偶居三
	霍罕在省西六十五里又曰浩罕蕊汗俄語若曰可堪普回人都會斯他立馬尔格蘭在省西二十里安集延在省東
	樣特喀尔山阿來頭襍阿來嶺白彌尔山在中國界即葱嶺喀拉枯力湖希尔達利耶河發源於天山葱嶺之間納林河
	諾威馬尔格蘭二等霍罕三等姑尔札四等
	駐倭連布喀撒克馬兵一營步隊戰兵四隊步隊礮兵一隊步隊散兵二隊土尔运斯丹礮隊馬兵一隊戕什駐步隊散兵一隊八百七十五人斯他立馬尔格蘭安
	北希尔達利耶南布哈尔西襍拉夫山東中國喀什噶尔葉尔羌之間南近雪山北近天山
	在經度八十二度緯度赤道北四十度二十七分
	方一千五百密律距比得堡四千四百六十五里
	元史郭寶玉傳撏思干城即今霍罕地瀛環志略稱霍罕即安集延非也又案馬尔格蘭當即馬里四

分之二游牧其國一千八百七十五年即我光緒元年與回人戰勝次年遂有𢫬特喀白米尔二山間希尔達利耶河兩岸之地始建此省

北六十五里
納馬干在省北六十里希尔達利耶河上
戕什在省東一百七十里
烏自東在省東二百二十里希尔達利耶河上
注的里在省南

入希尔達利耶注合什河發源兩阿来山之間

集延霍罕各駐步隊散兵一隊

	襍喀思披斯省 Закаспійская 阿思哈巴特城 Асхабадъ 在鹹海裏海之間
三十里 儲思奇 在省西北七十二里	克拉思諾倭尓斯特 在省西北五百二十里 米海洛夫司克一名烏達阿達 在省西北四百里濱裡海 蔑尓甫 在省東南三百
	喀撖特山 在波斯界 阿富汗山分枝 由阿富汗來 穆尓噶卜河 阿特烈克河 在波斯界北屬俄南屬波
	癡幾什捺尓 三等 諾倭阿烈克三德洛甫司克 三等 克拉斯諾倭得斯克 三等 蔑尓甫 三等 阿思哈巴特 三等
	駐步隊戰兵善鎗手四隊枯班喀撖克馬隊戰兵一營 癡幾什捺尓蔑尓甫叶拉赫施撒里雅仄郭克帖佩各駐步隊戰兵善槍手二隊 叶拉赫施
	正北與東北皆烏拉尓斯克南波斯阿富汗西海裏海東布洼
	在經度七十五度五十九分緯度赤道北三十七度四十五分
	方五千九百三十九審律距比得堡三千八百有五里

民多土尔五十里喀拉布噶
克綿宜游穆尔噶自海汊
牧人卜河上包尔汗海
其境包大克吉拉尔汊
戈壁洼特在米海
在省西洛夫司
北二百克
五十里德真河
巴衮
在省西
北二百
里
槎特
在省西
北三百
九十里
波斯界

克吉掠尔駐枯班喀
洼特撒克馬隊
郭克帖佩戰兵一營
顛吉尔帖裏海東岸
佩喀合喀駐
巴衮喀撒克礮
叶拉赫施隊馬兵一
近波斯隊
在德真克吉掠尔
河上洼特駐建
郭舒特寨修鐵路工
喀拉兵一隊
撒里雅从薩尔甫駐
以上皆治地工兵
四等一隊一百
二十人
布哈尔所
屬車尔錐
駐步隊戰
兵一隊建

修銕路工兵一隊

布哈尔所屬喀尔幾駐步隊戰兵一隊

布哈尔薩馬干之間銕路棧駐步隊戰兵三隊

清末民初文獻叢刊

俄游彙編

（下册）

［清］繆祐孫 撰

朝華出版社
BLOSSOM PRESS

俄游彙編卷第五

奉使游歷俄羅斯國户部主事繆祐孫纂

鐵路表

夫鉤車曲行用定兩端寅車先疾進取遠道古王創制咸歎其良朕易野車爲主險野人爲主利鈍判矣泰西哲迷斯哇特興火車之法其機括倣自輪艘以英廠德廠美廠所造爲最上近歲比利時亦極講求價視它國貶省絫火車之行每一刻可二十餘里晝其火力則又倍之通國家之有無濟生人之日用有過於輪艘者若夫釁兵境上遇敵淹中衆寡相懸氣奪於未戰殺傷過當目斷

夫來援得此則全國卒伍數日可集有恃何恐膽力自增其利一也轉輸紆滯動誤事機煑弩耿恭幸資神箭量沙道濟幾壞長城得此則礮械餱糧朝發一令夕充於壘張拳負腹可勿憲焉其利二也朱旂紺幰勞百邑之供張鋏騎銀刀苦數道之騷繹得此則城堡暫過程限難渝既省官錢又蠲私累其利三也公侯貴胄恆憚於塵襜開敏儒生輒搞於甕牖耳目狹隘識論多迂得此則一肩遠適兩戒窮探況瘁胥忘山川能說其利四也澇旱偏災飢寒需拯河東移粟美曰盡心雍西汎舟視為鉅役得此則稱貸千里可期以崇朝指儲萬囷不煩夫薄笨其利五也遏糴屯膏市估專

利載芻挽粟漕運稽時得此則五行百產之精流通罔滯南船北馬之力節縮良多創始自官獲效愈厚以輔電機之速且避颱颶之驚其利六也或謂軸轅紛驅僕馬坐敝軽軒超越驛落荒涼游民失業實為亂階不知道路平治工役斯賴行李便捷征徒益烝日數小停地皆成埠鋏軌遝遂借騎足而歧路分投鐘刻分毫待雞人而僕夫識候（每停車處有人擊鐘報晷）夜司鐙火（沿途置鐙通宵不熄）日負行幐仰衣食者奚窮需手足者甚眾矧聲威迅達師旅歘麏荆棘鋤耰詎敢發難城頭子路僉自斂形紓困興功懾奸弭盜皆在是也豈有妨民之事哉或又謂古人設險守國阻谿為塹今乃六通四闢嶮

岨俱劉雖曰便民實恐資敵有藉以踰界擣虛直入其都會者轍殊寬狹彼專練一軍呂易之質分厚薄彼別率數隊以破之誠可危矣肰而用兵之道埶迫則貴勇故曰將猛者勝力均則鬭智故曰好謀而成不盡憑依地利焉若徒恃險則亦與寇共之也俄國鐵路經始其主尼可來第一先由腹地通衢漸推至邊壘小邑迄今四十三年其歐洲境內參伍錯綜已如鼅鼄牽絲理致秩密中亞細亞則頗疏矣有自裏海而南者將由薩馬干進至塔什干悉畢爾路已度烏拉嶺至裘冤又欲於海參崴建置以達海蘭泡由託木司克過伊爾古慈克繞拜噶爾湖至施特烈勤斯克就黑龍

江輪船又欲從拜噶爾湖北向東至雅克薩特舉已成者表之凡二萬八千餘俄里因其便利故歲有增益軌闊於它國約三寸來者必於界上易車車方箱如室枕茵華澤國多林莽火用薪載人快車名庫力頁爾斯克載貨漫車名頗赤託威

森比得堡 尼可來路向東南	
出多	百十一
額枯洛勿喀	百十八
烏格羅無喀	十九
薄羅郭耶	四十七
威什尼倭羅濯克	四十二
倭斯他什克	七十一
特威爾	四十
克林	七十三
莫斯克窪	八十三
出多分路向西南	
諾甫果倮特	六十八
什穆司克	四十四
思他拉耶蘆薩	四十四

森比得堡 洼爾沙瓦路向西南

	烏格羅無喀分路向東	四十二	嘎敕訥
二十九	波羅咸池	八十七	盧噶
	薄羅郭耶分路向東	百二八	布思果甫
百五四	別蔥茨克	四十九	倭斯特勒弗
百二六	阿雷平司克	百十一	列日擦
	倭斯他什克分路向西南	八十	的箏布爾克
三十三	託爾熱克	百六一	唯里納
九十五	爾日符	百四七	果倮得囉
		三十四	索果爾
		四十四	別洛斯託克
		八十	馬勒廷
		八十二	洼爾沙瓦

森比得堡

波羅的路向西南

	唯里納分路向西北	二十五	克拉斯諾池寫羅（即紅村）
九十七	闊勿諾	十九	嘎敕訥
八十一	威爾日波羅倭（與普交界）	八十五	央布爾格
	唯里納分路向南	二十二	訥爾瓦
九十三	梨達	九十九	減金別爾
九十五	巴拉諾唯茨	二十四	塔蒲斯
百零九	露泥涅茨	七十三	列減力
百八一	羅弗諾	四十五	波羅提斯剖爾將
八十二	拉濟威羅甫（與奥交界）		塔蒲斯分路向南至瓦爾克向西
	巴拉諾唯茨分路向西	百零六	多爾爬特
百七五	別洛斯說克	七十五	瓦爾克
	羅弗諾分路向東南	五十	倭勒馬
百八二	別爾幾紡甫	三十	文登
		一百	梨嘎

森比得堡 路名與前同向西北

四十	眯他洼	二十八	撇特兒果甫
八十九	莫蒽伊齋	十一	倭拉巖堡 直接荷蘭鸞大橋
八十六	里巴洼		
	瓦爾克分路向東		
五十	威羅		
一百	布思果甫		
	犁䟫分路向西		
六十	土昆		
	莫蒽伊齋分路向南		
六十	沙勿里		
二十	拉的威		
一百	闊勿諾		

森北得堡向南	
擦爾斯克寫洛	二十二
巴威諾甫	三
由尼注江岸出肱擬襍倭特自東而西橫穿四路又接堤建出名不幾洛甫司克路	
波羅的海口	二十三

森北得堡向芬蘭路西北	
威波爾克	百二十
西抹納	二十七
理希半齊	二百二十三
脩溫格	十二
切爾倭	二十八
玟爾新復而思	二十七
西抹納分路	
唯里漫	十六
理希半齊分路	
塔襪斯特姑斯特	三十一
挖牙納	三十七
阿波	百十九

莫斯克窪

剔拉司坡理司克路

	脩温格分路	百零三	莫熱伊斯克
一百	挨克乃思	三十四	格熱司克
三十九	甘節	五十八	唯爾吉麻
	切爾倭分路	百六五	嘶馬連司克
三十	波爾郭	百十一	倭爾沙
	柁牙納分路	百二四	薄理索甫
三十八	塔茂爾弗而思	七十五	明司克
二百十六	挨司特兒米勒	百一十	巴拉諾唯茨
七十	瓦褀新又名回尼可來	百八七	熱賓喀
	挨司特兒米勒分路	二十四	布列司特
百三十	雅可卜斯塔特	九十	盧果甫
百八二	烏烈阿波羅	五十八	伊彎果倮特
		九十六	瓦爾沙洼

莫斯克窪向東

布烈司特分路	百八九	波可洛甫	八十
露泥涅茨	二百八三	烏拉的密爾	九十七
郭蔑立 接里巳法倖尼路		諾弗吉	四十六
布烈司特又分一路		闊勿羅甫	十四
別洛斯託克	百二九	唯自尼齊	五十六
革拉葉窩 接普界	六十九	果倮霍唯茨	四十四
伊鸞果倮特分路		尼日里諾甫果倮特	七十三
拉多木	五十	諾弗吉分路	
卜金	三十	書牙	五十六
		倭自涅旋司克 又名一雪諾倭	二十八
		奇揑石馬	八十七
		闊勿羅甫分路	
		木羅穆	百零一

莫斯克窪 向東南

八十四	倭斯克列旋司克		可自羅甫分路向南
二十五	可倮木納	六十	格烈吉
十七	盧霍唯淡	四十八	烏司瞞
五十七	列簪	六十八	倭羅涅日
百零七	烈日司克	四百八十	自威烈倭
九十一	可自羅甫	四十五	格盧什
六十八	登博甫	三十七	諾倭車爾喀司克
八十九	吉爾沙羅甫	二十五	阿克塞
百八十	阿特喀爾司克	四	訥西池灣
八十四	薩拉奪甫	九	拉斯託甫
	倭斯克列旋司克分路	六十八	塔干洛亞速海邊
二十二	葉果里耶甫司克		
	盧霍唯淡分路		
二十六	襍來斯克		

向南

莫斯克窪

波多吻斯克	五十	拉斯託甫分路	
哆爾卜	三十	替霍列茨	百八三
圖拉	百零一	密涅拉里羅倭底即撒木果爾	二百八三
木曾司克	四十八	卜洛赫拉的乃耶	八十八
阿署勿	百二九	烏拉的喀復喀斯	九十八
古爾司克	百四五	替霍列茨分路	
馬梨絡	七十三	葉克接力拉達爾	百二七
別勒果倮特	七十七	諾倭羅西斯克	九十
哈爾果甫	七十九		
蔑列乏	二十三		
羅作洼	百零九		
把勿洛格拉特	五十七		
西涅尼黎可洼	三十五		
阿烈克三德羅甫斯克	七十一		

百零五	蔑黎託波立	百八六	必爾足斧
八十五	諾倭阿列克三德叶頁甫	百零八	拉斯迭力訥耶
百四四	星飛羅波立	六十八	阿疊薩
三十	巴合赤薩來		喀薩經分路
四十三	些哇斯託波力	二十五	別爾幾鈁甫
	古爾司克分路向西	百九四	羅弗諾
百六六	倭羅日巴	百二五	閣威力
七十	可諾脫甫	百十六	布列斯特
二十六	巴哈馬池	百二九	別洛斯託克
六十三	涅初		日美林分路
六十七	讖耶弗	九十	卜羅斯枯爾甫
六十	法斯脫甫	七十九	倭羅尺斯克接普界
八十七	喀薩經		馬耕絡分路
百零三	日美林	三十	倭波

法斯脫甫分路		克列明初	百十二
別來茄爾可甫	三十二	自納綿噶	八十八
次唯特可洼	百三六	葉力薩唯特格拉特	四十九
波白林斯喀耶	三十一	必爾足拏	二百七十
自納綿噶	八十三	克列明初分路	
多林	六十六	羅合唯茨	五十一
尼可來也復黑海岸	百三十	羅木尼	一百
次唯特可洼分路		蔑列乏分路	
石頗納	二十一	留博亭	十七
波白林斯喀耶分路		波果獨霍甫	四十九
車爾喀斯	三十八	蘇梅	百十一
哈爾果甫分路		倭羅日巴	五十
留博亭	二十四	巴哈馬池	九十六
坡爾塔機	百零八	畿耶甫	百三十

	羅作倭分路	百二三	馬力烏波立亞達甯
百零五	斯納完斯克		尼巴拿甫分路
十二	克拉馬掩爾司克	三十	結巴立宇倭
二十九	寬司坦汀諾甫喀	七十二	露甘斯克
二十七	尼巴拿甫		帕帕思乃耶分路
四十二	哈爾蔥司克	四十	理西昌司克
百十六	塔干洛海岸		亞西羅洼特分路
	克拉馬掩爾司克分路	二百零七	西涅尼黎可洼
七十九	帕思乃耶	四十九	葉克帖林斯納甫
六十二	結巴立宇倭	二百十一	多林
百四五	自唯列倭		諾倭阿列克三德叶貝甫分路
	寬司坦汀諾甫喀分路	十四	格尼車
四十	亞西羅洼特		
八	猶作洼		

莫斯克窪向東北		梨嘎路	
六十七	哆爾幾耶甫司克	二百零四	的筝布爾克
三十八	阿列克三得洛甫	三十九	克烈思拉勒
百零四	羅斯奪甫	五十	得哩薩
五十二	葉洛斯納夫	六十一	波羅茨克
六十二	達尼洛甫	九十四	威帖布斯克
八十六	格烈作唯茨	百二八	嘶馬連司克
四十六	窩羅格達	四十	克拉思乃
	葉洛斯納夫分路	七十一	羅司拉
九十四	可思得羅馬	百二四	布連司克
		四十一	喀拉濯甫
		八十四	阿畧勿
		八十五	唯爾霍治
		九十七	野列茨
		七十二	力別茨

擦利勤路 此路專為運貨入黑海

三十三	格獵咭	七十三	喀拉尺 通商埠在端河
百九六	薄利索傚烈不司克		
四十九	阿列克西柯		
三十九	擦利勤		
	的聳布爾克分路向西		
百四十	波涅威		
六十	拉的威		
	唯爾霍治分路		
五十七	利匆乃		
	阿列克西柯分路		
三十三	烏留頪		

唯爾吉麻路		烏拉的密爾蒲利斯單路在倭爾嘈河上專為運鹽	
喀嚕嘎	百五五	巴思坤察克	五十二
圖拉	百二二		
烏孛洛洼	四十六		
唎日司克	百四六		
謨爾山斯克	百十二		
喀綿嘈	百零六		
偏襍	八十		
枯孛涅茨	百十二		
悉孛蘭	百二三		
薩馬拉 過倭河大橋長二里餘	百二八		
吉內力	四十		
布足盧克	百二十		
倭連布爾克	二百三十		

俄輿界

倭羅尺斯克路

	吉內力分路向東北	七十九	卜羅斯枯爾甫
百一十	布姑魯斯蘭	九十	日美林
百三十	北列別	百八六	必爾足拏
百二五	烏發	百零八	拉斯迭力訥耶
二百二十	自拉特烏思特	六十八	阿疊薩
	烏字洛洼分路		
二十	波郭羅		
八十	葉弗列		
八十	野列茨		

拉結訥路拉訥 慈詣耶斯耶 即力迭		瓦爾沙洼波蘭路	
邊迭爾	五十五	司茄爾尼爲紫	六十三
幾深虐甫	五十五	布列厘	二十六
温格宜（與魯瑪尼接界）	一百	可留賓幾	十
邊迭爾分路向西南		撒特羅果甫	三十七
緲尼（接布爾噶界）	二百六六	陳司奪霍甫	六十
		敦布洛倭（別名崇可撤紫）	五十九
		格拉尼滓（由敦布洛倭向南）	十三
		索司諾唯瓜（由敦布洛倭向西）	十六
		編金（由敦布洛倭向西南）	二十五
		司茄爾尼爲紫分路	
		落尾池	二十
		古特諾	四十三
		勿洛茨納甫司克	五十一
		阿列克三德羅倭（德界）	三十五

瓦爾沙洼路向北

	可留實幾分路向北	三十一	諾倭吉倭幾耶甫
二十六	洛吉	八十五	木拉洼德界
	可留實幾分路向南		
七十二	寬斯克		
三十五	卜金		
四十四	倭司特羅唯茨		
	卜金分路		
四十二	茄力茨		
八十	蔑霍甫		
六十六	格拉尼擦德界		

向南瓦爾沙洼路	
伊萬果倮特	九十六
溜卑林	六十七
霍爾木	六十八
闊威力	八十三
克列萬	百十六
羅勿諾	二十一

瓦爾沙洼路	
明士克	五十
哆得列茨	六十
馬勒廷	四十

波七 襍喀復喀思路

六十	三得列齊		哩淵分路
二十九	哩淵	八	枯榻伊斯
百二八	果哩	二十	特克威布爾
五十	木且特		八枯分路
二十	梯夫立斯	十五	巴拉哈尼
七十八	阿克司打伐		
八十九	耶哩薩唯託波立		
百零五	烏札力		
百十四	阿直喀卜離		
百二八	八枯在裏海濱		
十二	薩奔馳		
	三得列齊分路		
九十七	拔秃木在黑海岸		

烏遵阿達 襍喀斯丕思路	
喀箸制克	百四八
幾仄爾阿爾洼特	七十九
巴米	四十八
阿爾池滿	二十七
格倭克得拍	八十五
阿思哈巴特	四十五
嘎合喀	百二一
杜薩克	三十九
薎爾甫	百六一
別果爾迭什克	五十八
車爾錐 過阿母河大橋	三百二五
喀拉枯爾	五十五
布哈爾	五十五
薩馬爾干	二百二十

撒爾木 烏拉爾路	
出所限	百十九
葉克帖林布爾克	三百四七
喀梅石洛甫	百三四
裘冕	百七十
出所限分路	
別烈梓涅齊	百九五

新增路

布列思特分路	
霍力木	百零七
郭茂立分路	
布連司克	二百六一
唯爾吉麻分路向北	
恩濯甫克	五十
爾日符	四十五

俄游彙編卷第六

奉使游歷俄羅斯國户部主事繆祐孫纂

通俄道里表

中俄接壤東西幾二萬里卡倫鄂博凡一百餘所閒大山沙漠實爲天險其不足恃者舊新之界既乖往來之路日闢初定互市於庫倫厥後有塔城之約有愛琿之約有伊犁之約隨地交通罔有隔閡攷諸書所稱通俄之涂大都舉其崖略鮮能詳析驛程矧關湮啟難易今昔情形頗殊又所述雜以外蒙古哈薩克厄魯特布魯特諸語轉譯淆誤更無準的俄又於所侵割别易己名意在遏

諸族懷舊之心且使識塗者為所迷罔此不可不察者也茲得其所繪彼國行軍地理圖窺探極遠鈎勒極微就而譯之凡由我邊陲能達於彼者悉取錄焉若官路若商路若夏路若冬路若輪舟水程皆分注如左

	由伊犁庫勒札至俄倭穆司克（案此城為彼國提督官所駐極繁要西北至裘冕六百三十一里即接烏拉爾火車路又所載皆官路能）
廿五	蘭噶爾
十八	綏敦
十八	欽察果吉（即奇欽卡有路通甘肅）
二十	阿林都（即烏林卡）
十五	霍爾果斯（中俄界卡）
廿二	阿克堪特
十四	扎爾堪特
十四	郭魯別甫司開耶
廿五	柯伊奔斯開耶
廿五	闊盧爾烏連司開耶
二十	挨納布拉克司開耶
廿五	拔什勤司開耶
廿七	阿爾汀伊蔑立司開耶
廿五	囯噶林斯喀

行馬車俄人設驛遞甚便連由仙米帕拉停斯克至倭穆司克皆傍伊爾推什河行春夏有輪舟

廿五	㩦利厝司克	卅一	竹事阿嘎敉喀耶
二十	成吉思阿噶斯喀	廿六	馬絡阿雅古自克耶
廿三	喀喇布拉格司克	廿六	刻自爾錢司開耶
廿一	薩里布拉格司喀	廿三	土爾堆古都刻斯喀耶
廿八	阿克亦赤金司克	廿九	阿雅古自克耶
廿七	闊拔爾劇邑有戰壘兵屯	卅一	寫爾幾倭波立以上向西北
廿九	阿拉珊斯克	廿六	阿爾登顆拉格斯嘍
廿一	阿巴枯莫甫司喀	廿九	伊布離迦司嘍
廿五	阿克蘇亦士克	廿六	烏尊布納刻司嘍
廿八	拔士干司喀	廿四	阿列長阿堆羅復司嘍
廿八	列卜星司科耶小村近中國邊	廿四	阿爾喀茨嘍
十六	堪志噶布拉克	廿六	奇仄爾畝立司嘍
十七	阿士幾布拉格司喀耶	廿六	槎爾達弛司嘍
廿九	阿爾噶拉勤司開耶	廿一	阿施奇古爾司嘍

廿七	阿爾喀雷刻司嘍	卅一	車爾泥以上向東北
廿二	烏魯古士克	廿二	雅梅佘甫斯喀
廿五	仙米帕拉德斯克省會	五十	坡得思帖布乃
十六	斯他立仙米帕拉德司克	廿一	把勿洛達爾劃邑以上向西北
十六	隔魯霍甫司科耶	廿六	車爾雅爾斯喀
十九	別洛卡琨司喀耶	十二	格黎果里葉甫司客
廿三	多倫司克耶	十三	車爾諾獵次喀
二十	撒烈穆霍木司喀	十八	別烈司乃
十五	亦自曰斯特可威	廿四	別士槎拏耶
十七	格拉撒甫斯克耶	十六	噶赤爾司喀
廿六	仙米亞爾斯喀耶	十三	倭士莫累日斯喀
廿九	克理倭耶	十八	波卜洛甫司喀
廿四	波特布司克乃	十七	撒脫累日司喀
廿四	烈撒日亞	廿四	熱列秦司喀耶

十五	拔寔馬什乃
十四	烏爾留求別司喀耶
廿四	韃靼爾斯該
十四	阿特馬司該
十三	車爾納果甫司喀耶
十四	楚黎雜曰淡克
十二	索獵喏耶
十八	伊側勒拔什司喀耶
十七	波顆羅甫司喀耶
十八	阿扯伊爾司克
廿一	烏私奇雜倭司託羅甫
十六	撒咧木霍甫斯克
十九	倭穆司克

由庫勒札至札爾堪特路 案此係商路沿伊犁河行

十八	英吉沙爾
卅五	闊直格爾
廿八	開魯干 中俄界即廓克興
十五	安達蘭
二十	獨本
十	伊犁河
四十五	札爾堪特
	又一路 亦商路較前多十三里
十八	英吉沙爾
卅七	汗梅
三十	可爾札特
五十三	獨本
十一	伊犁河
卅五	札爾堪特 與前官路合

由木札爾至札爾堪特 案木札爾距阿克蘇不過二百里

廿五	納林可爾 中俄界
廿四	喀爾喀克
廿六	撒雷札士
卅五	迦堅帖尺
廿一	帖蔑爾立克
廿一	坡特果爾尺
廿一	沖直
卅五	伊里河
廿五	札爾堪特 以上向東北

由英吉沙爾至阿爾汀伊蔑立 與由庫勒札至倭穆司克路合自此至納林磯台皆小路不易行尚有水草中間有嶺

十七	拖由河 徑渡
十八	阿爾吞阿爾推什
十	阿爾吞
十	阿爾古
十二	朱衣諾紫
十八	登吉他爾
二十	帖列克磯台
三十	帖列克台山 中俄界逾嶺
五十五	阿克賽河 過河直北行
四十	阿特巴什河 逾山渡河
卅五	納林磯台
廿四	溫孥爾槎
廿六	喀蘭古爾特
廿六	薩理布拉克

所經唯爾壘即七河省城俄設重兵甚嚴

廿二	拱別爾阿達	廿二	昆金台司克
廿七	卧爾特脫凱	廿三	伊利司克
廿五	枯切馬爾勒司克耶在伊西庫爾湖上	廿三	成吉利金司克
廿四	可克買納克司喀耶	卅三	喀喇赤金司克
廿三	直力阿雷克	廿七	枯煙古茨
廿六	斯他羅脫克馬克	廿八	阿爾汀伊蔑立
廿七	脫克馬克		
卅二	喀拉布拉克		
卅三	撒累札斯		
廿六	喀司得克		
廿七	喀簪司柯博郭羅茨科		
廿七	留波勿乃		
廿八	唯爾壘即仙米烈省會		
廿四	喀喇蘇亦司克		

由喀什噶爾至納林（小路難行有水草宜乘駱駝）

阿爾推什	十九
推什格他什礟台	十八
土什谷（以上順拖由克河）	三十
穆爾札帖烈	二十
察克馬克（過蘇士喀河）	十八
中俄界卡	三十
土魯噶爾特山（此山甚大逾山即俄屬）	十八
查特爾枯力湖（沿湖向北）	二十
過山（向東）	廿五
喀喇開迎河	五十五
阿特巴什河（沿河行徑渡）	廿五
納林	廿五

由喀什噶爾至薩馬爾干（俄建鐵路已達此城又將修至塔什干紫此二城俄皆駐重兵）

薩爾瞞	五
們果爾	十
喀南噶雷克	十
堪竹干	十
枯爾噶深喀泥	三十
烏顆阿拉爾	三十
馬賓噌特	五
舒爾布拉克（過天山）	十五
烏魯克察得礟台	二十
伊爾格什他木（中俄界卡）	四十
塔温木倫（過天山阿來司克山）	廿八
喀喇坑得克	十二
薩播達什	二十
塔爾堆克（過天山阿來司克山）	十三

十四	烏赤求別	廿九	庫爾干求別
十一	沙爾特	三十	額利實丹
十三	蘇菲庫爾干	廿五	都爾瞞楼
二十	克仄里庫爾干	廿六	霍罕
十五	古爾楼礟台 以上向北	十一	鋤柴
卅二	梁嘴爾	廿一	卑什阿雷克
十九	馬堆	廿三	巴塔兒
十二	倭什 以上向西北	廿七	喀拉出肱
廿五	霍哲洼特	廿三	喀斯達穎洨
二十	安集延	十八	霍占 以上向西 以下向北
十六	阿薩克	廿四	木爾濟拉巴特
廿一	枯洼	廿五	占布拉克
卅三	諾威馬爾格蘭 費爾干省	廿六	烏拉爾司克耶
十二	阿克阿雷克	十六	別堪特

十六	託野求別	十九	成拜司克
十九	尺爾尺克（在尺爾尺克河上）	十二	薩馬爾干
十	塔什干（布爾達利亞省會）		
二十	尼亞茨巴什		
廿一	斯他立塔什干特		
廿二	赤納茨（在希爾達利河上）		
廿三	別爾唯喀倮茨馬烈克		
廿三	穆爾札拉巴特		
卅一	阿噶赤堆		
廿二	烏餘求別		
十五	制雜克		
廿五	雅宜庫爾干		
十七	薩來勒克		
十五	喀綿尼林司特（有石橋）		

由倭什至諾威馬爾格蘭

此條捷徑較前正路省三十五里中間有山不大

阿拉咱	卅四
門求別	十四
達爾馬札爾	十九
新馬爾格蘭	廿八
又此都瞞一徑前路三八 由至爾槎捷較正省十里	
阿爾堆阿雷克	三十
都爾瞞槎	廿八

由楚庫察克至仙米帕拉停司克

楚庫察克在塔爾巴哈台邊境至雜哈爾甫克係商路以下係大

雜哈爾甫喀 中俄界	廿七
阿塔該司開耶	廿七
赫吞蘇馬堪	廿八
巴拉克排司開耶	廿一
烏爾札爾司開耶	廿二
布爾觀司開耶	廿七
節爾思拔干司開耶	廿二
喀拉果爾司開耶	廿二
札刻思札爾達甫司開耶	十九
疊協刻達石司開	十七
納林司克	卅四
窩爾錢倭波立	卅七
阿爾登顆拉格司開	廿六
伊布離迦司克	廿九

由科布多烏科克卡侖至仙米帕拉停司克 案此卡與同治九年新界圖特勒嘴魯圖

廿六	烏尊布納刻司開	卅六	成達嘎禿赤司克摸司特
廿四	阿烈長阿堆羅復司喀	三十	他巴特
廿四	阿爾喀茨喀	廿四	烏擂立斯克
廿六	奇瓜爾敵立司喀	廿四	成吉思台
廿六	槎爾達弛司喀	卅三	阿爾台司克
廿一	阿思齊古爾司喀	廿三	別略作甫司克 又名烏得曰得喀
廿七	阿爾喀雷刻司喽	十七	達羅甫嘎
廿二	烏魯古士喽	廿八	馬絡納林司克
廿五	仙米帕拉停司克	十六	納林司克
		廿六	馬絡格拉司諾雅爾司克
		二十	車烈木山司克
		二十	倭羅尼
		十九	布克達爾珉司克即
		十五	別略作甫司克

卡接其次鄂依霍爾巴爾塔蘇果克自阿爾台司克以上商路以下官路

由烏梁海之薩理布拉克至烏私奇喀綿諾果爾

案薩理布拉克即鄂蘭布拉克由此至

十	阿列克三德爾司克耶	三十	坑得爾尼克
十八	哆曰爾乃耶	廿五	帖烈克推
十三	費刻黎司脫甫斯克	十六	窄桑司克有礮台
十五	烏爾頻司克	十九	喀喇布拉克
廿六	烏私奇喀綿諾果爾司克	三十	薩累布拉克
廿四	烏洼囉甫司克	十九	梔衣朱紫燕特
廿一	克拉司諾雅爾司克即也尼塞省會	廿五	挨司別
二十	拔拉佘甫司克	十七	撮爾嘎
廿五	烏賓司克	十五	布爾汗
十八	畢雅諾牙爾司克	廿五	把雜爾喀
廿三	樹立必自克	廿九	喀喇烏特枯立
廿五	接離紫克	廿三	諸士阿嘎飭
廿四	阿嚼而尼	二十	阿拉理求別
十八	仙米帕拉停司克	廿三	科克別克推

布倫託海約一百五十里自宰桑司克以上商路以下雷路皆向北行

廿八	喀喇札勒司克 由仙米帕拉有小路至此二百一十三里
廿八	阿嘎乃科克停司克
廿六	仙成司克
廿四	叶賓斯克
廿四	烏倫該司克
廿八	烏私奇喀綿諾果爾

由霍占至制雜克

向西小路如自喀什噶爾經販霍占可於此分路一赴塔什干一赴薩馬干

廿六	納烏碬台
廿七	納烏噶擬
十六	烏拉求別
廿二	撒洼特
廿九	雜明碬台
卅一	拉巴特
二十	制雜克

由恰克圖至託穆司克

此為中路自託穆斯克至裘冕有輪舟水程別錄於後有新開商路自烏私奇恰克圖分至梅瑣洼合直北越大嶺數重其途甚狹但能兩車並行其驛站不由官經理計九站每站一車出十盧布較正路可省百餘里夏秋趁輪舟自伯雅爾徑

四	土洛伊自科薩勿司克 華人稱後營	廿三	伯雅爾斯喀耶 至拜喀湖上
廿三	烏私奇恰克圖	十九	梅瑣洼耶 頻湖以下繞湖行
廿五	喀離諾撒列洼洛復喀耶	廿五	米施星斯喀
廿四	坡倭囉特拉耶	十五	馬裏諾甫斯喀耶
十九	渙棱庚司克 過渙棱格河沿河行	十四	撒烈咽莫筝耶
三十	阿爾布作復司喀耶	廿四	威德連斯喀耶
廿七	尼日揑烏布工司喀耶	十七	事聶日納
廿七	克留掣復司喀耶	二十	穆陵司喀耶
十九	穆惺納 由此十八里至上烏金	廿七	烏圖理克司喀
廿九	波羅維納耶	十六	阿木耳斯科耶
廿六	伊利盈司喀耶	十七	枯爾禿克 以下不頻湖
廿五	塔蘭喀諾夫司喀耶	廿三	駭爾設葛盧拌司科耶
廿四	喀班司克	廿一	莫脫司喀耶
廿五	博離佘烈成司喀耶	二十	悅顛斯科耶

渡拜噶爾湖八十九里抵黎士特注邏陸三十八里至伊爾古慈克可省一百五十四里冬令湖冰合即驅車從冰上過里數與舟程同

廿四	伊爾古慈克 大省會	廿三	土林司喀耶
十三	波可甫司喀耶 過安噶拉河	十九	佘拉古爾司喀耶
廿一	蘇霍甫司喀耶	廿五	都魯諾甫司喀耶 過伊由河
廿七	帖利明司喀耶 過拖嘍伊河	廿五	枯爾簪斯喀耶
廿一	馬理汀司喀耶 過盧別游河	廿一	佘拔金司喀耶
廿九	波羅唯納耶	廿一	呼得益蘭斯喀耶
十八	拉列木霍甫司喀耶	廿六	切爾皷堆司喀耶
廿八	枯秃黎克司喀耶	廿一	尼日里烏金司克
三十	雜拉林斯喀耶	廿八	烏果弗司喀耶
廿三	推列特斯喀耶	十八	卡梅佘特司喀耶
廿四	雞鳴司喀耶 過吉木河	廿四	阿勒噶佘司喀耶
三十	嘍米立帖益司喀耶	廿五	阿羅雜默司科耶
二十	利昔堅司喀耶	二十	額拉司觀拉耶
十八	奎屯司喀耶	廿五	拔葉倮甫司喀耶

廿一	碧流新司喀耶	十五	枯士昆司喀耶
廿三	波羅沃喏擊列木霍甫	廿五	波爾益司喀耶
十九	克留稱司喀耶	十六	別略作甫司科耶
廿八	亭司喀耶	十四	克拉司諾雅爾司克（過埜尼塞河大省）
廿五	尼日里殷噶佘務司喀耶	廿一	烏私榻諾勿司喀耶
廿六	益蘭斯喀耶	十八	蘇荷弗司喀耶
廿七	堪司克	十八	馬洛切木初克司喀耶
廿五	駁爾佘烏林司喀耶	廿三	伊布流利司喀耶
廿三	克留擊弗司喀耶	十七	迦爾初布司喀耶
十六	波羅汀司喀耶	十六	科鋤立司喀耶
十八	嚅頻司喀耶	廿三	櫂爾諾列成司喀耶
廿五	烏鵶爾司喀耶	十六	榻魯汀納
廿四	拔來司科耶	十六	阿陳司克（過楮林河其城有路赴米奴星）
十八	鏌爾帖石	十三	別諾雅爾司喀耶

十七	克拉斯諾列成司喀耶	廿三	圖倫塔葉洼
卅一	博可奪力司喀耶	廿三	哈爾迭葉洼
十六	博利均耶擴舒	十五	仙米盧什乃耶
十八	赤塔特司喀耶	十	倭傑擬拏
十七	勃洛莪茹脫赤拏耶	十九	託穆司克
十七	恰仁司喀		
廿八	蘇士羅洼		
廿五	馬里迦司克（過錢亞河）		
廿三	波得頁力擬飭拏耶		
十六	秋免聶洼		
十二	別梨古立司喀耶		
廿六	駁飭丹司喀耶		
廿三	顆類完司喀		
廿三	伊寶木司喀		

由伯雅爾至伊爾古慈克輪舟水程 過湖至黎士特注入安噶拉河

黎士特注擬斥那耶	九十
塔里勤司喀耶	二十
拔脫羅諾夫司喀耶	廿三
伊爾古慈克	十八

由託穆司克至裒冕輪舟水程 陸路即沿河行冬日河水凍合車馳冰上

別羅薄洛傘注	十三
車爾泥力飭可注	十五
布賓喀略注	廿七
卜拉幾納 以上託木河以下倭別河	十一
喀爾納烏合注	廿六
尼顆力司科耶	十五
卑理納	二十
茹可注	十九
莫勒查諾倭	廿六
烏私奇楮林司克耶	十五
格里倭鹿池幾耶	廿三
松古爾韋	十八
幾倭斯幾尼	廿三
巴拉納可威	廿五

十三	諾倭伊里迎司科耶	三十	推木司科耶
廿七	柯爾拔佘洼	十七	喀爾幾押洨克耶
十三	託古爾司科耶	廿八	穆拉瑣洼
十六	蒲羅多赤乃耶	二十	類木餙乃即拉木類
廿一	伊彎節乃	十三	唯爾赫湼拔擬乃
二十	穀節乃	二十	既牟湼拔擬乃
十四	薩爾杜可威	十三	窪爾采甫司幾
十八	木枚佘威	三十一	納餙乃
二十	納絲幾擬	十六	唯爾赫湼龍拔果爾司幾
廿一	把拉別力司科耶	廿一	列格鋪嚐力司幾
廿二	納琳	四十四	拖卑爾幾尼
廿五	伊里納	十八	龍拔果爾司幾
四十七	柯拉司幾宜	十八	拉琳司幾
廿三	唯爾赫湼克仄司科耶	廿六	可勒拖郭爾司幾耶

卅二	背播木司幾耶	廿六	古寶尼可洼
卅七	襪爾奪甫司幾	四十四	薩哈陵司克
卅四	唯爾赫湟梅烟司幾	卅四	叶黎雅爾司克耶
廿六	尼日里梅烟司幾	廿五	札勒可洼
廿六	斜馬羅威	卅四	沙卜深司克耶 以上倭列河
十八	薄古爾司幾耶	六十六	薩馬羅波
廿八	伊洼什幾尼	卅三	倭湟烈洼
廿五	窪合甫司科耶	廿六	把齊亞羅洼
卅三	拆果隈	廿九	額列把羅甫司克耶
廿九	阿袞木幾尼	卅六	雜倭金司克
卅四	湟倭耶洛幾尼	十四	薩爾噶茨幾耶
五十一	蘇爾姑特	卅二	秦噶林司幾耶
七十	瑣爾幾納	四十三	節尼什泰果甫司喀耶
廿七	敦德林司克耶	卅一	穌波極納

廿一	額諾馬諾甫司科耶
廿七	荻穆演司科耶
廿八	猶洛甫司科
廿一	額諾罵羅洼
廿五	顆佘略洼
十五	烏洼特司科耶
二十	阿雷木司克耶
三十	諾倭耶
四十九	喀爾賓司克
二十	肥納朵洼
廿五	布倫宜可洼 以上伊爾推什河
十七	唯諾古羅洼
廿三	拖潑爾斯克 省會由此有身至倭木司克
廿三	喀拉遲納
廿九	枯塔爾畢得喀
廿一	拜喀羅甫司幾
廿六	拔槎裏納 以上在拖波爾河
廿五	葉匆烈洼
廿四	猶熱可洼
廿三	薄可羅甫司克耶
十五	土布羅烏拉 以上在畢什麻河
十六	索作諾甫司科耶
十四	薄爾朵甫司克耶
十一	唯藜葱詣吶
廿三	裘冕 以上土拉河

由拖波爾至倭穆司克輪舟水程 其陸路多沿河行冬夏分注蓋冬日冰合車馳河中

十七	索烈孥耶入伊爾推什河	廿四	帖勿利司科耶
十七	拔克帖野洼	十三	拜孋合金司克耶
冬廿五 夏廿七	頗果司特	十八	大沙達坑斯克耶
廿一	圖拉埜洼	十八	拔克舍耶洼
十四	杜博羅勿諾耶	十八	台岑斯克耶
冬十二 夏十五	喀吞姑藥司克	十六	勲合洼
冬二十 夏十五	薩舲斯克邪	廿三	自拉明斯科耶
冬二十 夏三十	喀喇賅司克	二十	布塔果夫司科耶
冬二十 夏卅四	雜克倭自精司科耶	廿九	他納
三十	帖平金司克耶	十九	顆爾湼洼
三十	烏私奇益什木司克耶	廿四	節烈霍洼
二十	喀駟馬果甫司克耶	十七	莈寔顆洼
十九	烏特銘司克耶	十八	達克枚疵克耶
十五	古拉諾甫司克耶	十八	薄獵佘列成司科耶

由倭穆司克至裘冕此陸路

廿五	摩幾爾乃耶
十七	殷噶林司克耶
十八	車爾諾倭節爾斡耶
二十	悉畢爾司克耶撒爾噶特卡
二十	溥洩爾司科撒爾噶特卡
十八	別棲迦斯克耶
廿四	克拉斯諾牙爾斯特 小邨
十七	古拉陳司科耶
廿八	倭穆司克
廿六	古拉勤司克
十七	克拉司諾雅爾司克 小站
廿八	蘇合弗司喀
十八	別梯佘弗司科耶
廿八	安德巒齊納
廿六	秋喀林司克 分二路一至葉南司克
廿三	喀勒馬可洼
廿三	克魯拖耶
九	葉爾作甫喀
二十	倭爾羅洼
廿五	喀梅審司科耶
廿三	阿巴汝克耶
廿三	圖什諾羅波洼
廿八	駁洛甫司科耶

由恰克圖順界卡向西

十五	伊什木	廿三	納烏深司克耶
十四	別自盧可洼	九	雜罕烏松司克
廿七	喀喇蘇利司科耶	三十	拔秦司克
廿八	郭雷什馬諾洼	廿一	柳擢多益司克
十六	色威士都神司科	十三	車木爾達耶甫司克
十七	烏私奇納琨司克耶	十七	葉樂堆司克
廿五	倭米勒斯科耶	廿七	奪烈益司克耶
廿三	窄佘尼氐干司科	廿一	喀喇才司克
廿三	諾倭雜因漢司克	八	哈林司克
廿七	雜倭奪烏果甫司科耶	廿二	大奪烈益司克耶
廿二	牙諾都羅甫	十八	阿爾薩刻司克耶
十九	羅馬諾洼	廿六	接日
廿三	波干丁司克	十六	哈米湟司克
廿九	裘覓	二十	雜幾爾

由恰克圖順界卡向東

十九	莫奪枯爾	廿二	喀喇木司克
廿一	薩拉雜爾金	廿五	枯塔林司克
四十	克盧擊甫斯科耶	十二	枯塔力
十五	薄雜灼耶布囉特	廿二	沙拉果爾司克
六十	烏魯顧節葉甫司克		
五	都益		
三十	佘木精斯科耶		
廿五	泥羅洼		
四十五	海金司克		
六十五	諾林霍爾乖司克		
七十五	倭金司克在倭喀河上其水入安噶拉		

又由枯塔林司克分一路

十四	伊彎諾甫克	二十	巴爾提烏爾渾司克
廿二	沙拉果爾斯克	廿五	烏渾司克
卅三	烏私奇倭爾盧格	四	納拉松司克耶
十五	制金司克	卅五	幾爾畢餙乃耶
百廿	綿金司克	三	阿克深司克耶
一百	阿審精司克	十三	烏私奇土倫達耶甫司克
五十	駁爾直甘司克	廿一	枯爾南任司克耶
三十	吉爾胘司克	廿一	吐魯郭耶甫司克
三十	布谷胘斯克	四十二	姑布海耶甫司克
廿八	阿爾單斯克	廿二	雜蘇撤甫司克以下向南
卅一	欻蓮司克	卅一	古魯蘇達葉甫司克向東
十九	先噶盧喀	四十二	誠覃司克
廿七	唯爾赫湼烏爾渾司克	卅一	刻留撤甫司克耶
十五	滿古特慈克	廿七	雜甘烏魯頁甫司克耶

阿巴該土耶甫在阿爾肱河上南行四十里即達來諾爾湖

廿五	雜隱喀烏爾倫古耶甫	十	木納成司克耶
卅一	湖刻都益甫司克上二站向南	廿一	唯爾赫宜唯纍司克有山
五十四	阿巴該土耶甫司喀	廿五	尼日里唯纍司克
四十四	凱納蘇都耶甫司克	十二	巴書羅洼
四十四	土羅耶甫司克	十五	達羅甫噶
廿八	土塔羅楚魯海都耶甫	十九	烏羅甫司科耶以上向西北
二十	諾倭楚魯海都耶甫	廿三	利士特唯義飭乃耶
廿五	作落郭耶甫司克	廿七	果掣英司喀耶
二十	布領司克	廿二	熱葛奪成司喀耶
十六	薄爾勤司克	廿五	烏倫堪斯克耶
十九	布勒都魯赤司克	廿五	烏留畢納又名金枯拉烏稱克耶
二十	郭爾布諾洼有路通尼布楚	四十五	奴金司克
十五	倭倮誠司克	六十	熱葛奪陳司克耶
廿三	阿爾肱司克耶	四十五	烏私奇得烈諾赤乃耶

由外蒙古境克魯倫河上克魯倫城至聶爾琛司克 案克魯倫有路直達張家口聶爾琛即尼布楚

四	薄克羅甫司開耶	百零七	蒙古界
	此驛在阿爾肱什爾喀入阿穆爾之處	四十	古魯蘇達葉甫司克 在巴倫塔烈河
		卅一	司他諾勤達莰克
		十二	諾倭勤達莰克
		廿三	巴爾節博爾勤司克
		廿五	土爾金司克耶 在鄂倫河上
		廿五	諾倭薩拉乃斯克耶
		十	尼日里薩拉乃司克耶
		廿三	喀喇可撒爾司克爾
		廿五	日金斯科耶
		十五	馬喀羅洼
		廿四	寫洛圖魯所洼
		廿七	密爾撒諾洼
		廿九	聶爾琛司克

出外蒙古由德林司克至赤塔向南業赤塔或譯曰乞圖係雜拜噶爾省會又業德林界內即奎屯河

四	唯爾赫湟烏爾渾司克	二十	任比林司克耶
十五	蒙古淡克	十五	圖裏拉薄倭諾特耶
二十	拔爾吉烏爾渾司克	廿三	馬果唯埜洼
廿五	烏爾渾司克	十	克鹿勤司喀耶
三十	脫克奔爾司克	九	烏私奇盧薄果甫司克耶
廿五	阿克深司克耶即阿克沙	廿七	赤塔
十三	烏私奇土倫達葉甫司克		
卅五	烏私奇伊里迎司克耶在鄂倫河上		
卅三	獨羅圖林司克耶		
十八	伊里迎司克耶		
十三	克留撤甫司克耶		
十二	巴爾靖司克耶		
二十	達拉松		
卅三	得爾幾堆司科耶		

由海蔘崴至赤塔

業海蔘崴俄人名曰務拉的倭斯脫克自此至哈巴羅夫是商路自布拉郭唯式歷司克以下分冬夏二程其夏路即輪舟水站至施特烈勤司克止

十九	波特果倮得乃耶	廿九	益斯脫克松喀察中俄界臨湖
十三	烏格諾倭耶	三十	司坍齊牙諾蔑爾特烈吉
十八	額烈餘諾耶	廿五	司坍齊牙諾蔑爾復脫洛耶
三十	拉自多利洛耶	廿五	馬爾顆洼順花松江行
十六	巴拉諾甫斯喀耶	廿三	步洩烏蘇里河自此始
十	綏芬司科耶在綏芬河上	八	米海洛復司喀耶小都
十	尼果力司科耶	八	尼果立司喀耶
十四	米海洛甫司喀耶	廿六	伊里迎司喀耶
廿九	格黎果里埜洼	十三	克拉恩諾雅爾司嘰
十六	肆帖烈餘乃耶	十二	格拉弗司嘰耶
廿五	鄭	二十	克枯熱斯嘰耶
十九	喀綿嚅波羅甫以下統新凱湖	廿一	克盧脫別烈日磊
卅一	烈弗	二十	羅拔勤司克耶大解
卅二	珊塔協雜	三十	尼日里米海洛夫司喀

由曰爾赫湼四拔斯喀別一小路向東北十三里遷達盧葛哇耶

廿三	尼日里尼果力斯克耶	二十	喀雜皆曰飭
十三	雜盧畢納	二十	哈爾薩果洼 以上沿烏蘇里
廿四	駁可羅甫司喀耶	二十	哈巴羅夫 即伯力為俄東海濱省會
廿五	果自羅洼	二十	諾甫果倮茨克耶
廿四	倫刹可洼	廿五	尼日里肆拔司喀
十四	唯得拏耶	二十	曰爾赫湼四拔斯喀
十九	舍爾湼蔑且洼	十七	雜別羅洼
十三	且奪羅洼耶	十二	盧葛哇耶
廿一	曰牛顆洼	廿二	別得羅甫司喀耶
廿三	布奪郭司喀耶	二十	倭自湼旋司克
廿三	顧且烈洼	廿六	葛羅微拏
十五	得略合肆曰梯帖力	十八	肆帖把諾洼
二十	車爾尼耶弗司嘰耶	十三	倭斯克烈旋司喀耶
二十	湼唯力司嘰耶	廿四	米海洛西苗諾甫司喀

廿六	諾哇耶	十五	巴什課洼
十八	克洼什儗納	十九	撒幾薄洼
十八	諾倭韞仄獵洼	廿六	喀灑得幾拏
廿一	夆布拉耶	卅一	米海洛夫司喀耶
十二	拏幾駁洼	十八	伊諾坑切夫司喀耶
廿五	卜吉納	十九	斯果別爾茨拏
二十	頁喀帖離諾尼果力司喀	廿四	尼果立斯喀耶
十八	率由自乃耶	廿三	古撇里亞諾甯喀
十八	波立喀爾薄甯喀	十八	拉思諾果洼
冬廿六 夏廿一	新堪	十五	薄牙爾可洼
冬二十 夏廿六	朋別耶甯喀	廿三	肆摰復斯喀耶
冬廿二 夏廿五	吉春	二十	寬斯坦汀羅甯司喀耶
冬二十 夏十九	拉疊甯喀	廿六	擬自綿那邪
廿一	斯拖羅熱洼耶	廿五	湟倭熱達賴耶（與愛琿對岸）

廿一	士單切諾米爾撒爾韋	冬廿九 夏廿二	雜嘎陽
廿六	布拉郭唯式屢斯克（即阿木爾省會）	冬廿一 夏十二	葉爾罵果洼
冬夏廿三	亦格拏且洼（入黑龍江輪舟路）	冬廿五 夏廿四	古自湟撮洼
冬夏廿一	葉喀接离諾甫司喀耶	冬廿五 夏十八	萬藟
冬夏廿六	庇辟可洼	冬廿三 夏十六	車爾尼葉洼
冬廿五 夏廿九	肆節拔諾洼（又名蘇合提納）	冬廿七 夏廿八	倭力吉拏
冬廿八 夏廿七	步叶洼	冬廿四 夏十九	諾倭瓦囒羅洼
冬夏十六	喀爾薩果洼	冬廿三 夏三十	託勒補齊拏
冬廿九 夏廿二	西林諾洼	冬廿二 夏廿九	別迦託洼
冬廿一 夏卅三	古馬爾司喀耶	冬廿二 夏廿四	別烈梅幾納
冬廿六 夏廿一	阿烈三得諾甫喀	冬十九 夏廿五	別塔諾洼
冬廿四 夏十八	烏薩果洼	冬十九 夏十七	倭司克湟旋司科耶
冬夏十四	果笠撮洼	冬十九 夏十七	阿爾巴泰（即雅克薩）
冬廿二 夏廿七	阿諾朔洼	冬三十 夏卅三	倭爾羅洼

肆威爾別埜洼	冬卅五 夏卅三	盧然金司喀耶	冬廿一 夏廿三
肆幾布涅洼	冬卅六 夏廿七	烏私奇喀喇	冬夏十
亦格拏幾諾	冬廿七 夏廿九	什爾幾諾	冬夏十六
阿馬仄兒	冬廿八 夏卅六	駁堆	冬夏廿五
波可洛夫司喀耶（在阿爾胠什爾喀合處）	冬卅四 夏卅六	烏堆成司喀耶	冬廿二 夏廿五
烏確司乃耶	冬夏廿八	落梅	冬十九 夏廿一
波倭倮得乃耶	冬夏廿三	施特烈勤司克（至此遵陸）	冬卅四 夏廿五
喀拉干司喀耶	冬廿一 夏十九	節流侖司喀	十九
寫烈布連司喀耶	冬夏廿六	古顏司科耶	三十
察索洼耶	冬廿八 夏三十	尼日里克留擧弗司喀耶	卅四
拏波林司喀耶	冬二十 夏十八	聶爾環司克	二十
倭斯克烈旋司科耶	冬十九 夏二十	米爾灑諾洼	廿九
郭爾卑成斯克耶	冬廿七 夏廿二	喀雜諾弗斯科耶	卅四
烏斯奇擢爾乃邪	冬廿二 夏廿一	拉茨麻合甯司喀耶	廿八

由琿春至拉自多利洛耶與前路合此商路

嚙勒齊納	廿四	諾倭纖耶甫司克連直開庚奴界	四十
克涅齊別烈郭洼耶	廿九	郭拉特可洼	二十
凱撻羅弗司喀耶	廿四	咧雜洛洼	廿四
潑倭倮特拏耶	卅六	阿的密	十二
馬可唯也洼	廿三	司拉完司喀耶	五
闊盧成斯喀耶	十	車爾喀司喀耶	十七
烏私奇克魯薄郭弗司喀	九	噶迦烈洼	廿三
赤塔	廿七	什可脫洼	廿一
		彝薩葉洼	二十
		烏格諾倭耶	十八
		錢格諾倭耶	九
		拉自多利洛耶	十九

出甯古塔過江至肆帖烈餙乃耶與前路合此亦商路

百五十	波爾塔夫司克
五	法帙頁甫司克
四十五	巴拉諾甫司克
十二	播固司納甫司克
十五	聶斯帖洛甫司克
廿五	肆帖烈餙乃耶

由赤塔至唯爾赫涅烏金司克與前由恰克圖赴記穆司克路之穆悝納驛合

廿一	車爾諾洼
十八	奪目諾刻留掣甫司喀
廿六	別克烈彌設勿司喀
卅二	昆金司科耶
三十	悅爾什諾烏金司克耶
廿一	奪木乃耶又名韃韃爾司科耶
廿七	烏克里司科
廿一	薄格羅明司喀耶
廿六	薄別烈赤乃耶
廿七	格獵得斯喀耶
卅一	倭甯司科耶
十五	古爾司科
廿七	塔巴哈台司科耶
廿四	吞格羅波勿達士科耶

廿六	古爾頻司科耶		
廿三	倭諾霍益司科耶		
廿四	唯爾赫涅烏金司克		

俄游彙編卷第七

奉使游歷俄羅斯國戸部主事繆祐孫纂

山形志

俄腹地平衍四界崇山西與普奧為界者喀爾巴特山西北與瑞典為界者芬蘭山南則喀復喀斯山西南屏黒海則他勿利山東則烏拉爾山皆歐境之關隘結束也喀爾巴特山居界内者一大幹其祖山在奥斯馬加入俄西南經波蘭境森多迷爾溜卑林之間高二千五百尺形特秀異再南在布格普魯特二河之間環俄界土白色曰阿勿拉停司克山產錰鉛芬蘭山以石為山骨嵯峨

匯爲瀑布飛梁懸河注壑其下平潭石沼所在布濩沿芬蘭之東有大山迢遰層峻連環如鎖練曰曼哆里克由是而南分兩枝一曰倭羅涅茨山沿倭涅日湖之東入倭羅涅茨境故以名之一曰挨思帖爾波特尼山向西南分數小枝散漫趨波羅的海其近海者名石克爾山巔如削平望之如砥皆高二千尺傳聞當日諸山在海中其巔殆海水蕩磨使之然也產銅銕多青石可作柱砌堤岸橋梁他勿利山在黑海北羣峯奔赴矗立海中水三面環曰克雷木又名巖朧橫長一百五十里（俄里一合中國里二）其峻者曰樝推爾達克高五千尺矣直聳穿雲橫拖斷霧其南崖掀岫衍異形奇構難

以辭擬下拜達爾嶺則洞壑幽深澗延流叢柯隱景舞蒼蘇山老松千本如瘦鶴展翼乖龍掉尾崖際縣泉飛漱承以素湍環濤轂轉逮其面海之區因岡作臺依林闢圃雕簷華宇丹流錦鏡蓋俄汗避暑之宮及其諸王湯沐之野土產葡陶文杏頻婆果又產淺紅纓絲瑪瑙其埠曰鴉爾塔迤東逾匪倭朵西眉峯舒秀橫臥亞速海灣曰切爾赤近切爾赤之山產石油有濁溫泉其旁清泠乃可浴馬喀復喀斯山即高加索山由西北橫截向東南行自枯班河起至裏海濱之阿蒲余鸞止綜一千里俄里橫二百餘里其山積雪蕃樹有嶺高一萬尺其居中傑出三峯曰哎裏布兒斯高一

萬八千六百尺曰得合檮高一萬六千九百尺曰喀思伯克高一萬六千五百尺晶室銀闕罩絡羣山之表其次騰崟委波積崖截漢質純土鮮邱壑溪澗路旋折南曰小喀復喀斯山纍碧點黛叢叢插天其盡處介俄與土爾其波斯三境曰阿拉那特山高一萬六千尺單椒昂藏下絕罽浮矣度山路有二焉一由顛爾邊特導裏海岸而上一由倭顏諾格盧勤是其中路行軍便捷故曰用兵之路烏拉的喀復喀斯與梯夫力斯止隔一山脫造鋏軌當即此山鑿通其洞約三十餘里也俄里山多金石鑛又有密涅拉水謂之自然水實鐵與琉黃之精味酸半溫泉浴乎其間能除疾疫令

人健其北斜下為撒泰果爾斯克撒泰五也其地有五峯猶曰五峯城所屬地亦有自然水尤佳頗知者罕矣產銀銅鐵古時顆里奚德之地有金鑛八枯之山曰巴拉汗者產脂泉即石油也掘井汲之源汩汩不息各城燈火胥取給焉西接火山蘇拉汗其脈入海浮耀騰煇民就之以鍊脂泉山之東南橫障裏海煙褰雪霽倒影入波俯瞰若畫矣小喀復喀斯山古之火山也其中煤鐵之液蘊熾流溢肆其暴裂風以凝之其坎窞之區有如氷筋碎琉璃色間青白黃黑至今猶數見也俄之中境有兩山脈枕亘東西時出小坡陀一由烏拉爾山下撒濯爾河起蜿蜒至波羅的海止其名即曰烏拉爾波羅

的至諸甫果倮特境曰巴爾台山高一千二百尺有數河發源其
地俄人名曰阿拉文山諸陂散泉積以成川清湍如委練也一由
烏拉爾山起處向西徑達於喀爾巴特山名烏拉爾喀爾巴特至
中間端涅慈河（即小端河）其山產石炭甚暢烏拉爾山抗峯恒岱偕嶺
岷峨介歐東亞西自南斜行以至於北海濱分三大起伏一至赤
道北四十九度再至五十五度再至六十度長二千一百里（俄里）
其在赤道北四十九度又分三大脈左二枝由烏拉河東繞出右
一枝由倭嘎河向北經倭連布境名倭連該其廣袤南一百七十
五里俄里傍出所限河者四十九里轉北百有五里或曲或直經

數名區翼附羣山並拂霄漢方八千密律法里名凡一里合中七里統歧出小阜計之方二萬密律其最高者一萬六千尺三千尺為一俄里漸下一千五百尺其北荒涼磽瘠罔所長育中數百里有曰寬槎顆弗山曰迭聶日肯山曰喀赤克納爾山曰帕付林山又名大布里山此四山左右多歧高三千四百餘尺其脈實基葉克帖林布爾克蓋地勢高峯崿不峻矣其山饒銕直以鐵為骨又產玉石白金黃金石鹽寶石墨晶紫英石子母綠金剛石孔雀石俄人名曰馬拉希特伴銅而生其色湛綠蓋銅液所凝結也銅質石炭多密林老箐凡傍烏拉爾山者六城皆設鑛廠計官廠二十區民廠一百五十區其城曰喀穆斯克倭特肯

屬唯亞特卡曰自拉託烏斯脫甫屬烏發曰撒爾木曰溥郭思羅甫曰果倮卜拉葛達集曰葉克帖林布爾克城各一長專管山產而以葉克帖林之長董之烏拉爾之左為亞洲境山自西而東有固必爾嶺烏梁胲嶺至木喀扎山下垂為土爾該烏拉爾二省之界土爾該境岡巒隱見其大者曰吉赤山跨阿克模林境與五鹿陶山接五鹿陶者形如五鹿來會其左右諸山皆以五鹿名之實非一山也再東則布克達山至仙米帕拉省則庫克托木山下瞰巴爾哈什湖其他坡坂疊疊翳薉其南自伊爾推什河起由西南而東北在緯綫五十度大山有六曰阿爾太山曰薩彥山曰達烏爾山達

烏爾與拜噶爾自是一山即金阿林元之東金山由中國肯特山分支今稱其南諸山曰達烏爾其北諸山近拜噶爾湖者曰拜噶爾其實一山也曰雅布倫山即外興安嶺皆與中國爲界曰斯他諾隈山曰喀米槎德山則東海之巖岸也循阿爾太山而西南有天山葱嶺界中俄爲諸山鼻祖俄人稱葱嶺爲白彌爾其南則雪山氷嶺矣近阿富汗界有阿富汗山近波斯界有喀撒特山阿爾泰山俯伊爾推什河倭別河拔地一萬二千尺方三千餘里俄里巍峯重嶺競勢爭廓近窣桑湖者曰庫爾楚木嶺再北曰楚克楚特嶺喀爾賓山又皆以阿爾太山爲鼻祖入中國者曰南阿爾太

山其枝曰賽留格木嶺及烏梁海之唐努山嵲嵲稱雄傑矣阿爾
太山有銀鑛銕鑛銅鑛鉛鑛其北有金鑛宰桑湖之南有雷克山
即奎屯山之西嶺元人所稱西金山也再南則塔爾巴哈台山枕
中俄邊陲費爾干之北為喀拉陶山阿克賽山巴達克山仙米烈
省則阿烈克三德嶺在伊西庫爾湖之北曰恭吉阿拉陶湖之南
曰乞爾吉子阿拉陶其脈來自天山天山之東又名穆薩爾特山
廣袤徑二千餘里實我新疆南八城之屏障也布哈爾之東南則
吉薩爾山阿賴山又東曰後阿賴山皆葱嶺之枝也薩彥山包埜
尼塞河洩楞格河高一萬一千尺其半入中國與灘奴倭拉雪山

相望昔產金今絶達烏爾山北臨烈納河南臨阿穆爾河中臨拜噶爾湖分四枝一堪帖山又曰坑特山阿爾琨河施爾喀河繞之二聶爾琛山在洩楞格施爾喀之閒俄人稱尼布楚爲聶爾琛此即尼布楚山洩楞格河即尼布楚河也產金銀鉛三拜噶爾山面拜噶爾湖四哈馬兒達班山在拜噶爾湖之南雅布侖山即外興安嶺從阿爾丹河起曲折以赴東海斯他諾隈山直趣東海峭石騫翠陰崖厭雪喀米槎得山即甘查甲又曰岡札加奚信入海中有小火山焉高者一萬二千尺至阿木爾省之萬達嶺布爾新司克嶺又内興安嶺之别緒也

謹案凡言山者必舉其大勢明其起伏而本末崇卑始判今以身所踐歷又譯俄人所著地理書參互考證刪其繁蕪弟其先後乃知俄居歐洲上游而視中國殆仰之彌高真所謂蠻夷者天下之足也蓋蔥嶺為地球西半之脊俄境大山皆蔥嶺之枝中國則枕其脊而有西南中三幹地盤獨隆故唐設瀚海都護府領金微等七都督以控制回紇元開幕府阿母河建藩薩馬干以控制西域今俄地雖漸逼而我之形勢未盡失西保新畺回畺中輯外藩蒙古嚴武備於庫倫烏里雅蘇台科布多東固東三省門戶亦足拊背搤吭使不敢逞然其山嶺沙磧之隘塞必得邊亭將佐躬自履

探繪圖討究一旦有事乃能審擇其要遏抑其衝固非空談所能卒事也其平坡小阜隨地異名無關乎邊障者皆已載疆域表中此但挈領提綱而已何秋濤之北徼山脈考極爲繁富然遞譯之名不無複誤剌取以詢俄人多不能曉是殆有益於史學而於時務猶隔閡者也

水道記

俄雖表海實陸地之國也師船商舶遙涉大洋越國鄙遠輒經險隘如出黑海至地中海則有他大尼峽阨之出波羅的海至大西洋則有加底亞峽束之多方紆迴而後暢行殆鮮直捷徑遂之便

也二百年前比德羅得波羅的海黑海與各國通往來商務漸興備禦亦密矣波羅的海即耶麻尼海又稱曰洲中海普人名曰卧思得仄猶言東海自其國視之正東方也其西岸數口曰波特尼灣曰芬蘭灣灣之盡處分一港曰克鸞石他特別一曰黎噶灣由波羅的向南於芬蘭灣之下海水激打岸傾成平沙數道水淺不能鼓棹芬蘭波特尼兩口有暗礁海中之島曰艾節黎曰莫勒在黎噶口曰達郭曰倭爾穆思近烈威力城曰阿蘭羣島在芬蘭口外芬蘭灣內有島曰柯特琳（即克鸞石達得）曰葛和南曰別略作維黎噶灣內有島曰奴懦波羅的海水不甚鹹因諸河水流入洗之遂淡

然舟楫久浸易腐載重輒沈疑即古之弱水也春融雪消河奔騰而下委入大西洋夏秋水落外海之水倒瀉而入卒然漫漲故比德堡常患潑其汙淺之地及島嶼横峙遇大西南風舟過甚險其海口商估稠集國内之貨運至由各國賈人接運出境惟天寒恒凍行舟歲僅六月耳吻他洼里巴洼二埠地氣暑和四十餘日氷即解或竟終歲不凝未易覯也若周海凍合亦百年一二見而已產魚味美獻人實蕃又產琥珀為他海所未有羅馬之菲尼幾人喀兒法干人曾操舟寘搜博采羅馬人見之飛艇迫逐喀兒法干人覺之潛移諸物入小舟繫於後故將大舟放至有礁之所彼舟

追及遂并撞沈云坤輿圖說曰波羅尼亞其屬國波多理亞地海濱出琥珀是海底脂膏從石罅隙流出初如油天熱浮海面見風始凝天寒出隙便凝即謂此也俄踞黑海之北其岸卑水澂深冬夏不增減中無島嶼北繞克雷木山東倚喀復喀斯山艤舟匙大埠春秋晝夜均氣候寒燠適時然甚風三冬近西北岸赫爾酸省所轄埠曰阿疊薩者凍四十餘日而解若克雷木之些洼斯拖坡立棐倭朵西切爾赤則終歲無氷產魚亦富有鱘鰉石首魴鯉諸種其北少海曰亞速即內府圖所稱謨額底鄂模坤輿圖作墨阿的湖切爾赤埠在亞速海通黑海之汊其希洼石灣形剝蝕如枯

荷蓋俄人稱為格泥落耶譯曰糟朽海即以尼加利海也亞速淺但行小舟裏海南屬波斯者五分之一餘屬俄東北水淺雖有數口巨艘不得入西南水深亦乏好埔商旅不繁以其近沙漠罕富庶之壤貨物艱於賈售也若喀復喀斯若中亞細亞一航徑達行李便焉水多魚其東產大紅魚鱘鰉鯡鰲有曰袠勿溜嘎大如豕有曰肆鐵爾獵鯽銳首狹身味極鱻小魚取脂用如中國之桐子油兼入藥其西有數島曰秋連即海狗名曰熱諾葉皆產海犬北冰海在俄之極北其西南一角曰白海可行舟獵長鯨海犬者乘夏令冰釋往焉產魚曰特獵思噶曰西倭木噶其拉破闌半島木爾曼

岸產魚曰窩利幾其東哈喇海近亞細亞境氷厚積塊難消近有數人探路至野尼塞河入海處有島曰喀裏姑葉甫曰畏囒赤曰諾威邪哆米獵即新得地此數島人跡稀少禽鳥蕃育或往采取鳥毳以市於諸國用實枕褥輕暖愈於吉貝近南之沙羅維茨島村墟三五畧見炊烟東海舊名堪察加直北曰別霖果甫其在喀米槎得之内稍南曰莪霍茨克即荷葛斯又南曰日本海及中國之勃海商務在日本海然終未振興頻海居民亦鮮近遷歐洲之民以實之其歐境諸水多發源中介諸山北入北海白海西北入波羅的海西南入黑海亞速海東南入裏海入裏海者其流經行之地

占方四萬密律（謂之巴協陰）入北海白海者其流經行之地占方二萬二千密律入黑海者其流經行之地占方二萬密律入波羅的海者其流經行之地占方一萬九千密律其初闢國行師用衆往往順流而下因以致捷得闢廣土入北海之水自東及西曰哈喇河其流細曰別濯兒河大水也縱一千六百里（俄里）然商船罕至至者惟載取諸山林材而已曰多威爾諾耶得（猶言北也）維納河其源西出枯頻斯該湖蘇荷納河南會幽嘎河東會臚軋河東北會委撤格達河古昔稱繁要俄人懋遷之區至徙都比得堡其商埔多廢棄矣曰倭業格河沿岸密林森秀老木千章工師萃之或即其地剞

木為舟或結巨筏放入白海運之他國曰蔑接宜河曰可拏河曰他拏河入波羅的海之水分南北兩派其北則拉多日湖又曰剌多牙湖縱一百九十六里橫一百一十九里流入泥洼江分二支西流貫彼得堡委入芬蘭灣計行六十里入拉多日湖之水有三曰肆威爾河導源倭羅涅慈湖曰倭爾霍弗河導源伊利明湖曰斜肆河出諾甫果倮特境拉多日湖恒有大風小舟遇之甚危特濬一引水河以便其行倭羅涅慈湖縱二百二十里橫八十里水入肆威爾河有石如門檻其旁白湖軼為韋鋏格拉河亦歸倭羅涅茨湖可行大船顧其中亦有石如檻又風浪奇險行旅惴惴乃

别開引水河馬伊利民湖縱四十里横三十里入倭爾霍弗河有三水會之曰穆思榻河曰羅洼奇河曰設鑾宜河順羅洼奇設鑾宜度湖至倭爾霍弗河遂達比得堡馬由穆思榻河必涉引水河未能逕度也賽馬湖在芬蘭界内乃聚列小泊約二十餘區縱四百里横一百三十里其水由倭格薩河歸拉多日湖賽馬湖風景絶佳瀑布懸流厥高五丈俄人名曰伊馬特納顧其地檣帆匙通開引水河而舟始入矣布斯果甫湖初多日湖其水皆入訥羅禨河以歸芬蘭灣二湖之口亦有懸瀑舟楫辟之湖饒魚其南襍拔得猶言西也維納河由特威爾發源西北流入梨嘎灣其河春漲可行

舟夏則自的拏布爾克以下多淺灘矣他若蔑日阿河倭布佘河
喀斯布納河匇朧河吻他洼河方春櫂小舠可游焉其水漫流播
各小口入海涅捫河由明斯克發源繞至普魯士界入枯里什噶
復港維思拉河由奥大利發源經俄界六百里有枝流由拉獵河
南趨西布格合維思拉越普魯士界以入海入黑海之水曰涅卜
爾河發源於嘶馬連司克近倭爾噶西維納兩河之間行一千八
百五十里蓋俄之歐洲境内凡三大河一倭爾噶二多腦三即此
水也沿左岸有疊思訥河裒摩河蘇朧河孛雪河倭爾思克拉河
會之沿右岸有別烈齊訥河朴里撇齊河帖帖烈甫河會之自克

烈明初克至阿列克三德中多石灘蓋挾十二省之水趣於海其能行舟者凡六千里端河由圖拉發源至亞速海一千三百五十里沿左岸有倭羅涅慈河霍撒爾河半得唯底擦河伊洛勿釐河薩爾河馬耒笆河會之沿右岸有瑣思拉河端涅茨河（即小端會河也）之端河最淺雖春漲不能掉巨艘在俄奧界者有普魯特河由奧境發源者有涅斯特爾河自西入海又有布格河匯鸚姑爾河入海薩勒幾爾河由他勿利山發源北流入阿速海枯班河由喀復喀斯山出向西流至塔們島分為二派一入阿速海一入黑海黎淵河由喀復喀斯山出西流入海七水皆微故略焉入裏海之水

其大者曰倭爾噶河即額濟勒河又曰佛爾格河由特威爾省之阿拉文司克出縱三千四百八十里匯八千五百里之水合之得枝流二百馬其間五十可行舟沿左岸之大者特威爾襍河模羅嘎河佘格思訥河由白湖溢出思得勒馬河温惹河唯特盧嘎河喀馬河喀馬河右會惟亞特卡河左會出所限河別拉耶河烏發河撒馬拉河沿右岸之大者襪阻襍河柯拖羅犀立河倭嘎河倭嘎河左會莫斯窪河克斂齊麻河右會模克沙河次訥河蘇臘河西維亞噶河薩爾巴河倭爾噶發源處高一千尺郁夷而下其流徐極深者一百有五尺極闊者四唯爾斯特瀛艘駛馬右岸多山高七百尺左岸彌望平壤春水發生漫延可三十餘里由薩爾巴達阿思特

勒汗入海有阿赫圖巴河傍之行中二百餘枝左右通貫碎流潀潀内有最要者二左曰布簪會各水處曰藍海右曰巴赫帖密爾其水深至千餘尺入海處闊二百里矣烏拉爾河由烏拉爾山發源縱二千唯爾恩特水淺逕入海枯馬河其旁多小溪發源喀復喀斯山行三百餘里東入於海春汎夏竭接列克河發源喀復喀斯山行四百里東入於海枯拉河發源襍喀復喀斯東南入於海阿拉克斯河由波斯界東流至俄入海阿特烈克河發源波斯東境西至於海右岸屬俄左岸屬波中亞細亞之水分東南一派西北一派西北有恩拔河發源於烏拉爾山之枝穆喀察爾嶺西行

三百五十里入裏海伊爾咭子河亦由烏拉爾山出東南行四百
里入掇爾喀爾湖之北一大泊而止土爾該河出土爾該境内與
倭克摸林分界之山東會喀拉土爾該河西流約三百餘里會伊
爾咭子河入泊撒爾蘇河乃沙漠碎流所集西南行約五百餘里
止拖波河亦發源於土爾該境東南之水曰伊犂河由中國之天
山發源西北行七百餘里入巴爾哈什湖即伊犂湖其東南曰喀拉塔
勒河發源阿拉陶行二百里列菩薩河發源列菩新城行一百五
十里東北阿牙古河發源塔爾巴哈台嶺行三百里繞吁爾吉城
皆入於巴爾哈什湖儲河由阿列克三德嶺出西北行七百里入

一大泊撒裏蘇河發源阿克模林境西南流四百里入掃馬爾湖阿列克三德山南有伊西庫爾湖又名特穆爾圖淖爾又有水曰希爾達利耶由俄境天山發源曲折而下縱一千里其上流即納林河會於費爾干省之馬爾格蘭又分向西入鹹海阿母河即暗木河俄名阿母達利亞發源阿賴山向西北會布哈爾諸水入鹹海縱一千五百里二水皆在蔥嶺之西襍拉勿山河亦由天山之吉薩爾嶺發源西流入布哈爾境四百餘里巴爾哈什湖縱六百里橫六十里伊西庫爾湖縱二百五十里橫六十里悉畢爾之大水皆入北海惟阿穆爾河東流其西發源於阿爾泰山者有二焉

一即山泉噴瀉聚成奔流曰喀呑河（即魏源所稱出大布里山者案此即哈屯河何秋濤謂其入額爾齊斯河非也）一由切烈慈湖（一名阿爾泰湖）軼出曰比牙河兩河會於畢斯克城同歸倭別河倭別即阿被大河也經畢斯克巴爾訥烏勒託穆司克拉類木蘇爾姑特行三千里入於北海由右來會者曰拖米河曰褚林河曰克乞河（即異域錄之揭的河發源馬科弗司克嶺）曰託穆河曰窪合河喀西木河由左來會者曰伊爾推什河（即厄爾齊斯河元史稱曰葉爾的石河）其水亦發源阿爾太山趣窣桑湖再由湖軼出二千里經仙米帕拉停司克倭木司克拖波爾司克乃會倭別河馬伊爾推什之右會布合他拉河阿彌河其左會伊什穆河拖波爾河拖波爾河經拖

波爾司克城有導源烏拉爾山之水曰他勿達河衣攝提河土拉河又曰秃拉與土謝圖汗境內之土拉河名同而地異皆歸之合倭別河所匯之水地方六萬四千密律倭別河之東有大河曰也尼塞河內府圖作葸尼色或作因尼亞或作曰尼塞亞其源有二一出中俄接界之薩彥山即塔奔們都爾罕阿林由中國杭愛山分枝南面曰伯克赫穆河又曰貝克穆河合華克穆河入大克穆河一出中國烏梁海之烏魯克赫穆河又曰罕騰格里河二河匯大克穆河北趨也尼塞出界三千里入於海左則畢斯克東之阿巴堪河會之右則喀拉河上東姑師河中東姑師河下東姑師河會之上東姑師或曰安噶拉出金阿林南麓即

摵合納亦即昂可剌皆譯音之轉今之水名昔之部族名也山北所出之水曰古爾班孟訥斯河曰罕河曰噶們河皆注於昂噶拉其水性温冬日氷初結於下天雖祁寒必長至節後流澌成筋乃凍合焉中東姑師或曰額特喀珉三水皆出達烏爾山上東姑師穿拜噶爾湖而出拜噶爾湖即白哈爾又曰柏海爾縱六百里橫六十里深四千二百尺機艇行焉北有巴爾古情河即巴爾古錫木河其源出金阿林西麓安噶拉河歸之出中國界內烏里雅蘇台之洩楞格河亦入之出聶爾琛之烏達河又入洩楞格洩楞格之源一曰楚庫又名塔米爾出楊阿林其左會鄂爾坤也尼塞河上之城南有米奴新司克稍北克

拉司諾雅爾司克也尼塞司克又北圖魯汗司克安噶拉河上有城曰伊爾古慈克近拜噶爾湖西北岸拜噶爾湖之東南色楞河上有城曰上烏金司克諾倭色楞庚司克土洛羅伊自喀薩勿司克又南曰恰克圖烈納河亦大水也又曰列納色欽由拜噶爾山案此即金阿林元之東金山自中國肯特山分支東北行發源東北彎環行四千里其源闊一里至倭烈克明斯克雅古慈克以下闊至十里其入海處至二百里所會衆水地方二萬密律其左二水横入南曰槎拏河北曰維雷河在伊爾古慈克境内達烏爾山之北發源約東行一千七百里其右六水曰吉連嘎河即集林噶河出金阿林北麓發源拜噶爾山傍吉連

嘎城曰倭烈克馬河發源雅布倫山曰唯吉穆河（即衛底穆河）出聶爾琛司克山曰阿爾丹河（又名傲爾當鄂爾登即烏底河也）曰馬牙河（即馬雅河出金阿林西北）麓曰阿木噶河（即馬尼噶河）亦出雅布倫山其源皆在亂山中岸高者四百二十尺其入北海者由西至東又有哈當格河奄巴拉河（即阿納巴拉河出金阿林東北）倭列聶克河（即伊斯鞠郭特斯都克河出金阿林北）雅拏河（即阿拉薩納河出金阿林北）因寄吉爾嘎河（即音底曰爾噶河出金阿林北）岢播馬河（即郭列穆瑪河出金阿林北）傍岢播馬城阿拉堆河（即阿納巴拉河出金阿林東北）皆小水也阿穆爾河（即黑龍江）在中俄界上導源中國之額爾古納河（俄名阿爾胘穿達來諾爾湖而出）又俄境之什爾喀河（即什勒爾河）什爾喀之源有三一出中國之鄂倫河（即傲嫩河）俄

境之陰葛達河聶爾槎河聶爾槎之源南流出雅布侖山其二東北流阿穆爾能行舟者可三千里左岸由西而東則有節芽河（即錦衣里江又曰精奇里河）色連扎河卜里牙河（即格爾必齊河）阿木肱河（即恒滾河）會之右岸則有中國之松賅里河（即松花江）穆林河烏蘇里河會之北趨混同江又東入於海東近琿春之綏芬河導源中國甯古塔自入海烟癡河一曰巖杵河即漢濟河又曰舉爾和河近土們江東南入海土們江出中國之長白山東北流經朝鮮與俄境相望處入海岡槎得河發源岡槎得嶺自入海

謹案凡言水者必先探源竟委使脈絡分明乃曉然地勢高下道

涂險夷俄境諸水身所經行已得其半爰就俄書之言水道者譯之撮取崖略實以耳目所及分條而敘次焉庶幾枝分脈别得所指歸其他微流絕港不通舟楫可涉而過者已錄於疆域表故不贅述昔人書中名稱或異半緣譯音未合確知為一水則注於其下其重末輕本方隅偶乖及繁複傅麗靡所徵印者知聞譾陋未能悉辨一以彼國之書為的俾合於當時之用云爾

俄游彙編卷第八

奉使游歷俄羅斯國戶部主事繆祐孫纂

舟師實

歐洲諸國競治舟師縱横海上惟英法能駛數萬里外戰勝攻取所向無前俄於製造雖落牛後亦復極意討論頗思自出新意然輙失於拙遲近歲工藝咎精不盡借資於愛而鐸諸廠而未嘗一角逐於大西洋地中海固為海曲所阻限亦其器之利鈍堅脆與其將之智識才力有未能自信者也而防守之嚴校練之勤選材别器矻矻不怠足以禁比鄰之窺伺而自衛其圉矣都城憑臨波

羅的海西北瑞嗹西南普奧猜嫌疑忌乘間迭生其海口如芬蘭灣如黎嘎灣深廣易於駛入而各埠亦繁富縱秋季凍合深春始解籌備未敢偶忽焉其鐵艦曰阿列克三德復脫洛耶鋉身鋼甲機器用匡翦特式雙底徑三百五十尺闊六十七尺吃水二十三尺八千五百匹馬力載八千四百四十頓活臺二大礮四膛徑十二寸船腰礮房列礮十膛徑九寸魚雷四武弁二十六卒三百隨帶小輪船四水雷船三光緒十三年四月造成曰巴蔑幾阿速復鋉身鋼甲銅碰鼻夾底匡箱徑三百七十尺闊五十尺前吃水二十一尺後吃水二十五尺八千匹馬力載六千頓活臺二大礮四膛徑十二寸旁礮十膛徑九寸魚雷二武弁二十四水卒五百四十三隨帶小輪船二水雷船二光緒十四年四月造成曰撒倭得唯利格鋉身鋉甲徑三百二十九尺十一寸闊六十三尺四寸九千八百五十匹馬力載七千六百六十七頓活臺二大礮四膛徑十二寸旁列小礮十一膛或九寸或六寸武弁二十四卒四百有八隨帶小輪船四水雷船三同治十

二年造成　曰英撒拉奪尼可來撒爾危武弁二十六卒三百餘未詳　曰刻聶自波惹爾斯克鐵身鐵甲徑二百七十三尺闊四十九尺六千匹馬力載四千五百有七頓礮大小十二武弁二十二卒四百七十一同治七年造成　曰阿得密拉勒拉薩烈甫鐵身鐵甲徑三百五十尺闊四十三尺四千匹馬力載三千四百六十頓活臺三大礮三膛徑十一寸小礮七武弁十九水卒二百六十隨帶小輪船一水雷船二同治七年造成　曰阿得密拉勒格烈亦葛鋏身鋏甲徑二百五十四尺闊四十三尺四千匹馬力載三千四百六十八頓活臺三大礮三膛徑十二寸小礮七武弁十九卒二百六十隨帶小輪船一水雷船二同治八年造成　曰阿得密拉勒赤察果甫鋏身鋏甲徑二百二十四尺半闊四十三尺四千匹馬力載三千四百九十四頓活臺二大礮二膛徑十一寸小礮六武弁十七卒二百四十六隨帶小輪船一水雷船二同治八年造成　曰阿得密拉勒司皮哩奪甫鋏身鋏甲徑二百五十四尺闊四十三尺五千匹馬力載三千九百九十四頓活臺二大礮二膛徑十一寸小礮七武弁十七卒二

百四十九同治六年造成曰阿得寨拉勒那熙末甫武弁二十四卒五百四十三餘未詳以上十艘最堅且大以隳敵城撞敵艇鎮要害泊克鸞石達德其次曰皮爾粵聶㳄鋏身鋏甲徑二百二十一尺闊五十四尺四千匹馬力載三千二百八十頓大礮十膛徑八寸小礮十二武弁十六卒一百六十九隨帶小輪船二水雷船二同治七年造成曰涅奪命美嚴鋏身鋏甲徑二百二十尺闊五十三尺四千匹馬力載三千三百四十二頓礮二十四武弁十九卒五百十二同治三年造成曰克烈木里鋏身鋏甲徑二百二十尺九寸闊五十三尺四千匹馬力載三千四百十五頓大礮十四膛徑八寸小礮十一武弁十九卒一百七十五隨帶小輪船一水雷船一同治五年造成其次曰槎羅疊嘎鋏身滿包鋏葉徑二百有六尺六寸闊四十二尺二千匹馬力載一千八百八十頓活臺二大礮四膛徑九寸小礮一武弁十一卒一百六十七隨帶水雷船一同治七年造成曰肆蔑爾赤鋏身滿包鋏葉徑一百八十八尺二寸闊三十八尺二寸二千匹馬力載一千四百六十二頓活臺二大礮二膛口徑九寸小礮一武弁

十一卒一百六十七隨帶水雷船一同治四年造成曰嚧撒爾喀鐵身滿包鐵葉徑二百有六尺闊四十二尺二千匹馬力載一千八百七十二頓活臺二大礮二武弁九卒八十同治七年造成又其次曰烏拉甘鐵身滿包鐵葉徑二百二尺闊四十七尺一千六百匹馬力載一千五百七十頓活臺一大礮二膛口徑九寸小礮一武弁八卒十七隨帶水雷船一同治三年造成曰提風鐵身滿包鐵葉徑二百有二尺闊四十七尺一千六百匹馬力載一千五百七十頓活臺一大礮二膛徑九寸小礮一武弁八卒十七隨帶水雷船一同治四年造成曰肆特唎獵滓鐵身滿包鐵葉徑二百有二尺闊四十七尺一千六百匹馬力載一千五百七十頓活臺一大礮二膛徑九寸小礮一武弁八卒一百有一隨帶水雷船一同治四年造成曰葉吉倮羅格鐵身滿包鐵葉徑二百有二尺闊四十七尺一千六百匹馬力載一千五百七十頓活臺一礮四武弁八卒十七同治四年造成曰樸諾湼羅協慈鐵身滿包鐵葉徑二百有二尺闊四十七尺一千六百匹馬力載一千五百七十頓活臺一大礮二膛徑九寸小礮二武弁八卒十七隨帶水雷船一同治四年造成曰拉

特泥克鋏身徑二百有三尺闊四十七尺一千六百匹馬力載一千五百七十頓活臺一大礮二膛徑九寸小礮一武弁八卒一百有一隨帶水雷船一同治四年造成

曰刺瓦鋏身徑二百有二尺闊四十七尺一千六百匹馬力載一千五百頓活臺一大礮二膛徑九寸小礮一武弁八卒十七隨帶水雷船一

曰撒爾侖鋏身徑二百有二尺闊四十七尺載一千五百頓活臺一大礮二膛徑九寸小礮一武弁八卒十七隨帶水雷船一同治四年造成

曰粵時春鋏身徑二百有二尺闊四十七尺一千六百匹馬力載一千五百頓活臺一礮三武弁八卒十七

曰顆爾敨鋏身徑二百有二尺闊四十七尺一千六百匹馬力載一千五百七十頓活臺一大礮二膛徑九寸小礮一武弁八卒十七隨帶水雷船一同治四年造成

以上十六艘小而便捷利於環攻其木質制巨而樸能載多兵者曰撖特羅把勿洛甫司克徑二百九十四尺闊五十六尺二寸六千五百匹馬力載六千有八十頓大礮二十一膛徑八寸小礮十一武弁二十五卒五百二十隨帶小輪船一水雷船二

曰哆洼斯託坡立徑二百九十五

尺三寸闊五十二尺一寸六千六百匹馬力載六千二百八十頓大礮十六膛徑八寸小礮十三武弁二十五卒五百二十隨帶小輪船一水雷船二其次曰敉凝六千匹馬力載五千七百四十頓大礮六膛徑六寸小礮十八武弁二十五卒五百二十隨帶水雷船三光緒四年造成曰格涅拉勒阿德密拉爾五千匹馬力載四千六百有四頓礮十九武弁二十四卒四百六十五同治十三年造成曰的米得哩端斯喀耶五千六百匹馬力載四千五百頓礮十二武弁二十三卒五百二十七光緒十三年造成曰烏拉的密爾抹諾馬赫五千四百匹馬力載四千三百頓礮十二武弁二十三卒五百十二光緒十三年造成曰拔密吉阿作洼武弁二十三卒三百餘未詳曰肆唯特拉拏四千匹馬力載三千有九十二頓礮十七武弁二十二卒四百三十二其次曰拔烟載二千頓大礮四膛徑六寸小礮六武弁十五卒二百二十二隨帶小輪船一水雷船二曰尾帖錫武弁十七卒三百二十二餘未詳曰額林達武弁十七卒三百二十二餘未詳曰司科別烈甫三千匹馬力載二千六百

六十頓礮十二武弁十六卒二百五十六曰阿思果爾特三千匹馬力載二千一百六十頓大礮八膛徑六寸小礮六武弁十六卒一百十六隨帶小輪船一水雷船二其次兼張帆使風平日派出游歷戰時擣虛側擊曰克來寫爾二千五百匹馬力載一千三百三十五頓武弁十二卒一百七十二光緒元年造成曰制幾特二千五百匹馬力載一千三百三十五頓礮七武弁十二卒一百七十二光緒二年造成曰納埜士特呢克一千九百五十匹馬力載一千三百三十五頓大礮三膛徑六寸小礮八武弁十二卒一百七十二隨帶水雷船一曰拉自博耶尼克二千匹馬力載一千三百三十五頓大礮三膛徑六寸小礮八武弁十二卒一百七十二隨帶水雷船一光緒四年造成曰肆特烈羅克二千匹馬力載一千三百三十五頓大礮三膛徑六寸小礮八武弁十二卒一百七十二隨帶水雷船一光緒四年造成曰樸拉斯敦二千匹馬力載一千三百三十五頓大礮三膛徑六寸小礮四武弁十二卒一百七十二隨帶水雷船一光緒六年造成曰粵席特詣克二千匹馬力載一千三百三十五頓

礮七武弁十二卒一百七十二光緒五年造成曰阿卜利飭詣克三千匹馬力武弁十二卒一百七十二光緒七年造成是外又有快船四為用兵時專任游擊偵諜兼掠商舶其大者曰阿得客拉勒果爾詣洛甫武弁二十五卒三百餘未詳其次曰亞細亞二千八百匹馬力載二千五百有二頓大礮三膛徑六寸小礮八武弁十三卒二百四十五光緒元年造成曰阿非利加三千一百八十匹馬力載二千九百有二頓大礮三膛徑六寸小礮九武弁十三卒一百二十五光緒四年造成曰穛丕雅喀一千八百匹馬力載一千二百有三頓大礮三膛徑六寸小礮九武弁十四卒三百四十光緒五年造成其藏魚雷兼碰鼻於行軍載送子藥器械者曰倭拉弗二千匹馬力載一千八百七十頓大礮二膛徑六寸小礮八武弁十三卒一百九十隨帶水雷船二曰獵帖南特伊里音武弁九卒九十八曰烏拉的客爾一千六百匹馬力大礮二武弁十卒一百有五隨帶水雷船二曰得涅卜爾二千匹馬力礮

四武弁十十卒一百九十二其安放水雷魚雷者規制小而機器大其行速每四刻可行六十三俄里曰科特琳武弁二十卒一百三十五曰烏仄雷甫武弁三卒二十七曰拉赫達曰盧嘎曰納爾瓦曰肆威阿波爾克曰烈威力曰微波爾克曰阿波曰韞他洼曰里巴洼以上皆武弁三卒二十七平日稽巡各口護送官物戰時傳遞羽檄者曰波卜爾武弁十一卒一百五十曰西烏赤武弁十一卒一百五十曰可烈葉慈武弁十一卒一百六十六曰湧洲爾武弁十一卒一百六十六其次曰育爾施武弁四卒四十八曰布倫武弁四卒四十八曰圖嚳武弁四卒三十二曰唯合黎武弁四卒四十八曰多日集曰格拉特曰肆湟克以上皆武弁四卒五十三曰格拉雜曰布獵以上皆武弁四卒四十八曰什癡特武弁三卒二十五又其次曰米納武弁四卒

三十六至俄主及其世子閱兵所乘之舟大者曰迭爾葸洼四千匹馬力載三千一百十三頓礮六武弁十卒一百有八同治十一年造成其次曰褋烈勿納武弁八卒七十曰阿烈克三德里亞二千五百匹馬力載二千有三十頓礮七武弁九卒七十五曰倭湟嘎武弁三卒五十三又其次曰馬烈倭武弁三卒十六其水師總統出巡所乘之舟曰肆特烈哩納一千匹馬力載九百頓礮四武弁五卒七十俄主坐船隨帶小輪舟三曰卜幾飭噶曰撇特爾果甫曰畚周克其水師總統坐船隨帶小輪舟四曰葛盧卜喀曰卜幾遲喀曰卜哩博依曰肆唯特蘭喀又別有分泊各港汊為載送更調兵丁者曰阿爾接離實止克武弁九卒六十八泊烈威力曰克拉斯乃邪部爾喀武弁八卒六十四泊里巴注曰阿烈烏特武弁八卒六十三泊芬蘭

灣曰拔干武弁七卒六十四泊韞他注曰柯莫拔斯武弁六卒五十四泊烈威力曰斯納源
嗎武弁四卒二十三泊芬蘭灣曰協克師單武弁六卒五十四泊柯特琳曰坡獵爾乃耶次
唯自達武弁六卒六十四泊梨嘎口曰薩抹咽特武弁六卒八十八泊烈威力曰作爾喀邪
武弁三卒十三泊倭羅嚴保曰肆特拉日武弁四卒二十八曰掣率倭伊武弁四卒二十八泊泥瓦
江口其往來各口小輪舟十七內活燈船七專司號燈又有帆船二
十五海口小船二百二十九合之大小蓋四百九十餘艘矣其木
質兵輪之既敝者曰合拉卜里曰留黎克曰士蔑力曰額乃特尾
然薩曰把海底曰格利兼曰阿烈特倭邪倭達曰阿爾馬士曰福
薩得詣克曰海打馬克曰日猛注呼曰倚崧魯特十三船皆置海

口以備攔截敵舟此波羅的海舟師之實數也黑海在國之南距彼得堡二千餘里與土爾基共之實與英法義諸國共之自阿迭薩至君士坦丁二日夜水程逾峽而西則地中海矣土畏俄逼聯屬英法咸豐甲寅乙卯間經數血戰積年餘始議和罷兵許各國輪船入口而南俄小俄數省之麥石皆由此載出又商務所關也故特設二船廠一在些注斯拖坡立一在尼可來也復其鋏艦曰扯士馬鋏身鋼甲銅碰鼻雙底隔堵徑三百三十九尺闊六十九尺九千九百匹馬力載一萬一千頓船身吃水二十六尺護機器鋼甲厚一尺六寸餘五寸有奇活臺旋礮四尊膛徑十二寸旁礮六尊膛徑九寸尾藏魚雷筒一具武弁二十六卒五百二十五曰葉喀帖林復脫落耶制略同前弁卒數亦同以上二舟泊些注斯託坡立曰西諾卜制略

同前弁卒數亦同泊尼可來也復此三艦最巨冠諸鋏甲曰諾甫果倮特鋏身鋏甲三千匹馬力載二千四百九十二頓大礮二膛徑十一寸小礮六武弁十二卒一百三十六隨帶水雷船二同治十三年造成曰微茯阿得密拉爾制同前武弁十六卒一百八十七隨帶水雷船二以上二舟皆泊此注斯託坡立二船俄水師提督博波福所創其形圓吃水深舩去水僅二尺餘行殊緩中起礮樓一座機器各二具守口有餘而轉戰不足蓋矜奇炫譎適鄰於拙矣其奪得土爾基者曰泥擴撥詣鋏身鋏甲一千匹馬力活臺一大礮二膛徑六寸隨帶水雷船一曰喜駟朵窩鋏身鋏甲一千匹馬力載八百頓大礮二膛徑六寸隨帶水雷船一其木質兵輪平日分防各口戰時乘機蹈瑕橫截包抄兼巡環派出游歷者曰挨里刻黎克武弁十二卒九十八餘未詳曰拔蔑吉密爾枯力亞一千六百

四馬力載八百九十頓大礮二膛徑六寸小礮十武弁十六卒三百有一隨帶水雷船一同治八年造成其次曰雜波諾熱慈武弁十一卒一百五十餘未詳曰端涅茨曰節列茨曰枯班涅茨曰烏拉涅茨曰車爾諾謨茨同前光緒十三年造成其次曰郭涅茨武弁九卒八十六餘未詳曰卜縂組阿別武弁六卒五十七曰土阿別叶武弁七卒五十七曰額烈獨特喀烈武弁六卒五十七曰喀士別克武弁六卒五十二曰朋波立武弁六卒五十八曰英鼓勒武弁六卒五十七曰阿卜特武弁七卒八十八曰挨力博嚧斯武弁十一卒一百曰喀畢丹落冝武弁九卒九十又其次曰拔圖木武弁三卒十五曰蘇烘木曰切爾赤曰撒爾木曰噶格烈曰波桼曰隔連制克曰鴉爾塔曰諾倭羅西斯克曰車爾達克曰柯多爾曰幾里耶曰阿烈泥曰伊自馬慫以上同前

曰捨施得離樵武弁六卒三十九曰吐羅克武弁六卒三十八曰拉擠梅武弁三卒二十六曰拔鳩什喀武弁三卒二十七此外別有專載工役修理各船機器者曰卜拉務飭奪克武弁四卒五十七俄主閱兵所乘曰棃洼階載一萬一千六百頓光緒七年造成隨帶小鐵輪十四活燈船七帆船六守口船六十八合之大小共一百五十一其廢船曰倭音曰索部落曰里威仄專以備封口之用此黑海舟師之實數也裏海舊稱死海其鄰惟波斯今復微弱俄曾與盟毋置兵輪波斯弗敢違也俄之設防於是益疏其用木質兵輪外裏鐵葉者有二曰納斯爾挨丁沙合六百匹馬力載五百二十八頓礮六武弁六卒五十八曰八枯五百匹馬力載四百有十頓武弁四卒二十九其次純木質曰

鳩臉宜二百六十匹馬力載二百有六頓大礮一膛徑六寸小礮二武弁三卒四十五曰協幾納三百匹馬力載二百九十五頓大礮一膛徑六寸小礮二武弁三卒四十五光緒十二年造成曰畢什槎栗三百匹馬力載二百九十四頓大礮一膛徑六寸小礮二武弁三卒四十五光緒十二年造成曰阿暑納疊司克武弁三卒二十曰飭思奪班克詣格武弁三卒十七曰克拉思諾倭茨克武弁三卒十八曰飭幾什獵爾武弁二卒二十九曰倮茨瞞武弁七卒五十八曰卜羅倭爾乃武弁七卒五十八曰皁斯得立同前活燈船三帆船六守口船六合之大小共二十七其曰烏拉爾曰阿拉克者已因朽敗廢弃矣此裏海舟師之實數也若夫東悉畢爾自喀米槎德而南如哈巴羅夫如烏拉的倭斯脱克實為東海之涯與中國日本朝鮮為隣近歲俄人極思興鑛利振

商業又以綏芬諸口冬寒阜凍心艷朝鮮熊水咸陽之地終年無冰思得之為船塢故其水軍頗增於前然國之根本在西亦有鞭長莫及之勢因是未治鐵艦惟二三等木質兵輪而已其派出游歷者或出太西洋或出地中海繞至其地往來游弋以為外援今案駐泊各船曰阿卜獵克快船一千五百匹馬力載一千有七十頓礮七武弁十二卒一百五十九同治元年造成曰阿獵烏特武弁八卒六十三曰波爾襍武弁八卒六十九曰慢過爾一千匹馬力載一千一百八十頓大礮二礮弁十一卒一百六十六曰可烈葉茨同前曰昔烏赤武弁十一卒一百五十曰波卜爾武弁十一卒一百五十其次曰葉爾馬克八百匹馬力載七百有六頓礮四武弁三卒五十同治十年造成曰東姑師八百匹馬力載七百有六頓礮四武弁三同治元年造成曰抹爾日五百

匹馬力載四百五十六頓大礮二膛徑六寸小礮三武弁四同治元年造成曰涅爾巴四百匹馬力載三百八十頓大礮二膛徑六寸小礮三武弁四光緒四年造成曰果爾諾斯台耶六百匹馬力載四百五十六頓礮六武弁三同治二年造成曰洋波立五百匹馬力載四百五十六頓大礮二膛徑六寸小礮四武弁四同治三年造成曰阿穆爾武弁三辛四十又其次曰波爾襍武弁二曰拏節日達武弁二曰巴里倭武弁二曰幾特武弁一載運兵丁糧饟器械輪舟六小輪舟四帆船一守口小船十八合之大小四十七艘其曰治歛涅茨曰瓦司奪克皆年久窳敗不堪駕駛此東悉畢爾舟師之實數也水師提督共一百六十七員其次大小武弁四千餘員內有需次者二百餘員兵二萬七千餘名論其大要設海部以挈其綱紀設水師學館及

各船礮廠以校練人才其武職半由生徒考取半由卒伍遞升其
主將司舵必曾經征戰歷風濤熟海道沙綫餘則司機器司礮位
司測量司圖繪司醫藥未有不精一藝不著一長而尸祿其閒者
其監造各員又恒與水師互調俾並審其良楛利弊而學日增其
瀆海各城之大酋亦多以曾統師船者任之蓋使筋脈貫注一旦
有事不翅身使臂臂使指也凡此者進而爭衡於鯨波駭浪中退
而保其土宇誠今日之切務而俄以提封數萬里首尾兼顧頗知
權輕重度緩急固非無遠謀者然而歲有增益繁費無等昔困於
國債今償以加稅計光緒十三年其海軍出款三千九百二十四

萬七千四百八十八盧布合中國銀近一千八百餘萬兩以歲入
十分之二事此矣
謹案俄人自記其國舊新政令一千六百九十七年彼得羅始遣
人至和蘭意大利日耳曼傳造船航海術厥後彼得羅微服變姓
名游歐洲至莽特坦充木工隸船廠游倫敦觀海軍武庫審察其
規制乃聘工師歸授其人而水師於是漸振夷攷其時迺康熙三
十六七年間也伏讀
欽定平定羅刹方略康熙二十一年
命詳視自黑龍江至額蘇哩舟行水路並置造船艦發紅衣大礮

至二十四年五月都統朋春等分水陸兵為兩路列營夾攻復移置火器急攻之城中大驚羅刹頭目額里克舍謝等勢迫乞降欽惟我

聖祖仁皇帝仁如天智如神

德威洪溥遠夷懷畏水師之利實輔陸師彼國蚩蚩時猶未解乃百餘年後汽艘礮艇縱橫馳驟昔之所師所法者亦不敢輕覷焉蓋初雖傚之繼自為之足稱善變者矣至於東海濱混同江黑龍江興凱湖凡近我邊門者皆置兵艦時復游弋用戒戎作用遏蠻方其能稍緩乎哉

陸軍制

古言兵法孫吳尚矣管子曰聖王之治天下參其國而伍其鄙所謂六鄉六遂之制也自漢唐以下興召募廢鄉遂而兵農分然善師者不陳善陳者不戰善戰者不敗善敗者不亡感忽候闇莫知從出竇憲勒八陳懾匈奴李靖以六花敗頡利蓋夷狄恃勇無謀鬭力鮮智故雖驍猛終臣服中夏今泰西諸國則稍異焉其俗本武健近百餘年爭雄取威迭更戰伐於是精研攻具且嫉且師其治師旅彌嚴紀律非復鳴鏑剽掠之衆矣談陸軍者以普魯士為最而俄次之顧俄人自云其兵之敢戰不畏死殆逾於普魯士詳

攷其制實暗合寓兵於農之意額兵曰咧古拈爾乃揀以歸伍有定數者也鄉兵曰伊烈古拈爾乃凡國之人皆是無定數者也其召兵曰倭彝斯克耶潑暈諾斯切蓋國人至二十一歲皆編入賦冊及期咸集於有司使各掣籤依次録用掣不得者存之為羨卒限十五年六年列前敵㢕後九年歸儲備商鞅之法一歲屯戍一歲力役與此正相倣也四十歲免赴挑在大學塾肄業有成者列前敵或二年或四年學塾期限已滿未及挑而願自効者一年或二年則以其才略體貌為斷名之曰倭裏諾倭卜獵迭斂由什癡其學塾期限未滿而自効者年不得過三十其限與常選者同名

阿訶特尼格前乃奬勸此則抑之使自激勵也歲入冊八十餘萬
揀十九萬年長出伍者使替死亡疾病者使實其額其身不及二
馬二寸不録驗其胷背以繩量之驗其目力於二十步外懸大字
使辨之漸近至十步内尚莫能識者不録計五十弍大似五代時
度人材閱走躍試瞻視之遺規獨子許其留養罪人不得入伍冒
替者罰惟同族兄弟許代不得過二十六歲凡兵歲由有司察視
一次僞作疾狀希冀逭籍者罰篤癃纏痾者黜即以所揀者代不
足則取諸羨卒平日額兵八十萬有餘戰時增十之二凡塾師教
士醫士畫工皆免至危急亦用之分三等父母衰老無次丁者置

之父子皆年壯用其父舍其子父母雖故家多弱息賴其謀生者
準報明暫緩弟兄多則用其長者芬蘭之人三年前敵二年儲備
凡新得之地其民或尚梗化則優容而撫卹之不願為兵者聽此
又權術之所寓也有日葛蘇達爾斯特威爾諾耶倭波爾掣泥亞
若謂人皆當為兵也平時給一符契必至下哀痛之詔乃出先取
四十歲以內者昔與法主拏破侖戰時曾起此軍蓋非常舉動也
馬隊無前敵儲備之別喀撒克則戶籍即兵籍凡男子十八歲便
取練習三年又十二年以四年番代其調至比得堡及他省者三
年番代兵弁胥同其得替後仍勤習武備以待征發歲必合操一

次其簡軍之條以各村戶口為斷擇其富厚勇敢者居前餘次之按時挑取喀復喀斯(即高加索)自光緒十三年始定制民皆入兵籍其地模蘇里曼回民不願為兵者但納稅其為兵者留防本境期僅三年一人入兵一家無稅其戚如外舅外姑皆得免豢牲畜為生者亦放閒一年此其號召卒伍之大略也至於制用則額兵分四類前敵曰波列烈威邪日嚴陳待戰遴勇銳精悍者充之軍中羽檄悉備有警即發不再屬虆後勁曰列烈節爾復專保營壘或分取他城以撓敵勢包抄橫擊乘機蹈瑕與前敵互為聲援(平日十分之一儲備)曰褋爬斯乃專教練各藝兼前敵後勁之長俟補其缺(平日不設)協助

曰復自波抹噶帖里乃耶郵夷傷運芻糒繕甲兵補卒乘平日不撤平治道涂別有工兵曰因熱涅爾乃邪大隊曰柯爾鋪司平日十九隊分之曰的威集一的威集二不離噶達一不離噶達二坡爾克一坡爾克四拔塔理淵其礮隊曰拔塔獵一拔塔理淵四囉特一囉特百人其馬隊曰挨思喀得侖統帶官即以隊名名之其定額曰什他得倭彛斯克步隊戰時增四分之三馬隊無增減礮隊小有損益其精粹坡烈威步兵凡四十八隊前三隊作禁衛曰刻洼爾皆司克耶次四隊曰格獵拉迭爾司克邪餘四十一隊曰阿爾美司克耶其各營步兵凡四十八的威集九十六不離噶達一百九十

二坡爾克七百六十八拔塔理淵三千有七十二囉特統計常額得三十萬七千二百人戰時增至六十六萬一千七百七十人其善鎗礮之步隊十二不離噶達四十八拔塔理淵二百三十二囉特共二萬七千八百四十人戰時增至五萬八千人住喀復喀斯一不離噶達襍喀斯丕思二不離噶達土爾克斯丹一不離噶達東悉畢爾二不離噶達芬蘭八拔塔理淵凡二萬七千八百四十人戰時增至五萬八千人又有守邊兵一守土爾迄司丹一守西悉畢爾一守東悉畢爾三十三拔塔理淵一百二十八囉特凡一萬五千三百六十人戰時增至三萬二千人一囉特給夫役四名

戰時給十五名馬隊二十的威集内三隊喀撒克四十不離噶達一百坡爾克内十八喀撒克一坡爾克九百四十八名外夫役一百二十三名九百四十匹馬凡九萬七千一百人九萬四千匹馬其統兵領隊營哨等員在外礮隊有步有馬步兵四十八不離噶達一不離噶達六巴塔獵二百八十八巴塔獵前二礮隊力重九磅後四隊礮力重四磅一巴塔獵用八尊礮每一後膛鋼螺絲礮及彈藥二匣共一車用馬六匹行則礮口向後礮左右二卒車前並坐三卒轅馬二驂馬四其驂乘二卒一弁乘馬率之施放時馬轉向後卸其車作兩截彈匣與礮分為二共二千三百有四尊礮一的威集内增

四隊曰阿爾提烈里斯克坡爾克攜帶礮彈以備接濟馬上施礮者四十八巴塔獵內二十隊喀撒克凡馬隊一的威集參二巴塔獵一阿爾提烈里司克坡爾克其礮較步卒所用輕靈一巴塔獵礮六尊彈六匣此在歐洲境內之數也若土爾克斯丹則七巴塔獵步兵一巴塔獵馬兵西悉畢爾四巴塔獵步兵一巴塔獵馬兵東悉畢爾四巴塔獵步兵一巴塔獵馬兵餘二隊在腹地一隊在喀復喀斯守各城礮台以上專言前敵若後勁在腹地者凡九十七拔塔理淵一拔塔理淵五囉特一囉特八十八人平日分布諸省有事乃萃戰時一囉特增至八百八十人留其一為防守兵分為四囉

特作一巴塔理淵又夫役七十人凡五巴塔理淵以其四作一坡爾克喀復喀斯與悉畢爾皆六巴塔理淵作六坡爾克合之得一百有九巴塔理淵戰時遂成一百有九坡爾克此後勁步隊之數也礮隊五不離噶達一不離噶達六巴塔獵凡三十巴塔獵戰時增作四倍成一百二十巴塔獵以五隊作一營即成二十四不離噶達派出十六留其八教習新兵防守兵十三巴塔理淵撤特羅褀倭慈克駐一隊（在彼得堡之北倭羅涅慈省）阿爾寒葉洛果倮特駐一隊撤爾穆阿思達拉汗倭連布烏發枯班節爾司喀達吉斯丹蘇烘克烈拔秃摸八枯挨裏灣十一城各一隊每隊六百人解送譴犯兵

名寬倭伊湟五百六十七名専守礮台巴塔理淵五十有半囉特六柯𥈭特三頭等臺名諸倭格倭爾拮耶弗司克駐巴塔理淵六瓦爾沙洼六克鸞石達特六邊迭爾一布獵思特桀託勿司克四波布魯彛司克六（礮台外有游擊之師無定數相機調撥而儲備巳有然達拉隊為協助之資亦無定數）步隊一百九十九巴塔理淵馬隊戰時與平日皆五十四坡爾克其各隊人數平時減戰時增教人兼教馬凡馬不得過七歲高準二尺三寸至二尺五寸（合中國四尺六寸）行齊行列步有起止項必橋首必昂視必無眩聽必勿驚礮隊十二巴塔獵戰時增至四十八平日無馬兵戰時增二十四巴塔獵四分之三步四分之一馬協助

兵有事則佐師捍敵平日各派彈壓火車棧大會場曰然達拉巴塔理淵其傳發軍令稽查違誤曰的斯緝不離那爾乃巴塔理淵管子兵法有曰論工制器儀實效之其專執木鍬之工曰阿爾梯獵黎斯柯瞞得專司闢鍬路開塹建橋梁築室安護電線地雷水雷保軍裝襍物曰因熱湼爾乃柯瞞得專司兵之衣食器械曰因添丹特斯唓耶柯瞞得專司養傷療疾曰郭思披達里乃柯瞞得其因熱湼爾又分為撒披爾泥巴塔理淵十七隊凡建鍬路掘塹開山築臺皆屬之一巴塔理淵五囉特一囉特百人役夫八名戰時增至百五十人是外土爾迄斯丹有半隊巴塔理淵東西悉畢

爾各一囉特曰攀湍泥巴塔理淵八隊凡修造橋梁皆屬之一巴
塔理淵二囉特一囉特亦百有八人戰時增至百六十六人又益
以七十二馬兵曰熱烈茨諾巴塔理淵六隊凡護鐵路毀鐵路皆
屬之一巴塔理淵五囉特又十七坡爾克凡收發電報保護電綫
杆皆屬之人數無定額臨時準道里遠近事之繁閒分派曰坡烈
威因熱湟爾乃耶坡爾克六隊凡各營兵丁所用器械襍物皆由
此隊兵轉運保護別曰倭薩得乃坡爾克兩隊每一隊分四小隊
專用以奪隘拔幟曰敏里耶囉特兩隊專駐各海口管地雷水雷
封口鐵閘平日不設臨時酌派蓋凡列卒伍各具專長不徒以鎗

礮矛戟攻擊為能事調撥則鉤連蟠屈咸有條理其稱伊烈古拈爾乃者分兩籍一喀薩戩（即喀撒克）一伊諾囉得疵（外族如回蒙）蓋馬隊之所出也喀薩戩平日自習技勇調健馬弭邊患不借國家饟糈調取分防或征戰則給饟他境充馬兵者得入其籍又以其地名繫之曰端斯喀邪曰枯班曰倭連布曰穛拜噶爾曰節爾斯曰烏拉爾曰悉畢爾（此小地名）曰阿斯達拉汗曰阿穆爾曰仙米烈曰伊爾古慈克曰克拉司諾雅爾斯特分為十二大營曰倭彝司克各以提督官統之其餘各營一將各隊一弁統一百三十五坡爾克三十三洋特拈十二巴塔里淵步隊三十八巴塔獵礮隊二的威躅的一

二坡盧巴塔理淵二襍巴斯乃巴塔獵餘數隊挨思喀（威彌得坡爾克之半）得俞凡十六萬一千五百六十三人武弁三千七百四十四人戰時惟端斯喀耶最多凡四十八坡爾克二十二巴塔獵各類遞減悉畢爾阿思達拉汗阿穆爾仙米烈烏拉爾無礮隊阿穆爾枯班襍拜噶爾有步隊歲以三分之一操演餘勤耕稼戰時起全軍伊諾羅得疵其制與喀薩幾同達吉斯丹一坡爾克一米里接牙枯班一米里接牙節爾斯喀邪一米里接牙喀爾斯克一米里接牙拔禿摸一米里接牙土爾克綿宜一米理接牙所謂米里接牙即坡爾克之異名也喀復喀斯之格盧勤一得嚕熱納古釐斯喀牙

一得嚕熱納得嚕熱納皆步隊較坡爾克人數損其半一得嚕熱納分四囉特戰時得嚕熱納增作坡爾克克雷木一的威蠲馬隊一囉特步隊此二者多騎卒之良輔以礟步能合能分散之則亞旅召之則師徒又其獷悍之民悉收籍之伉健者遷宿衞其次戍封域制以連伍繩以律令亦治安邊鄙之一法也統其綱維凡食土之毛者除老弱不任事之外家家使之為兵人人使之知兵故雖一郡一邑勝兵數萬可指顧而集教練不厭其多人皆習於金革調發不厭其簡人不疲於征戰勞之易使散之易養正合古人治兵之道矣武職有名温帖爾倭非側爾者由兵拔用平日教導

新兵其他由韞格爾斯幾耶學塾（全國共十六區）選用又有倭顏諾（六區）倭顏諾阿喀迭米（四區）喀迭斯唓科爾鋪司（二十區）其升除有三等下等由兵揀拔所謂温帖爾者其倭里諾入營半年選一次充温帖爾中等由小武職升或由温帖爾或由倭顏諾皆須入韞格爾學塾考選乃可得官上等即由韞格爾學生學成之後試之拔其尤授職其武職之大者曰格聶拉勒分三等次曰頗爾顆無尼克次曰坡特頗爾顆無尼克（入官十二年未過五十歲乃升此官）次曰喀畢丹（馬隊曰喀畢丹囉特米士得爾）次曰什他卜士喀畢丹（馬隊曰什他卜囉特米士得爾）次曰坡魯赤克次曰坡特頗魯赤克大致四年一升黜保劾不在此例武職無言責不許

兼作商估二十三歲方能娶娶必告知所管官如準其娶先納五千盧布為質至五年後還之謂貧而娶者必為妻子所累不能盡心職守實欲絕其内顧之私而專其勇往之志也官至頗爾顆無尼克著有勳績予以搢紳之號子孫襲之至坡特頗魯赤克雖予搢紳但及身而止子孫不得襲也凡為将審偏裨之賢否士卒之勇怯與戰馬之强弱日則教練卒伍夜則聚議兵法或出地圖指其山川險要及進兵之路與其僚互相考核不厭其詳科爾鋪斯至坡爾克之将皆由其主自命其下大小隊長則由統帥舉焉兵部大臣雖握全國兵柄此外又分十四路設十四大酋稱之曰格

聶拉勒自比得堡以次皆兼管地方事曰格涅拉勒固必爾納脫第一路駐比得堡第二路駐芬蘭第三路駐維里納第四路駐瓦爾沙洼第五路駐錢耶甫第六路駐阿疊薩第七路駐哈爾果甫第八路駐莫斯克窪第九路駐喀簪第十路駐喀復喀斯第十一路駐土爾迄斯丹第十二路駐倭木斯克第十三路駐伊爾古慈克第十四路駐哈巴羅夫凡大酋所駐城設會議處有六其一曰倭顏諾倭可嚕釋乃索唯特議各舉廢也二曰倭可嚕釋乃什他卜議丈牘所也三曰倭可嚕釋因天單得斯科烏卜拉勿獵擬耶議馬匹芻糧所也四曰倭可嚕釋乃阿爾提獵里斯科烏卜拉勿

獵儗耶議鎗礮所也五曰因熱涅爾洛烏拉勿獵儗耶議開路所也六曰倭可嚕曰乃倭疑諾乜的秦斯科烏卜拉勿擬耶議醫學所也至所統兵分駐各城之數別注於疆域表下蓋以兵之多寡覘地之僻要也礮臺分四等臺各一主將曰科眼單特頭等臺之主將比科爾鋪司二三等比的威集四等比坡爾克礮台兵無定額戒嚴時由國主自派危急由主將檄調其權亦等科爾鋪司可以專殺平時則屬科爾鋪司各臺當戰時亦設文案及管理各務之所統於主將無事則一切聽命於格聶拉勒固必爾納脫其出師也由國主命一帥名格拉勿諾科瞞都由飭機宻方略與主商

權先繪圖呈閱備陳如何進兵如何決勝於是乃定大計諸將皆受約束聽指撝所住一幕特與人異隨營移徙又專設一員照圖分派各隊名坡列威什他卜其次管芻糧馬匹衣服其次管鎗礮其次闢路又有日烏卜拉勿獵擬耶倭顏乃索倭卜施扯尼對敵時馳送羽書電報審修毀橋梁鋏路機宜凡喀薩克兵調集臨陣別自成軍派一統將曰頗荷得宜阿塔曼歸主帥調遣將戰各隊互易鵓鴿圖急以之傳書如古人之用紙鳶也凡戰步隊在礮前所攜畢馬長鎗八十四小鎗三十六其接濟亦如之分左右翼鎗及則礮止刀劍及則鎗止前隊死後隊濟萬響一發萬足一步又善以散擊整以柔挫堅星

馳電掣山包水流馬隊亦分兩翼用短鎗腰刀其半作偵騎勝則縱橫衝突而已至振旅還率氣象肅穆賞罰嚴明上下一心堅忍而樸不得謂非節制之師矣歲六月其主簡蒐於紅村即克拉斯諾也寫洛排演各陳如對大敵外省有則特遣一格涅拉勒之有威望者往代校閱平時由將率訓練無間寒暑必步法止齊技藝嫺熟肱一屈直手一揚抑足一前却咸有式又必習馳驟習距踴習陟降引繩而升援竿而上攀危梯而斜登走獨木而交讓立股踏肩以摩壘引手托足而踰垣其用鎗也或更番或併出或高舉或低放或狙伺或狼顧或直伏於地或隱身而擊或跽足而施示之以的要之

以捷其將弁必明陳勢識機務知輿地能布算三年試於塾塾有
等上考入上等進其階不考者聽合大小武職計三萬有奇合步
兵馬兵礮兵工兵約近百萬矣

謹案我
國家龍興遼瀋八旗子弟咸編兵籍桓桓勁旅奮伐罙入凡薩哈
連瓦爾喀費雅喀額勒約索錫喇忻鄂倫春塔庫塔圖庫各部族
莫不來高莫不來王當是時俄人亦駸駸南向
列聖赫濯聲靈賁已桄被故其國都雖復鄙遠而先代可汗彌欽
天朝典章法度竊嘗觀其藏書庫度清文官書中樞政要戶部則

例等筊蓋不下數十函而官塾俊秀習中國學者必先通滿文沐浴

醲化固已久矣及詳斠其兵制乃大半則倣旗籍丁口入冊及歲挑揀考試諸令而小變之至於訓練則專用泰西之法毋使間斷鎗礮器械力求毒鷙月異而歲不同於古人攻心鬭智不重殺傷之略則未嘗聞焉蓋其西鄰英法德奧諸强國胥以此相競逐脫令稍遜必受吞噬之虞窮析利鈍舍舊謀新不敢偶涉疏懈者亦為時勢所迫也竊屢閱其卒伍有整肅之規無鼓舞之志雖畏威而不懷德可以取勝而難經敗衂此又不足深恃者或震驚其兵

數之多而思所以敵之則益額增壘之說實足惑聽抑知俄近歲府藏空匱以加稅失民和亂黨因而謀不軌皆由兵多之故夫魏武以敝卒一萬而袁紹土崩謝元以步卒三千而苻堅瓦解兵豈貴多亦視將略何如耳

戶口略

傳有之曰國所與立者民是故因民之衆寡爲國之强弱周王拜其獻數漢相收其圖書有以哉至於蠻貊之邦其地偏其氣梗不生聖哲不識禮義使編氓漏於國版夫家脫於聯伍人如鳥獸飛走莫制姦心僞端橫興突起何以能國歷代史書於四裔載勝兵

之數今考俄羅斯國居恒勝兵亦有定額而民罔貴賤皆入兵籍脫有危迫咸聽調發則區分其地之民數而貧富強弱可得而料焉種類之殊異已備載源流考暨疆域表中然昔日或有臭味柴池黨同而伐異自經峻法擾治亦咸就厥範圍在下則互為姻連同一習俗傳之數世俱忘畛域它國之為商賈者有占籍有不占籍皆受約束畏律令國人遠適異鄉不返者絕少與歐洲諸國興師報怨雖死亡繼踵畢以衆勝寡原其既庶亦不似英法普奧之戶調口算日增月益在官無丁稅凡民歲易憑照稅四盧布僑寄一依此例其為商者悉由官給憑納憑稅任往各城設肆者為弟

一等商任在本城設肆者為第二等商其憑稅自八盧布至十餘盧布止亦歲易一次其廛賦則以所入之息為準約十取一專務商業者四十八萬六千人以通國計之蓋十得七八矣邊亭荒鄙譏而不征者有之襍喀思丕思省近始定每戶歲取五盧布高曾矩矱先疇隴畝優游其閒不以有身為累而立國之本在是矣顧其敝也城市之民喜徼逐鮮恒產四郊之民習偷惰少勤業通難得之貨作無用之器離制棄本競逐工商麥石販之他國逐什壹利而國內民食反艱學塾生徒好譏彈時政妄冀紛更希圖非分智者巧於侔利而夸大愚者卑以事人而貪鄙執賤役者質椎魯

不堪策勵波蘭人心狡而鷙反覆蔑上地近普奧時復潛誘殆成隱憂芬蘭別異風尚事多自主至鑄錢設稅關有尾大不掉之勢所屬亞洲僻壤種族既襍增以譴謫之衆桀驁頑劣十之三四芸芸之侶不得謂皆才也其嗜酒茗淡巴菰葉子戲婦女則嗜跳舞冰嬉習歌唱至於成性又通國之大病而阿夫容之禁特嚴無一竊犯者蓋其民自恥之又不定關法令矣至於世家豪族奴婢之籍昔居齊民之首今自前主阿列克三德第二悉聽除籍今已數十年無事分著焉作戶口略

比得堡二百六十二萬二千人城內九十三萬人

莫斯克窪二百一十三萬七千人城內七十五萬三千人
倭羅湼慈三十二萬七千人別特羅剎倭城內一萬一千人
諾甫果倮特一百一十二萬七千人城內二萬一千人
布斯果甫八十九萬一千人城內二萬一千人
挨斯特蘭一百九十七萬人烈威力城內一萬一千人
麗額蘭六十四萬二千人梨嘎城內十六萬九千人
庫爾蘭六十四萬二千人迷他窪城內三萬人
威帖布司克一百一十七萬人城內五萬五千人
唯里納一百二十萬四千人城內九萬四千人

闊勿諾一百四十萬四千人城内五萬人
格囉得諾一百二十二萬六千人城内四萬人
暱幽蘭二十萬有二千人節力新弗爾斯城内四萬三千人
威波爾克三十萬有一千人城内一萬五千人
阿波三十七萬六千人城内三萬三千人
瓦襍三十五萬八千人尼闊來斯塔得城内六千人
烏列阿波二十萬有七千人城内一萬人
塔礮斯特姑斯特二十二萬一千人城内四千人
柯批倭二十五萬六千人城内七千人

瓦爾沙洼九十萬有六千人城内十萬六千人
蘇䄎爾𠯿六十萬三千人城内一萬九千人
囉摸熱五十四萬二千人城内一萬五千人
普羅茨五十三萬人城内五千人
喀哩士七十六萬五千人城内一萬六千人所屬都烈克城一萬
一千人哆拉慈城一萬五千人
茄理茨六十一萬四千人城内一萬一千人
拉多穆六十三萬三千人城内一萬二千人
溜阜林八十六萬人城内三萬七千人

撒特羅闊甫八十三萬七千人城內二萬五千人所屬誠思奪霍
甫一萬九千人
哆得裂茨六十一萬六千人城內一萬三千人
摩畿略甫一百一十四萬六千人城內四萬一千人
嘶馬連斯克一百一十九萬一千人城內三萬六千人
明斯克一百五十六萬九千人城內五萬四千人
畿耶甫二百五十萬七千人城內十二萬七千人所屬別爾躋遲
甫城五萬七千人猶太人別拉耶且黎果甫城一萬九千人他什
槎城一萬三千人烏蠻城一萬五千人

車爾泥果甫一百七十萬人城內一萬九千人所屬斯他羅堵卜
二萬四千人
倭棱司克二百有六萬二千人日拖眯爾城內五萬五千人所屬
克烈勉湼茨城一萬人喏倭格拉特倭林司克一萬四千人思
他囉寬思坦丁一萬八千人
古爾斯克二百三十一萬四千人城內三萬二千人所屬蘇札城
一萬五千人列勒果倮特城二萬人
窩囉湼日二百四十三萬三千人城內五萬六千人
坡爾塔襪二百四十七萬三千人城內四萬一千人

哈爾果甫二百一十六萬六千人城內十六萬七千人所屬亦孳
木城一萬八千人
端斯喀耶一百四十七萬四千人城內三萬七千人
葉克接衣斯納敷一百六十九萬七千人城內四萬一千人
他勿利制司克九十六萬四千人星飛洛波立城內二萬九千人
切爾赤城十萬一千人此注斯拖波立城七萬二千人匪倭朶
西城四萬六千人
協爾酸一百八十六萬五千人阿疊薩城二十二萬人尼可來耶
復六萬六千人阿烈克三德一萬七千人

波多立司克一百四十一萬九千人喀乜湟茨城內一十三萬人
別薩拉必亞一百四十一萬九千人嘰深虐甫城內一十三萬人
所屬阿克瞞四萬六千人
阿略勿一百九十萬人城內七萬七千人所屬薄爾霍甫城二萬
六千人
圖拉一百三十四萬人城內六萬四千人
喀嚕戛一百一十四萬人城內四萬人
葉羅斯納夫三十七萬九千人城內二萬三千人所屬阿雷頻斯
克城二萬人

義日里諸甫果倮特一百一十二萬七千人城內六萬人

唯亞特喀二百七十四萬人城內二萬四千人

喀辯一百九十五萬五千人城內一十四萬一千人

務拉的密爾一百九十五萬五千人城內一萬八千人

烏發一百七十七萬一千人城內二萬五千人

薩拉夺甫二百一十一萬三千人城內一十一萬二千人

科斯得羅馬一百二十七萬八千人城內二萬八千人

薩馬拉二百二十二萬四千人城內六萬三千人

星比爾斯克一百二十二萬四千人城內六萬三千人

倭連布爾克一百一十九萬六千人城内四萬二千人
阿思達拉汗七十九萬人城内七萬人内有喀薩克喀爾梅𠯗游
牧類十一萬九千五百八十七人布茄耶勿游牧類十三萬四
千人
列簪一百七十一萬三千人城内三萬人
貪博甫二百四十九萬人城内三萬四千人
偏襍一百三十八萬二千人城内二千人
撇爾木二百五十三萬九千人城内二萬五千人
阿爾寒三十一萬五千人城内一萬六千人

倭倮格達一百一十六萬一千人城內一萬七千人

以上歐洲境

枯班一百有二萬四千人葉克接泥諾達爾城內二萬八千人所屬唉司克一萬八千人

司塔勿羅波力五十八萬九千人城內三萬五千人

節爾斯喀耶六十萬有六千人烏拉的喀復喀斯城內三萬二千人

達咭思丹五十二萬六千人帖寮爾寒暑拉城內一萬五千人

八枯五十一萬七千人城內六萬五千人所屬佘馬哈城二萬五

俄游彙編卷第九

奉使游歷俄羅斯國戶部主事繆祐孫纂

日記

光緒十三年七月二十五日具報啓程八月十五日至上海治裝

待伴

九月十三日丁卯晴乘德意志公司船放洋舟長準工部營造尺

四十丈吃水二丈四尺闊三丈六尺載重五千噸三千匹馬力

名薩克森或譯曰薩經舟主名質克

十四日戊辰陰巳正啓椗雨鷁首指東南午後風緊渾洪贔怒湷

波積疊夜仍雨子正風勢殺

十五日己巳晴過松門海門暮見東南亂山兀崒紅雲秀天蓋廈門福州諸口也臺灣澎湖則烟嶼蒼茫莫能辨認矣

十六日庚午晴駱越諸山袤延起伏障海而南酉初抵香港突起數島排港外入則峯巒合遝萬頃瀲碧少時昏黑明鐙層層高逾山脊如絡肉繁星萬點斜掛

十七日辛未晴辰刻趁小輪舟登岸持友人李光琴書至上環街元發行晤蔡松川余韶笙託易滙票蔡余殷勤留飲導游博物院見諸水族奇禽怪獸中有一物人首人臂自腹以下為魚形

歷覽南北兩礮台頗得地勢又見延山闢鐵路盤旋而上達於山巔蔡余言港督因其主得是埠屆五十年將於月之二十四五日舉勝會以申慶科諸華商輸錢興作街衢間方擾擾搆綽楔架傑閣張電鐙以帛纏柱流蘇為簾羅珠玉錦繡召歌舞幻戲雜以鼓樂綿宵竟晝踵事增華所費約十餘萬金其奢靡如此韶笙送歸舟申正發風厲舟欹側天氣漸炎行近赤道北十九度

十八日壬申晴天熱如中伏御單猶揮汗機輪頗捷午見懸牌行八百餘里英買二百餘蓋英一里合中國三里也

十九日癸酉鎮日風雨午刻牌行一千有九十餘里在赤道北十
二度五分已畧瀾滄江海水色如靛
二十日甲戌晴微淪風綱極目鞾紋計程在七洲洋之尾祿奈昆
侖時見螺髻午牌行一千有四十九里經赤道北七度四分
二十一日乙亥晨晴未申閒小雨午牌行一千一百有一里經赤
道北二度三十五分戌初泊新嘉坡天毒熱舟納煤達旦嚴閉
窗牖尤增悶燠
二十二日丙子晴天旦而起賃馬車持李光琴書行六里餘至十
八間街怡盛豐行訪林吉臣並晤李耀棠光琴之姪也曾鄉才

鄉傑弟兄其同懋遷者也留飯有螺肉潔白而嫩如鮮江珧李曾送登舟贈武夷茶竹簟按新嘉坡與蘇門答臘對峙轉彭亨之南稱南洋西畔第一埠嘉慶間為英人所踞島勢東西綿亘三四百里港口諸山迴抱甚有關鍵居民約十餘萬貿易者十之三皆閩粵人產鉛錫胡椒兒茶江珧蔗糖檳榔椰子果下馬紅白鸚鵡倒掛鳥葵花鳥翠羽巨螺英人經營締造不遺餘力鐵路縱横飈車如織犩兩牛挽車運諸貨物相屬於路牛多白色角犀利以銅飾如塔冒之街衖繁麗遜香港土人亟來由黎黝如鬼申正展輪晤領事官左守周旋久之舟人以小銀錢擲

水中羣兒湯無小舠爭聳身入水泅取撟捷異常
二十三日丁丑晨陰微雨西風颯爽水波不興舟指正西午牌行七百八十九里經赤道北三度三十六分柔佛龍牙丁機宜葛羅巴點翠拖青時在眉睫按葛羅巴即加拉巴古耶婆提也又曰闍婆曰瓜哇南洋大島國今屬西人矣
二十四日戊寅薄晴仍西風午牌行九百九十里經赤道北五度四十四分曉見南北兩岸烟嵐擁赴茂樹翁蔚殆在麻剌甲大小亞齊之閒即所謂巽他硤至其狹處隔岸衹二三十里彷彿在鄱陽湖中循康山麓觀屏風九疊也泰西人於山口綠陰中

建塔鐙築室整潔此南洋羣島一巨陁申刻入印度海即小西洋其
水黯然黛黑色雲天迴闊眇望無垠
二十五日己卯朝晴晚雨風逆斂舟未申間舟轉西北艎中炎歊
畧減
二十六日庚辰沈陰西風時飛雨如江南四月天午牌行九百九
十三里經赤道北五度二十二分
二十七日辛巳晨微雨午晴舟向東北行入錫蘭島泊格侖坡午
牌行一千有八十里經赤道北六度三十六分此島石勢斜伸
屏印度洋亂石崛突激海水作高浪直上十餘尋艤舟輒動盪

自前五年英人用塞門土兼大石築長隄一道捍禦之泊者始安趁小輪舟登岸易馬車先觀沿海礮臺皆堅樸蓋新式也游博物院有大鯨骨其首且長七八尺石佛石象石獅各國古錢古銅器刀劍斷柱黛色光澤可鑒或云玉也登樓見壁上石斲英世子像殆創興此院者門外叠石爲臺上範銅像乃英之大酋初踞此島者也復游藏經庫讀貝葉經有白石卧佛龕前布鮮花八九種色奇豔莫詢其名微颸暫拂芳溢六空卧佛寺距此又三里許寺有塔如來涅槃真身及舍利子在焉多梵貝申刻旋舟錫蘭古佛國或曰即東天竺之境按晉釋法顯佛國記

所稱師子國即錫蘭也云其國在洲上東西五十由延南北三
十由延左右小洲乃有百數相去或十里二十里或二百里統
屬大洲證之方輿不謬又法顯由摩梨帝國海口載商舶西南
行十四日即至此摩梨帝國海口即今加爾各荅地唐志云師
子國北岸距南天竺二百里又西四日行經沒來國為南天竺最
南境是自立國已久地近南天竺亦非東天竺也民睛髮如中
土惟面目黎黑可畏俗奉佛謹好膜拜諷經悉曇章梵天法跣
足襲衣窄袖短衣重白色下通服長裙色尚紅間用印花者或袒
其右臂首綴玳瑁細齒梳作半月形泰西人亦多用之男螺髻或左右

被髮女辮髮縈後室湫隘且卑山多長林豐草土色赤產象馬

椰子黄焦波羅蜜檸檬果曼陀果俗稱曼頭果肉皮果娑羅樹貝多

樹近日產茶奪華商利自此至歐洲無擔荷者多以首載物行

子夜發

二十八日壬午晨陰雨東北風午後西風霽就海觀魚極天送鳥

午牌行五百二十八里在赤道北七度三十五分

二十九日癸未晴北風午牌行一千有十一里在赤道北九度三

十四分夜觀舟人作樂禮拜之外每日兩奏器皆笳吹間以胡

琴促節繁音知西方金氣競殊失和平也

十月初一日甲申晴東風曉坐船面觀飛魚數隊如小鳥掠波午牌行一千有五里在赤道北十一度四十六分

初二日乙酉晴東北風午牌行一千有四十一里在赤道北十二度五十二分申刻因機器小損停輪八刻二分修治畢復行

初三日丙戌晴午牌行九百有三里在赤道北十三度四十七分未刻微雨旋霽子夜風起水湧飛浪入窗衣被皆溼

初四日丁亥晴坐船面見奔濤卷空如白馬萬隊勝吴山絕頂觀錢塘八月潮也午牌行九百八十四里在赤道北十三度十二分夜毒熱不成寐獨起步船面觀日出

初五日戊子晴卯刻抵亞丁獼巘乖崿拔起海中奇構異形難以辭敘石骨棱棱純赭色畫家大斧劈皴也山頂雲氣滃然海岸飛沙滾滾英人因阿結牖連扃接闉礮壘衛之土人黎黑卷髮如蠆攜碎珊瑚駝鳥羽山羊角來舟求售申刻啓椗夜入紅海

初六日己丑晨晴入夜風狂雨驟舟簸甚詢向經紅海者皆言無風浪之險而炎歊迫人今則氣候頗異矣午牌行七百八十三里在赤道北十五度

初七日庚寅晴午刻雨食頃即止牌行九百六十九里在赤道北十九度三十七分

初八日辛卯晴金飈送涼波平如鏡午牌行一千有二十六里經赤道北三十四度四十三分舊圖紅海甚狹今驗之入口時及見兩岸諸山中仍莫睹邊際大類洞庭春漲時而往來汽艘遠者約距二三十里近或一半里取道卻近不似大洋中鎮日不見一帆也仍向西北行天冷御夾

初九日壬辰晴北風巨浪拍舟高丈許兩岸童山矗立將出口矣酉刻至蘇爾士河小泊是日午牌行九百二十三里在赤道北三十五度十二分倚闌見東岸斜亘一隄停兩舟列平屋櫺牖洞達危亭置其上舟人曰此浴處也西岸隄上翠柏一行内有

街衢樓榭燈光熒熒戌正解維入新開河其狹有如潞河者舟前特置電鐙恐擱淺也行殊緩兩岸白沙河身易塞以開河機器隨時疏濬此河乃法人海理色樸所開闢亞細亞阿非利加二洲相連處巨靈手盪腳蹋功足相侔昔歐人東來必遶大西洋今將地中海紅海鑿通是舍弧而求弦矣凡舟經過皆稅之此舟稅至八千馬克其利博哉夜立船首望斜月如杭亭亭欲墜沙石荒寒恍如積雪聞人言海理色樸近又偕其子香貲鉅萬攻鑿巴拏馬將分南北美利堅為二開東西洋舟航之捷徑精衞填海愚公移山其志無以過之

初十日癸巳晴西風行曲港中時於寬處小泊緣河狹來往之舟不能並行或此讓彼或彼讓此各於數里外懸旗為號岸邊時有駱駝十數頭負土培堤沿堤設自來水鐵管隄內或淺溆平灘一二漁舠飄忽來去數羣鷗鷺飲啄飛鳴倘以蘆花楓葉點綴其間無異泖湖秋景酉初抵新河北口波利塞維舟地屬埃及民尚天方教英法美德商估雲集市廛繁盛役使多阿非利加人習英法語其俗女子以黑布冪面但露兩目一口乍覩之甚駭異有埃王花園一區雜花生樹異采奮發方塘石沼錯落其間登岸薄游歸巳亥正自錫蘭至此屋瓦赤黃其土色然也

日行二百十六里
十一日甲午晴入地中海水色墨舟行穩如在紅海中向游歐洲者皆云如此風平波靜未曾有也午牌行二百三十一里在赤道北三十一度五十九分
十二日乙未晴東北風勁濤湧波襄西南雲山重疊與舟上下午牌行九百八十四里在赤道北三十四度五分夜微雨
十三日丙申晴西風天寒午牌行九百四十五里在赤道北三十六度四十一分
十四日丁酉陰晨微雨旋薄晴西南島嶼環翠樓閣參差舟人謂

即意大利之火山其熄已二百餘年居民甚庶詢苔昔利云昨
夜已過午牌行九百八十六里在赤道北三十九度三十三分
鐘後朔風凜烈駭浪騰躍
十五日戊戌晴西風曉起見西上初日一抹雪山皚皚午牌行一
千有二里在赤道北四十度午後行一百七十四里申正抵熱
瓦德語曰折那阿英語曰熱奴挨法語曰熱瓦泛小舢登岸乘車至與希希馬街德
則特郎惹客寓宿第三層樓高甍凌虛降眺列肆亦有機室乘
之可登地屬意大利依山成市周十餘里雕簷華宇鱗比層陵
民俗奢麗亦歐洲大埠也山勢迴繞頗似香港而結束未嚴新

築長隄障其西北世稱意大利人哥侖波即生是埠嘗游立士
本學航海術說西班牙后依薩伯拉賣所愛寶玉妝具爲資遣
其行尋地得亞美利加洲今熱瓦人以銅鑄其像立通衢旌之
案意大利漢書稱大秦唐書稱佛菻東南與波斯接地方萬餘
里其王無常人簡賢者而立之是民主之國所自昉又曰盛暑
之節人猒囂熱乃引水潛流上徧於屋宇機制巧密人莫知之
即今日自來水之濫觴又曰樓中縣大秤以金丸十二枚屬於
衡端以候日之十二時焉爲一金人其大如人立於側每至一
時其金丸輙落鏗然發聲引唱以紀日即近世鐘表之椎輪觀

此可知羅馬先盛其遺法推衍益精矣

十六日己亥陰雨

十七日庚子陰申初登火車經意大利界重嶺衿瀧湍奔相屬亂石縱横中開鐵路遇山穴道阻溪爲梁意多水田產秔稻膏腴近羅馬所經其髖髀也由窓闌飫基押所英語曰盧遺諾在瑞士界夜經貝林左拏聖閣得合耳德山洞最長約二十五里倚窗頫覜雪山壁立若單楹插霄俄升其頂白雲與車並飛或層岑峻壁其下萬仞怪石巉巉渡以危橋俯瞰悸魄羊腸邛峽可以化夷矣冰霜載涂嚴寒貶骨停車五次

十八日辛丑晴巳入日耳曼境老楓隆冉穉柏浮翠林木蕭森離離蔚蔚黃壤沃衍溝洫橫卦極知經界而無阡隴知其地宜麥不宜禾也西人以馬耕或用兩馬並驅頗捷用機器者少殆不如用馬之省費歟晨烟數縷縷帶平岡寒菜一畦茵褥斜坂按眺農圃情邈灌蔬矣凡停車七次入德界之巴色爾弗來布爾克俄分布爾克喀爾士路危海德爾伯克達爾末斯塔得夜飭弗狼克福爾得德之劇鎮也樓臺鐙火近十萬家攘往熙來商民蕃息由車棧易馬車至此約二里餘停十六刻復行夜過基生客色爾克來恩生馬格德布爾克業次達末停車又五次

十九日壬寅晴辰初抵德都伯爾林連日共行一千四百三啓羅邁當合中國約二千五百三十五里經十九驛伯林人民蕃盛氣象宏闊是夜宿旅舍第四層樓

二十日癸卯晴

二十一日甲辰陰雨子夜升車向東北發

二十二日乙巳晴至的爾叻車停十八分鈡申正由德界唉得若能至俄界威爾伯倫俄語曰威爾日波羅灣上所譯皆德意志語也以二日計行一千三百四十五里德里作七百四十三啓羅邁當半易俄車以俄之鐵軌寬於德也德人近日專練一軍晌息可使易轍改轅俄

深嫉之稅關驗護照查行李某嚴留難閒得同車俄商噶哷什鏗始解

二十三日丙午晴自入俄界極目林莽雪後景物清絕午飦格囉得倮（德語曰我斯得羅）暮至噶赦納（德語曰喀爾可色羅）燈火甚繁其地有俄主離宮聞俄主尚居此歲杪始旋冬宮酉正抵比得堡由邊界至此計一千六百八十里俄里作八百三十七唯爾斯特暫宿使館

二十四日丁未晴俄候祁寒三冬晷短嚴辰肅月祇合蟄居蓋其地極北而日行南陸故非停午夜分不見曦月按森彼得堡在北極出地五十九度五十五分距我京師時刻論者謂其差至

五時四十四分四十六杪四十八微京師之午正初刻彼得堡為卯正一刻十三杪十二微也其城南三十里有卜爾可侒測量天星台泥瓦江北岸亦有一測量處猶英國之格呢栗暹其距格呢栗暹三十度十六分三十杪變時則二時一分六杪中國觀象臺在赤道北三十九度五十四分又十分之四距英之格呢栗暹一百一十六度二十八分一十二杪變時得七時四十五分五十二杪又十分杪之八由此推之中俄相距實為五時四十四分四十六杪又十分杪之八也又按俄人憲書載比得堡午正為莫斯瓜之午正二刻喀䌛之未初一刻伊爾古慈

克之申正三刻十一分牙庫特之酉初二刻九分我北京之酉初三刻五分上海之酉正五分倫敦之巳初三刻十七分三十杪巴黎之巳正九分伯林之巳初三刻十分羅馬之巳正三刻五分維也納之午初四分土爾基之巳正三刻十四分嗎得黎得（西班牙都城）之巳初二刻十四分世掩克郭力木（瑞典都城）之午初十分布留協利（比利時都城）之巳正一刻紐約（美利堅都城）之酉初三刻舊金山之未初三刻五分墨西哥之申初一刻六分日本之戌初一刻五分也考西歷始於大秦聲明丈物實冠歐洲自羅馬至該撒儒略以十二月為年不別置閏以其日附於月遂有三十

一日為月者於耶穌生前四十五年正月朔為始厥後祭司與
大吏任意改竄至三十六年當閏九日而誤閏十二日該撒亞
古遂令十二年不閏以合儒略本旨至小餘積久生差有格哥
里者改之當漢孺子嬰初始元年新莽建國之四年及天鳳三
年俱為閏日之年又考歐歷實回歷加精近世噶西尼等闡微
發奧推測尤詳自該國一千五百六十年教王格勒革理第十
三欲改歷法會諸博學士議之採西利約語作新歷以三百六
十五日五時四十九分十二杪為一年名曰格勒革理歷歐洲
諸國至今遵用之俄人用猶太歷以耶穌生年為始閱四年閏

一日必在二月亦與歐洲諸國同惟用三百六十五日為歲實月朔恒後於各國十二日其歲首則在中國冬至後二十二日也正月曰壓洛洼爾三十一日二月曰非兀里阿力常歲二十八日閏年二十九日三月曰瑪乙三十一日四月曰阿普拈立三十日五月曰梅三十一日六月曰慫諾三十日七月曰慫立三十一日八月曰阿卑姑斯特三十一日九月曰寫洛特雅卑爾三十日十月曰倭克特雅卑三十一日十一月曰喏雅布爾三十日十二月曰顛喀卑爾三十一日彼得堡以六月十日為晝長限日出丑正三十七分日入亥初二十七分以十二月十日為晝短限日出巳初五分日入未正五十五分

二十五日戊申大雪竟日偕廡謨伊喀街夜使館諸人約看馬戲其步法與樂之節拍相應至於脱其銜轡弛其鞍韉趍蹱踸踔以纖腰女郎剪髮稚子足各立一騎左之右之巧獻各伎從容不迫可謂難矣又置諸樂器使小象五以鼻鼓之大象一執鼓檛以節之金石和諧條理不紊亦一異也末一女子尋橦度索趫捷可觀南史載梁天監四年禊飲華光殿其日河南國獻赤龍駒能拜伏善舞河南即荷蘭也立國在蕭梁以前其通中夏亦在歐洲諸國之先所獻馬即今馬戲之祖歟唐元宗之舞馬當亦同此

二十六日己酉雪晴譯日報有云俄奧將有兵事此言出於德人德奧方洽因勃爾噶尼亞之君向為俄之王族今新立者為奧人殆慮俄將攻奧也

二十七日庚戌雪

二十八日辛亥雪

二十九日壬子陰午後游博物院地鄰宮禁樓閣連達几羅珍寶奇玩金剛石獨多有青精石瓶二孔翠石瓶二高可七八尺又孔翠石案四尺餘長皆其國所矜異者中國之物有玉杯玉盌青田石印章甆花瓶之類又有總統伊犂等處將軍銀印一方

伊犂辦事大臣銀印一方皆叛回攜以來俄者也又有明御馬監銅駕篤牌一壁間圖其先代汗像歐洲古事或奇異花鳥世所罕覯許民間就而臨之別一室與宮寢近接設所塑比得羅像衣其平生之服氣象鷙猛旁置所常用物一鐵杖重可三十斤木盌木盂木盤罍罍二十餘事列於廚中懸魚骨鐙皆其變姓名游歐洲習工匠時所手製也所常乘黃馬所常畜烏犬皮革俱完飾之如生立其前與漢時原廟衣冠之意正相合也

三十日癸丑微晴出游城市其廣衢有所謂涅佛寺街大海街温宮後街者皆甚闊中鋪方石左右用木解段切作八棱立布於

地既平且堅其餘街市以石子砌之凡所屬歐境各城多如是今其上雪厚三四寸民皆乘雪車其制用馬車去其輪輻繫二横木於下行甚便捷無異安車蒲輪温宮方一里餘前庭極宏敞各官署拱之俄俗凡宮觀橋梁屋脊多塑駿馬如中國之用獅象佛書謂北方為馬主其信然耶

十一月朔甲寅陰

初二日乙卯雪鎮日

初三日丙辰陰

初四日丁巳陰

初五日戊午陰午後游蠟人館蓋以蠟塑各種人其異相有三目者或演以故實施機轉動噓氣如生美醜老稚長短直可亂真又一屋塑其前代肉刑如拏舌剖腹劓鼻刖足及以鍼揭乳以鐵皮寸許上排密錐內向而環其項鑄生鐵模其內銳鋒如蝟毛將納入而合之種種慘毒不忍逼視瀛環志畧謂俄用刑最酷此其一證萬國史記謂俄主宜萬第四性嚴厲以峻法治下晚年益酷戮臣民數萬羣下畏而從之亦有離畔者此類刑具或即所造今既除苛解嬈表以要其民也又一室飾人藏腑肢體各病狀及婦人腹內兒形由初孕至臨產又範人全身筋絡

此醫家所宜知者廊下塑女兵一列冠雉尾兜鍪銅鎧甲冑泰西昔日亦學孫武兵法嘗教美人戰邪舊唐書大食傳言有女國在其西北相去三月行大食即今土爾基準其地望當在俄境此或昔日女國之卒伍歟南懷仁坤輿圖說記女國在韃爾靼邏西曰亞瑪作搦最饒勇善戰其言非無據也壁嵌顯微鏡一行視其內圖山川人物園圃屋市及俄土法瑞諸戰事至礮台淺口防守要害如何環攻如何禦敵頗具大概將出門遇一長狄其長及丈

初六日己未陰微雪

初七日庚申陰與夏干譯圖例

初八日辛酉晴寒威頓烈俄表縮至六度見街市轅下駒脣鼻穇白遍身連錢瑩然御者堅冰在鬚矣

初九日壬戌陰夏干薦俄人柏蘭孫曾讀中國書者代譯圖說月改修羊五十盧布

初十日癸亥陰雪撿書移廩謨伊喀街

十一日甲子大雪竟日至遊穌潑湖看冰嬉

十二日乙丑陰寒夏干偕柏蘭孫來

十三日丙寅陰微雪

十四日丁卯陰初至俄時擬待新任出使大臣洪閣學履任再請

知照俄外部嗣聞洪大臣臘月初始來相距四旬餘而俄於它

國之人稽詰甚嚴時劉大臣尚未交替遂由駐俄參贊禀告兼

自陳乞備文知照昨得復飭參贊官函知今俄外部吉爾斯遣

人來約明日接見

十五日戊辰晴未刻偕使館參贊隨員往謁俄相吉爾斯晤言良

久其人年七十氣度和藹與其屬吉納章甫所謂文牘總辦者

同見謂將游歷何所應先分别告知如觀礮台各廠當爲行文

海部如觀陸軍當爲行文兵部如觀大學院教堂當爲行文教

部畣以侯公使來再備文請辦問至幾日矣畣以三禮拜末問
前出使大臣曾侯起居又問北京之寒較此奚若一一對之皆
使館法文繙譯聯興代答也
十六日己巳雪
十七日庚午晴柏蘭蓀言德俄釁頗搆恐成戰事謂之曰曩聞俄
與德累世姻戚兄弟之國也何至是答以泰西各與國雖固婚
媾而猜忌難泯防維日密
十八日辛未微雪
十九日壬申晴俄裏海東鐵路已至阿母河將全收希洼布哈爾

之地利而偪阿富汗聞今秋又於阿母河上建長橋自蔑爾甫屬之車爾錐起就島洲分四截第一截八百有二丈第二截八十二丈第三截五十八丈第四截三十丈並島洲計一千九百有二丈費二萬五千盧布又欲於河之東岸接修火車道經達薩馬干

二十日癸酉晴出使大臣劉大理至

二十一日甲戌晴出使大臣洪閣學至晉往迓於車棧

二十二日乙亥晴

二十三日丙子陰

二十四日丁丑陰
二十五日戊寅陰微雪
二十六日己卯晴偕同人訪俄人佘威烈甫及噶勒什鏗佘商於
海參威曩年琿春勘界曾充該國繙譯官蓋少時游學於中國
通華文解華語且洞達中外人情世故者也惜未晤
二十七日庚辰雪感冒
二十八日辛巳雪
二十九日壬午微雪噶勒什鏗來
十二月朔癸未晴寒表至十七度是日為俄歷一千八百八十八

年正月朔

初二日甲申陰寒表至十九度譯書罷柏蘭蓀約游阿喀接窰亞觀油繪皆俄古今名人或極貴極富或極美極陋或以醫術天文稱學顯或抱節守貞含悲隕涕或千歡萬悅嬉笑迎人或耄而好學卧病著書無不惟妙惟肖

初三日乙酉雪訪柏蘭蓀踐昨日之約也柏本寒素琴書滿室

初四日丙戌微晴申刻赴噶勒什鏗之約室中帷幔皆中國緙繡出諸甕器內有二瓶成化五彩也有雕漆盆二刻鏤工細乾嘉舊製其妻弟某乃俄武職席間各言中俄邦交最久而俄之習

華文華語者卻少又謂俄與齟齬皆德人為之德意本不在與殆欲離間俄法也

初五日丁亥午後雪

初六日戊子晴

初七日己丑雪

初八日庚寅微雪柏蘭孫來偕訪其舅氏雅布倫司克於所設印書局並導觀集字石印各種機器因留飲其子年十歲能英法德三國語蓋俄之懋遷恒在此三國其鑛產麥石亦西面諸邦所仰給而德之賈於俄者尤多故自童時即從師習彼語言文

字雖小康之家未有不汲汲於此者其國勢之在歐洲亦可見矣

初九日辛卯雪

初十日壬辰晴午後出游繞其王庭一帀有阿爾寔人列幕泥瓦江冰上以三鹿駕車鹿淡墨色角長多歧而銳首類犢蹄大亦近之毛長身矮不似中國之鹿黃質白章文斑斑而足伎伎也車小無帷幔僅容一人坐使驅之行速聞英之游歷於俄者以策贈我出使大臣言俄闢鐵路至海參崴其志在朝鮮及東三省並豫計他日進兵路夫俄雖有東向之志而其謀印度窺兩

藏其勢已咄咄逼人英之慮俄亦切故凡英人之議若代中國
計甚深遠其實不專為人又此輩游員與各公使往還逞其蘇
張之技固有益於國是者
十一日癸巳陰聞游德者已由參贊行丈知照德外部亦如俄說
將遣員伴游云
十二日甲午微雪
十三日乙未陰寒表至十六度
十四日丙申晴
十五日丁酉陰寒表至十九度柏蘭孫來譯日報有云葭爾甫之

英人電達英廷謂俄鐵路已渡暗木河將窺印度英人甚恐
十六日戊戌晴寒表至二十度日報言塔什干之總督電告俄主
言阿母河新製兵輪二艘大拖船二艘（拖船用載軍需）皆已出塢其輪
一名察爾（稱國王曰察爾）一名察利襍（稱后曰察利襍）其拖船一名莫斯克洼
一名森比得堡丙夜月有食之
十七日己亥晴寒表至二十三度
十八日庚子陰霧柏蘭孫言俄之亂黨頭目據稱有喀拉波特肯
之黨有拉勿諾甫之黨有格爾特捫之黨有嘰爾皴之黨其人
甚衆大旨謂俄貧富不均國家賦稅重思一切反之易君主為

民主焉所謂尼希里者結黨最先今已大半翦除云觀此則俄民不靖患在蕭牆其主徒騖遠畧何哉又曰厥類不齊有貴有賤如喀拉波特肯即俄之王爵也俄各路總督近日皆集比京賀履端并赴宫中宴又譯日報謂俄主派官名車爾諾格拉作甫往車爾錐運載杉松楊樺小樹將徧種裏海濱及暗木河兩岸並欲大啓苑囿以備游觀豈他日將作僞游雲夢之舉乎不能不為布哈爾希洼之酋慮也

十九日辛丑晴寒表至十八度

二十日壬寅雪日報言俄大改軍政由兵部籌議規制並調各路

總督會議前云來賀履端殆託辭也英德奧諸公使之在俄者
僉疑其不日興戎紛紛私論特登報以明其故夜顆利索甫約
觀跳舞會其人學館中習華文者也言其試多譯中國理學書
如性理精義朱子全書文公家禮之類隨擇一篇命以俄文敷
陳其說又必兼習滿蒙文字其書之合滿漢文者半爲康乾時
官書亦有私家所刊西廂記等其譯成俄文之中國書則有古
文尚書孝經三字經雜小曲於其案頭見有魏源所著　聖武
記華文石印頗精又鈔本　四庫全書目錄第一百六七卷
二十一日癸卯晴

二十二日甲辰晴日報言俄復自阿母河接建鐵路至哈薩巴

二十三日乙巳陰夜游阿克洼黎穆園有樓周圍嵌石如洞壑迴廊繞之第一層介以鐵網養諸禽鳥猿猱鸚鵡鴛鴦鸛鶴之屬下層壁間蓄水外護以玻璃内養諸種魚黿鐙映之如游泳空際中一大池旁疊石山植花木有海犬首類狗毛類獺黑色前兩足如鴨翅能立後足駢著魚尾投小魚使泅而取啖其捷如飛園中斲冰成室三間廣約四丈高丈七八尺門外左右鼓吹亭列大礮六尊四帀雕檻二人立檻側刻鏤之細眉目手足逼肖室内窗牖榻几椅杌燈檠衾枕一一皆冰為之爇樟腦於下

其光貫徹瑰瑋皓潔真所謂水晶宮宇琉璃桂櫳也觀者咸稱異謂其國所罕見必冰堅厚乃受匠裁考其國一千七百三十年（雍正八年）女主安那宜萬曾造冰宮是歲極寒今百四十餘年依舊圖式復成此舉可以徵氣候矣俄人嗜冰嬉此園一廣廈貯水使凍婦人孺子競往馳逐間以奏樂跳舞美之曰習勞實游戲而已

二十四日丙午雪竟日譯法報言德奧意三國近立秘約防法與俄德相畢士馬以奧意武備不精嚴誡修治又謂俄主增儲軍械調兵赴邊界據稱並無他意然一旦有事使是俄與德奧開

釁與德意同力合謀勿使之逞德專主自守絕不攻人法如有

事於德與必相助意則守局外之義云

二十五日丁未晴俄報言布洼之君薩疊來朝布哈爾之君夏間

曾至嗣因小有猜嫌暫停互市今復如初

二十六日戊申陰入夜雪

二十七日己酉陰日報言俄與阿富汗交界今已分析悉置界牌

其南沿暗木河左岸過巴薩嘎村十五里為末界

二十八日庚戌晴日報言普魯士之兵防法者一百萬防俄者一

百萬皆分布境上曩歲法思報復夙仇無一日忘德續因增兵

增餉屢經梗議未有端倪而鑲糈尤絀近日聞有加收入口稅

之條故畢士馬克宣言於國謂法謀不足慮至俄之征調或云

與鄰國為難實亦諸人之妄聽耳

二十九日辛亥陰

三十日壬子微雪

俄游彙編卷第十

奉使游歷俄羅斯國戶部主事繆祐孫纂

日記

光緒十四年正月朔癸丑晴

初二日甲寅雪

初三日乙卯晴譯日報言哈薩巴錢路又接修至霍札達勿烈特近雜拉夫山河發源之處又七河省即仙米烈程司克之威爾壘城在伊犁河及伊西庫爾湖之間近歲地屢大震陷民室廬所傷實多將北徙其城於伊犁河濱

初四日丙辰晴
初五日丁巳陰
初六日戊午晴
初七日己未雪聞英人自緬甸建鐵路至南掌案南掌即老撾北界雲南自前明内埘置宣慰使司今仍列藩服向稱恭順顧其國本緬甸别部緬依山負海尚受英人之約束南掌素弱更何能爲屈身聽命勢所必至又英人垂涎滇鑛固非一日南掌實傍怒江轉輸貨物直達南洋據此以窺滇遺患非淺鮮也又攷南掌左緬甸右暹羅暹羅大於緬有湄南瀾滄二江田肥美頻

海大埠六得此更足有為英志叵測哉
初八日庚申晴
初九日辛酉晴聞阿母河工鐵路又修至喀拉枯爾俄新頒令甲
雜喀思扯斯省丁税每户一年抽五盧布俄君右武比歲添兵
張皇師旅以待征戰近有增設武職之議殆備豫不虞耶亦無
厭之心所致也俄人嘗云其國提督官如恒河沙數宜加淘汰
豈可再增午後過泥瓦江游萬生院觀奇禽異獸凡數十種有
海馬類豕軀幹甚碩口大如箕象知奏樂獅虎熊豹皆閑以鐵
柙犀牛山羊麋鹿狼狽狐鼠豺狼猿猱野彘駝鳥梟獍錦雞鸚

鵝皆備最異者雌狽腹下一袋如襁褓中有小狽首時信出探視據稱此初生者至能行則躍出花驢修偉文如虎又一物首似駱駝身作驢形方池畜海犬大如犢見人縱身出水盤跚而鳴其聲戛戛甚厲

初十日壬戌晴

十一日癸亥陰

十二日甲子晴

十三日乙丑晴譯俄人記海蔘崴入口諸貨價直光緒十一年計二百九十三萬五千四百二十五盧布十二年增至四百四十

一萬有三十盧布據稱後當益暢故近來俄於此埠極力經營
也
十四日丙寅晴
十五日丁卯晴
十六日戊辰晴
十七日己巳晴未刻顆利索甫來出所譯滿文通鑑綱目四五頁
又蒙古文雜說二頁云將譯　聖武記又欲借海國圖志出其
塾師示諸生教一首言中國之學以三綱五常為重又分疏五
常之義約百餘言文雖淺近旨趣頗端

十八日庚午晴
十九日辛未陰大雪
二十日壬申晴
二十一日癸酉晴
二十二日甲戌晴午後微雪游俄文案庫時工未竟所有文卷尚未移入其樓三重列室八間每室置鐵櫃十二室外壁閉藏棟火之藥置唤人機筒窗内用鐵板以紐關懸閉極嚴複壁設氣管收放冷暖氣水管通於四周以便取吸
二十三日乙亥晴寒表至十九度未刻游鑄錢局在泥瓦江西北

岸所司官倭聯呆爾甫引入各室指觀其機器或市於英國德國或本國官廠自造大者一百匹馬力小者二十五匹馬力用石炭每日出金錢大小四萬（大者直十盧布小者半之）銀盧布大小三十萬六千（大者百戈比次者半之至五戈比止）銅戈比大小約十三萬（大者五次三次一又次半之）初以淨質長方狹條鍊熟用機轉鐵碌碡上下滾壓成片先以鋼範冒切成圓胚再加打磨入酸水煮之光采乃耀再用機器左右推印邊款上下壓印花紋邊識成色分銖陽範俄主之像陰範飛鳥承冠識加冕也案漢書西域傳罽賓國以金銀為錢文為騎馬幕為人面（今英吉利金錢正如此）安息國俗與烏弋罽賓同亦

以銀為錢文獨為王面而幕為夫人面後漢書大秦國以金銀為錢銀錢十當金錢一俄殆猶存古製也又凡印模二十一分稱分銖者十四分壓條者十分煮錢者二方釜金錢大者合中國庫平三錢五分强銀盧布大者五錢六分其餘遞減又觀其分化金銀銅鉛鑪廠其金皆來自悉畢爾金甎大者重一鋪特三斤（一鋪特合中國二十七斤半）小者二斤如中國之方實其翦切所餘碎塊屑末復鎔之凡鑛化去渣滓取其純質人則各執一業極有條理役百餘人董其成者二員分司其事者六員而已倭聯朵爾甫復導游其先代國王之墓去錢局數武耳比德羅以下則

葉喀帖林后亞力山德尼可來或祔其子或祔其弟或祔其有功大臣皆在大廈中不分昭穆其葬法則懸棺下窆砌石槨其上槨之上置畫像金十字架亞力山德第二者今主之父凡其平生所愛珍物器用懸之壁間其與瑞典土耳基法蘭西英吉利波斯布哈爾愛烏罕希洼諸國戰勝搴奪之旗幟皆插於柱以旌武功歸經撒特羅把勿洛甫司克礮城蓋拒敵西來保護全城之壘也其礮皆藏於內用時推軸而升臺憑泥瓦江用瓴石雜土起造其兵房火藥倉居下層周迴約百餘丈高丈許據云因瑞典舊基非新式也

二十四日丙子晴

二十五日丁丑晴寒表至十七度立春已一月尚如此凜洌俄人皆以為異聞俄將建鐵路於悉畢爾埜尼塞省所屬之阿陳司克至克拉司諾雅爾司克以達於伊爾古慈克夜著公乃請茶會晤比利時代辦公使言及彼國各廠製造機器鎗礟工堅價廉英法官商皆往訂造云

二十六日戊寅晴寒表至十四度午後雪柏蘭蓀導游古今列國書庫凡樓二十楹其蠟丁猶太文在千餘年前者用牛革錄寫東作大卷軸如牛腰為彼國最古之帙考猶太開國於有夏以前厥後遂啓希臘至商

中葉瀧哥落從厄日多來立國典雅始以文字傳其國人歐洲人通文學自希臘始其實猶太文正如中國之貴史籀大篆也其次則麻哈墨特之經文乃得於土耳基已知裝潢成冊矣至俄主彼德羅葉喀帖林所自手錄者尤珍貴又有蒙古文西藏經典其護頁用華若羅馬若英法若荷蘭不下數千種天文疇數輿地醫學化學諸門尤繁富分別部首或以類相從或以一人所著者置一室有大地球繪東南中俄界較今遠至千餘里也中國書籍有中樞政要戶部則例清文經書東華錄性理精義朱子全書綱鑑等數十種所庋約一百萬卷有廣廈二區如學塾列長几數十國之好學者可就觀各書且置一燈於左雖

卜夜可也凡其國主自祿利格以次皆範鉛像列書廚之頂又凡著書宿儒圖其像以矜式後學其歐洲創始刻印在四百三十年德意志人名古呑伯爾克此廛廡乃一商人拉爾領所輸皆縣其繪像於壁間左右石碑四五甚古問之皆蠟丁文也

二十七日己卯晴是日為俄主生辰街衢懸旗申慶

二十八日庚辰晴寒表至十八度夜訪佘威烈甫談及俄事極言國用浩大入不敷出惟冀彌兵數十年稍紓民困又云俄之坐賈德人居十之七八其心術皆狡與土著殆難融洽德奧人嗜利不顧友邦之誼往往自其國僞造盧布鈔以行於俄易金銀

錢以去愚民罔辨輒受其害偕使館法文繙譯黄中書致堯訪
德人柯鑾柏爾林司克談及俄例凡他國人入境必請領護照
納丁税每年四盧布外一盧布雜用及期更易踰期有罰不易
則驅之出境凡住逆旅及賃屋皆先驗之如無此即送官究理
他路外邑之人來比堡者亦然惟各國公使隨員僕從但備文
知照不取丁税亦無限期游歷者同例其國在官者亦免此人
識外部官有謂此次中國游歷至俄知照太遲者乃知晤吉爾
斯時詢到俄日期非無意也
三十日壬午晴日報言俄雜喀思抵思鐵路已建至布哈爾境民

不驚擾火車到時觀者如堵牆無不稱快柏蘭蓀言法國伯理

璽天德格爾唯之壻唯爾森極有才以購軍械中飽兼倚婦翁

威福多不法朝野僉怨格爾唯本已留位因而罷去唯爾森監

禁三年終身不許為官可謂嚴矣

二月朔癸未晴

初二日甲申晴得普國友人書云德主於正月二十七日九點鐘

卒其世子養痾意大利都二十八日尚未回國軍民上下頗涉

驚惶而法蘭西使臣又有回國之舉

初三日乙酉雪自初三至初六為俄之大好日家家食餅男女逐

隊嬉游歌唱酣飲四鄉之人輻輳凡各跳舞會賍樂會趨之若鶩巴拉千空地特設會場置秋千架列劇館市種種戲具學館生徒由教習攜乘官車出游街衢燈火千百盞皎如白晝達旦不息各家門首皆懸旗初七日以後齋戒至四十日後乃復舉盛會蓋前之齋戒為邪穌遭難後之盛會謂其復生故尤舉國若狂也

初四日丙戌陰聞俄人云黑海諸口如阿疊沙克雷木往歲皆不封河去冬竟凍結今始解耳

初五日丁亥陰

初六日戊子晴

初七日己丑晴夜偕黄繙譯致堯訪法人莫黎斯言俄入口税較英法皆有增惟壓賦稍輕其欵作修治街道溝渠官醫院三者之用馬車亦有捐卻不重至英法之犬捐窗櫺捐諸名目概不立其本國所產二麥雜粱石油價較英法皆減一倍或二倍人則護照税外無所謂月捐近有一總商某由國派往巴黎咨問法之税則意欲彷而行之非計也又俄之歐洲各屬實沃壤惜多惰農秋冬霜雪既降便事酣嬉親耒耜者歲不過五六月種植本疏納稼滌場亦殊草草緣其民皆先代貴族奴僕交常租

外足供家人食即不更求生活今雖脫籍錮習難反也
初八日庚寅晴寒表入温度積雪開融
初九日辛卯晴
初十日壬辰晴偕著公乃游一薩禮拜堂頗巨麗不媿金閣玉鋪
香梁露浣有孔雀石柱大十圍門扇皆銅為之壁間範銅人極
精妙有一龕上嵌金剛鑽甚大男女數十人或跽或立諷經不
絕大似中國廟宇中愚夫愚婦諸乞禱狀也
十一日癸巳晨微雪
十二日甲午陰

十三日乙未晴偕黃致堯訪畢叶士克其人善油繪絕精妙知醫
曾充游歷官至中國陝甘湖廣江蘇天津京師著書甚富
十四日丙申雪竟日落地即融
十五日丁酉陰赴醫士米叶唯遲家茶會
十六日戊戌雪
十七日己亥晴
十八日庚子夜偕黃致堯步湼佛寺街遇哆洼司薺羅甫其人在
尼可來鐵路公司據稱即此一路每年利息可得一千二百萬
盧布

十九日辛丑晴

二十日壬寅陰晨雨偕黄致堯赴朵僳斯朔甫茗叙晤其長壻多喀略甫自云司宫輪船廠文牘約禮拜二往觀船廠

二十一日癸卯陰夜微雨往禮拜堂看德商某娶其俗昏期男女皆至禮拜堂張燭奏樂數童子歌以叶之神副領夫婦至神前誦經教誡既以手摩頂數四咸俯首受誡攜歸成禮其親友多來相禮伴送男女各十數人分立左右給經文一幅手執口誦其他觀者樓上下近百許人

二十二日甲辰晴至大海街觀俄獄管獄官帶領周歴監所其倒

凡定罪後禁錮一年至十年止男女隔别司女監皆老婦無男子獄中設各作廠督罪犯分造諸鋏器木器績麻織布縫紝衣服裝訂書籍製皮韈製紙匣及雜戲具如烟卷之類各官船兵輪廢纜皆解入使擘之取可用者搓繩索織地罽所成物售訾給各犯衣食即以周轉初入者量其材質以其能者教之謂勞以工藝柔其氣而化其疵使自食力而官帑且為節省較之漢時城旦鬼薪尤善其罪重者獨閉諸暗室餘或四人或八人或十餘人共一室給枕褥衣履庖湢皆潔男女各立一塾夜入習文字置塾師教導之又有習樂歌者其官使案譜歌一曲亦復

大有節奏獄中禮拜堂二區至期皆相率頂禮誦經先之以歌其食每日凡三次晨給茗餘給油麥餅人一看有疾者憂處一室以官醫治之別一庵以防傳染樓凡四層屋二百餘區院中雜蒔花木下列長杌謂使各犯風乎其間釋鬱散厲也獄中向不許外人觀此次因俄人卜来司克函薦得往并識之

二十三日乙巳晴午過泥瓦江北岸至海汊游波羅的司克船廠多喀略甫所約也觀新製鐵甲碰船其鑪輪兩旁厚八寸夾底匡箱用鎂四萬三千四百鋪特統各機器等用十二萬鋪特每鋪合中國二十七斤半值三盧布十戈比共用三十七萬二千

盧布長三百七十尺寬五十尺前吃水二十一尺後二十五尺載六千噸八千匹馬力碰鼻用銅八百鋪特其首銳徑十八寸厚左右十三寸厚一鋪特直三十盧布計用二萬四千盧布坐水汽鍋用鋼一萬八千五百有八鋪特造十五閱月成船廓工質並計用二百有九萬八千盧布機器工質竝計用一百三十三萬盧布置十六尊後膛鋼螺絲礮上用活礮台駕新式大礮二尊今年五月可以出塢尋常一點鐘行七烏仄勒一烏仄勒合一唯爾斯特四分之三再加馬力二千一點鐘可行十八烏仄勒行時載一千三百頓石炭其廠周圍十五里餘所用工役

計二千餘名專造兵輪歷觀其錘練鋼鍊冶鑄機器諸所凡製器先成木質一具覿驗如式乃範土作模鎔鍊鑄之至於削磨修飾無一苟者其司鑪管等用英國人餘皆本國人也其督率工役即水師官掾云其機器桅柁等名皆與荷蘭同蓋其創始時用荷蘭工師也

二十四日丙午雨

二十五日丁未雪

二十六日戊申陰

二十七日己酉陰

二十八日庚戌陰日報言俄將由雜拜喀爾省赤塔城建銕路至伊爾古慈克已踏勘一次夜訪柏蘭蓀之兄其官喀撒克隊頗魯赤克人甚爽直因叩其全國兵額並軍制

二十九日辛亥陰

三十日壬子陰

三月初一日癸丑晴

初二日甲寅晴塔繙譯約陪洪大臣過尼瓦江北游阿爾喀的亞花園並游近海小嶼橫斜亭榭繚以花木頗得幽趣其臨水者大類杭州之湖莊皆富家巨室逭暑別墅也

初三日乙卯晴午游倭布霍弗司克礮廠其管理官烏拉肝甫導觀鎔液傾鑄並鍾鍊刮磨鏤心諸爐火機器其一尺二寸口者用鋏至四十五噸以次遞減或倣普之克鹿伯式或倣法之鎖頭式皆鋼螺絲後膛中斲細槽者又視其新式燐銅魚雷告以撞擊之妙且試撥其機頗靈據稱每一具值四千盧布合中國一千六百金又導至試礮處用電機演後膛九寸口者二門其廠用工役二千名每日工食由一盧布至八十戈比凡數等其廠距城約十二三里涂間以小火車代街車

初四日丁巳晴

初五日戊午晴譯報言俄悉畢利遣犯有滋事情弊其刑部大臣噶爾勤匆納司克以停遣諸囚概歸監禁請於朝未允然科條略為改變但發往喀米槎特瀕海之區餘地不遺矣又查勘悉畢利鐵路之員建議有由托木司克經克拉斯諾雅爾司特以達伊爾古慈克再繞拜喀爾湖過乞圖城聶爾琛司克城至士特烈勤司克就阿穆爾輪船者有由烏拉的倭斯託克修入至布司城者又有從開迎斯克起徑從拜喀爾湖之北向東至倭訥巴秦者現在尚未酌定議者謂烏拉的倭斯託克一路宜先蓋為商務起見彼二路則近中國邊

初六日己未晴

初七日庚申晴博蘭孫之弟寬思坦汀來海部武職也曾游中國各海口因從訪俄水軍之制並及諸口師船

初八日辛酉陰

初九日壬戌晴

初十日癸亥晴夜雨

十一日甲子雪意大利人克卜獵爾邀茶會

十二日乙丑晴

十三日丙寅晴

十四日丁卯晴

十五日戊辰晴午刻俄主在冬宫後揀閲新挑練之兵往觀之其前鋒步隊約一千人喀撒克隊約四百餘人又有武備學堂生徒年皆十餘歲者約二百人先列隊以待場中設香案教士十餘人立於側其大教士二人服緣金綠袍餘衣緣金黑袍皆闊袖如僧袈俄主攜其子尼可來及其弟至將舉刀兵舉鎗喝閧以鼓吹俄主與諸將相見皆舉手至額俄主亦舉既而與之握手為禮步行就行列周覽旋立於場中教士然燭諷經祭水咸脫帽兵將時以手指心畫十字諷畢其領隊官執大旗於案前

教士以所祭水灑之又以水就各隊兵灑之俄主與衆將隨其後既已撤案教士退俄主親傳號令領隊者率所教兵排陳左右行步伐整齊尼可來與其叔烏拉的密爾皆喀撒克提督至此隊則二人領之閱畢俄主與領隊者握手有武職十餘人蓋新遷除者復親就其前一一審視乃還其后亦至觀於樓頭近日俄主全家皆駐湼佛寺街太子宮也

十六日己巳晨雪氣候頗寒檐溜滴地皆成氷

十七日庚午晴俄報言將於均宮城開互市其地距朝鮮界四十里近土們江有領事官微波爾曾言之今乃舉辦云

十八日辛未晴

十九日壬申晴

二十日癸酉晴

二十一日甲戌晴

二十二日乙亥晴

二十三日丙子雨

二十四日丁丑晴午游夏園俯鑒清池行穿喬木雜花列錦弱草展茵聯裾挽臂往來如織出步河隄則見鴨頭皺細雁齒排空機艇如飛乍起雙鶩小舟半渡才受兩人憶十日前尚一片氷

雪今忽易觀驚心物候矣

二十五日戊寅晴

二十六日己卯晴為俄雞子節蓋其俗奉東教以昨日為耶穌死今日復生家家稱慶食采雞子其法用雞子裹以五色絨浸水煑之其紋斑斕焉前十餘日肆閒售玩具或木質或草織或綾錦或玻璃或甆或銅或銀皆作雞子形傅以人物花鳥繪畫其中或置香水一瓶或鍼剪刀梳之類其粗者實以錫民閒紛紛購取贈遺為饋節之禮其至好者必以酒食相邀約

二十七日庚辰晴偕佘威烈甫訪俄之華文塾師瓦西理又同訪

格倭爾幾耶甫司克其人能通十餘國文字曾游歐亞二洲在華數年博覽中國書籍能曉其大義贈所著譯中學書一巨冊極稱綱常大義為中國根本又旁及古載籍所讀書則五經四子家語老墨莊列國策國語資治通鑑三國志路史闕里文獻考太平御覽冊府元龜淵鑒彙函陔餘叢考五禮通考顏氏家訓温公家範文公家禮歷代名臣奏議古文淵鑒經義攷毛西河全集諸書頗知考證古事篤信孔孟談次謂中國開闢最早至今能守舊制歐洲諸國所不及也

二十八日辛巳晴赴芈蔑爾特之約云其家在倭疊沙為作書致

其弟屬導游覽
二十九日壬午晴赴涅佛街德律風局芈蕿爾之約也徧觀其傳
語各機括近者數武遠者二十餘里司厥事者皆婦女贈圖說
二冊
晦日癸未晴使署送來俄外部所出護照車票各一紙
四月朔壬午陰寒入夜微霰
初二日癸未晴寒午微霰偕柏蘭孫過泥瓦江游格致學塾廣厦
五十餘閒分天文算學重學化學光學律例輿圖繪畫醫理等
齋其究醫理之室集人髑髏數十於廚又有全身枯骸立室中

至於鳥獸之骸無不畢備有巨象其頭大如十斛栲栳脊骨合

抱據云數百年前之物也化學室中度諸藥水分化鑛質其教

習唯閬司幾方以迷藥飼犬縛於几關其口刺喉閒一孔用銕

管插入續以樹膠筩驗其呼吸之數笑曰今德嗣君正似此也

塾外有廓懸巨繩列梯置木馬式鞍馬樹銕柱掛銕環俾生徒暇

時習勇伎厲筋骨又游水師學堂有名伊萬諾甫者盖海軍副

將導引觀覽極其周至凡國之師船皆有一木質式樣其製小

而精船中礮位及活礮臺悉具其魚雷船碰鼻甚銳器藏鼻閒

掀其鼻而施之即近日之新式也其海道淺深沙線曲直天文

經緯皆有圖其舟中施用之礟或舊式或新式皆存一分於塾並於室中作半船安礟備輪軸機關運轉施放之法使生徒日習之又必兼格致測量繪畫諸藝宿處列榻各懸其名於左規制宏敞條律嚴密

初三日甲申晴午後訪佘威烈甫

初四日乙酉晴訪噶勒什鏗託易俄鈔兼沿途滙鈔各函件

初五日丙戌陰日出丑正二刻日入亥初三刻

初六日丁亥晴夜雨午刻至俄外部訪其文牘總辦吉羅唯甫並辭行坐敘良久其人曾充駐瑞典波斯 公使自言甚願相結納

惜事忙不獲常往還也觀百鳥會發行笥之黑海

初七日戊子晴以提單交佘威烈甫託其函致阿蝶沙之友代為提存夜游萬生院

初八日己丑晴有俄之頗魯赤克尼可來過訪昨於萬生院所識也即招飲於武職公所導觀習樂生徒約八十餘人年皆十餘歲蓋凡民閑子弟不及挑選之年無力入武備學堂者許其送至營中給其衣食教習鼓吹午後多喀略甫以小輪舟邀游泥瓦江口觀魚雷船鐵甲船及俄主坐船皆本廠所造也

初九日庚寅晴巳刻至尼顆來橋偕多喀略甫趁輪舟出芬蘭海

灣登柯特琳島蓋海口平洲實全堡門戶島中居人五百餘家有船廠礮廠軍械火藥庫其礮台曰克鸞石達得就島勢突出指西南礮門多向東北俟敵船既入從後擊之其大礮用機軸旋轉升降下至與水平專以擊輪葉毀機器也有五島環峙其北為角犄之勢上皆築小礮壘其波羅的海之師船咸環島停泊多喀略甫約同訪所識水師官將屬邀登各舟一觀詢之已入城不果往申刻易舟還飭舟中暮抵岸登江上小榭波影天光蕩金碧而成采菖條治葉綻新綠而弄晴

初十日辛卯晴有宰得立致者俄主親軍之喀畢丹來約游米列

園

十一日壬辰晴偕佘威略甫訪畢叶什克三人共照一相蓋畢自精其法也畢甚頌美中華謂及生前必再游華一次

十二日癸巳晴俄駐比得堡提督波布立顆甫曾有函約觀陸操已刻往其把勿洛甫坡爾克即步隊戰兵一營該營領隊官是日齊集其兵即所謂教場兵日日備戰者也先觀其距踴横木緣梯緣繩躍溝諸藝既觀卧地放鎗之技其鎗後膛式如毛塞子皆本廠所造操練於室中則用打銅帽鎗其的長四寸闊二寸五分上繪一人懸二十五步外凡四鎗皆中其身又有圓如射侯者

蓋武職習鎗所用其中紅心大如雞子外凡七圜能擊中心者為最餘依次記之每歲七月紅邨大閱鎗法準者給以雙鎗式銀佩等於寶星其的有列屏式如中國之射鵠中寸餘為正的蓋立而擊之者其兵所居每羅特別一座晨課畢分班執鎗環步其王庭一周凡違令者禁於別室有定讞之所儻所犯甚大則送刑官按律懲治病者有醫官有藥室又覩其午炊人給黑麥餅三斤牛肉一大塊山藥豆羹一盞牛湯二人共一盂每羅特別一貯韡帽衣服之室其兵暇製皮韡習工藝營中有禮拜堂凡沒於陳者鏤其名於版懸礫閣旗幟經戰勝至他國者及

戰敗而未失者列於神前以旌武功又言俄兵凡經征調其軍械衣物糗糒人各自擕在昔頗累近則日加簡約計自俄稱八十餘斤減至六十餘斤葢每兵執鎗一初十六斤今十三斤子藥初八斤今七斤鍬鋤初三斤今二斤餘三日乾糧初十斤今八斤餘鞾及袋初五斤今四斤水及瓶初三斤今二斤衣帽等初四十斤今三十斤又示以先代銅兜鍪及俄主加冕圖俄主戴銀花冠被銀鼠氅后亦如之俄曾臣服有元考元時遣中書大臣迎國師詔服銀鼠質孫疑俄國承元制也自彼得羅變易古衣冠效法英荷惟此冕服稍存其舊耳諸武職留餐飲以茶

釀白酒申初啟程赴莫斯孤車所經過多林木平疇方事耘耔

十三日甲午晴巳正抵莫斯克窪其城距高埠甚雄峙元以前城門雉堞猶有存者護其王庭今皆呼為中國城訪佘威烈甫之戚託克馬可甫不值

十四日乙未晴謁莫斯孤提督多爾葛盧顆甫不值託克馬顆甫之子寫爾幾偕其商侶沙赫及佘友宰可甫来即邀飯偕宰可甫出城行十餘里登畫眉岑經其學館醫院及俄主亞立山德第一之離宮皆高松扶踈綠楊搖曳櫻桃初花與丁香繡球相閒畫眉岑多畫眉鳥因以名之俯臨莫斯隈河凭欄一眺流水

縈洄層岡透迤百里平陸中起豐隆寶刹矗矗金翠浮天比得堡橫塞海口扼咽喉之要此實千古名城可以雍容坐鎮者也歸經其王庭覩大銅鐘約十餘圍高及丈餘重二萬鋪託甫惜已墮缺左列大銕礮二口門徑二尺又過其軍械庫門外排列法主拏破侖戰敗所遺各種鎗礮約三四百尊俄人矜夸大都如此

十五日丙申薄晴宰可甫約登卜來門礮臺就高阜而穴其中居王庭之前地適與之平其上為廣陸即步入王庭有宰得立致之友宮頗魯赤克姓莫叶經管宮門鎖鑰一見即云宰已先屬

矣導登其樓遍觀新舊可汗加冕坐牀之所屋上多作幕形殆
穹廬之遺意楹飾赤金雕繢宏麗石柱光澤寢室之内器用服
物頗華自比得羅遷都之後每嗣主繼立必至此宮行加冕禮
凡物皆易以新製而前汗所用者别儲之有紅繡花帳幔猶指
而告曰此葉喀帖林時中　朝所賜也復登其絶頂憑眺久之
俄之傳東教在歐洲諸國後而尊信最專宮中禮拜堂至三四
所其大者貯羅馬古衣冠遍繫珠寶有重至二三十斤者銀甕
六盛靈洗油云各城俱由此頒往小園卧古碑八皆思拉完文
字俄之先代舊物也晚游萬生院方塘十頃長松百株雉已呼

雛鹿始解角觀尋橦走索者由池東西樹長竿高三丈餘中繫繩一道人步其上雜獻諸技阿蘭因者噶勒什鏗之姻婭來訪遇諸途堅邀出城觀諸貴族别墅泰西之俗富貴盛族擇郊外林藪築屋逭暑謂得山水清華可以蠲滌煩濁俄之二京地皆平曠又多園林故雖小康亦取鄉居之樂

十六日丁酉陰微雨

十七日戊戌陰游博物院其樓十楹設各種農器開鑛機器金銀銅鐵鑛質以土範各口大礮臺本城要地又玻璃廠甆廠錫廠大僅數尺而曲折盡致又砌雪山上範使鹿使犬之人凡鮮果

蔬子粒皆以蠟製成極肖又製造之具無不備焉猤鼠大於犀牛遍身黑毛長尺許牙曲而黄用全骨傅以鞹而飾之如生向傳俄羅斯北海地有大鼠如象穴地以行見風日即斃其骨類象牙即謂此也游𠃊德第一離宫在北郭紺宇丹楹楊榉繞之蓋當日講武場也

十八日己亥晴觀俄先代法物庫在其王庭之右自米海洛以下各主之冠冕服用車輦悉在焉其冕銀鏤嵌五色寶石中立十字架其平常之冠如中國之冬帽貂簷密嵌珠寶不用纓其禮服黄色織金如鶖用銀鼠帶尾其後長丈餘拂地四五尺后服

亦如之有器如膽瓶上嵌珍異光怪陸離云是國寶如璽云不知其説信否其座帖金嵌珠寶極華亦有羃縴繡者車廠大如輦亦駕六馬皆黄繡幔轅雕金鳳馬鞍有本國制有土耳基制有希臘制皆珠寶爛然真所謂七寶鞍也其用物如刀劍銀壺銀盞銀盤之類多英法各國所貽時辰表形極古樸有木廓者其鎗甚多至百餘種古時軍械有如戈戟者有如矛盾者弓矢弢緑錦繡金塑戰將戰馬均服鋼鎧甲類中國古制立室中如生有中國玉壺玉杯甆瓶琥珀匣訪且孥司幾俄之精天文者為學塾師登其觀象台示各儀器其台圓形象天厥覆如傘用

機轉之於隙驗諸星纏度遲速過差其人力學兼工製器自造
鐘表謂準以天星不失秒忽詢其徒幾何曰七八十人其高才
生僅四五人餘皆一知半解而已
十九日庚子陰雨
二十日辛丑雨
二十一日壬寅觀糖作廠其主人為宰可甫之友名仄威黎廠中
純用機器滌練極淨傾液凝結復烘熱加擣其堅如石所用質
形似萊菔而甘肉稍麤據云歐洲皆以此不如中國之用蔗也
二十二日癸卯雨

二十三日甲辰陰晴不定觀印布廠用機器薰以化學染色晌息變易

二十四日乙巳陰

二十五日丙午雨鎮日

二十六日丁未晴午刻動身赴畿耶甫仄威黎云其子在彼即為電屬相逫阿蘭因莫叶金皆有書屬沿涂友人照料

二十七日戊申晴曉過古爾斯克其城依平岡遠望樓舍連雲約十餘里酉正抵畿耶甫仄威黎之子已至即導入逆旅棠畿耶甫乃俄千餘年前之都會距崇岡面湟卜爾河渡河繞向山後

則萬瓦鱗次廛肆喧闐形勢頗槩衢路中凹有細流涓涓據土
人云百餘年前尚為山谿隔谿列肆漸就迫東今竟如行潦焉
連日涂閒所經極目平疇麥穗垂碧菜花椒金民風朴質田閒
多設風磨其土黑壤
二十八日己酉晴午刻往謁鐵耶甫提督德連騰告以將觀其礮
壘陸軍當派一坡爾頗勿尼克姓拉略諾甫來寓導往礮台登
陟循視蓋因山極塹質而且堅所用礮即比得堡本廠所鑄推
軸升降其台雄視西南極為得勢歸過其軍械庫門外積銅礮
十餘尊云係敓得土爾基者山頂列幕屯兵蓋冬春居室夏秋

駐此大厦數楹繞以園圃插柳蒔花有魚兒牡丹一本臨風垂
豔諸將弁暇日游宴處也其新兵一千五百名日凡再操酉初
偕往教場觀排演陳勢節以鼓吹步武整肅又觀演鎗頗能命
中既罷偕拉略甫行二里餘登其臨河山巔坐危亭上尋千餘
年前女牆基址縱目遠眺則川紆匹練橋落雙虹小輪舟二艘
倏忽往來隔岸園亭緐花如錦詢涅卜爾河輪舟水程據稱由
畿耶甫至克烈明出三百一十八里來二十三點鐘回二十九
點半鐘克烈明出至葉喀帖林思納甫一百五十五里來九點
鐘回十一點鐘葉喀帖林思納甫至阿烈克山德多礁無船阿

烈克山德至協爾酸有船而里數未詳

二十九日庚戌陰雨

晦日辛亥嫩晴已刻拉略諾甫約往俄主離宮一游幽房曲室陳設精潔樓外碧蔭成扉丹英結幔有梓樹方花去年在京師崇效寺詠此花疑為祇園遺卉今果見之西域佛說有因誠非妄矣

俄游彙編卷第十一

奉使游歷俄羅斯國戶部主事繆祐孫纂

日記

五月朔壬子晴拉畧諾甫復邀游務拉的密爾學塾生徒大小約五百餘人塾師三十餘人本國語言文字之外必通英法德三國者天文算學圖繪等學皆別一齋而皆率之以習武董其事者為提督官某邀同周覽並使諸生衍技藝及排轉鎗隊參伍錯綜之法總歸於上無慢下無欺而已其藝有成即送之彼都亦論秀書升之意是日為禮拜之第六日已將各生冠服撿付

令其還家省親至禮拜第一日復入日有課歲有試病有醫藥有所犯則拘於暗室或一日或數日無夏楚之威而人皆奉教

初二日癸丑陰雨酉刻登車赴阿疊沙仄威黎之子及拉罟諾甫阿蘭因之友該篤可甫冒風雨相送該竺可甫為託波斯領事伊彎諾維池電致阿蝶沙屬其友巴勞烏作甫來迓

初三日甲寅風雨午刻抵阿疊薩其城距高阜憑黑海極蕃庶街衢純用方石墁砌道旁植阿勃勒樹碎葉白花處處皆綠陰門巷伊彎諾維池之友巴勞烏作甫來車棧相迎並云已為覓定寓所價稍廉即同至寓飦後持𠦑蕿爾函訪其父母兄弟

初四日乙卯晨陰午後雨羊茷爾之弟來
初五日丙辰晴持佘威畧甫函訪倭波理納其人曾估於漢口上
海伊彎諾維池約游小風塘喀其地有園依山臨海高閣突入
海中擬泛海歸既而風浪大作
初六日丁巳晴午刻謁阿迭沙提督羅卜不值游格物書院其教
習唯特噶黎穆導引遍觀諸化生即蛺蝶一類已三四百種異
形之獸有二首羊六足貓駢生牛並體兔又有男女小兒全身
骨骼及所得古塚髑髏能辨其為何種人偽製人身藏腑筋絡
尤為逼肖列玻璃瓶水浸嬰兒由初孕至九閱月凡各藥水機

器皆一一指視羋茷爾家邀茗其父年七十本西班牙官在俄

作領事即家焉有五子五女

初七日戊午乍陰乍晴枯喀而尼可甫來噶勒什鏗之友也發衣

筍交倭波理納據云秋初可到滬

初八日己未晴朵倮斯朔甫約游醫館專用諸禽獸之有疾者剝

取其受病之處以分化法鍊之入藥以治諸奇疾其治顛犬噬

最傚但以鍼醮藥水刺脅下其病便已親睹鍼治十餘人

初九日庚申晴枯喀而尼可甫約訪一商務總目翻迭爾復黎特

詢其每年出口入口之貨贈書一册

初十日辛酉晴巳正伊彎諾維池約乘百斛帆船游海觀保護海口純石堅壩左右環抱中如門遇警置鐵檻以限敵船其工甚鉅隄內橫建木橋長六七里上行火車殆運黎瞞湖之鹽至此入船者也出口行三十餘里至朵飛羅洼島勢橫曲與城肉峙其南則萬疊洪波輕帆出没有一舟同時開駛伊彎命增帆相逐竟駛過數里並為指點海道沙綫及使風之利鈍

十一日壬戌陰雨

十二日癸亥陰雨

十三日甲子雨

十四日乙丑晴枯喀而尼可甫約至海濱登載石油輪舟蓋此舟專由拔圖穆運油至阿蝶沙其油不用箱匣以吸筒就機器灌入艙中到岸之後亦以吸筒遞瀉而出其筒接儲油之倉約四五里其倉圓如幄鐵皮幔之建於曠野每區存油二萬餘普託甫外有玻璃管長三尺餘轉其機可以驗所灌之分數再由火車分運各城亦以吸筒灌入車箱其箱圓式以鐵包裹車止處用活鐵板旁連一稱灌畢而分兩自見據云可省數百人工而無滲漏之虞

十五日丙寅晴觀釀酒法與中國畧同而參用機器人力頗省其

釀白酒用苿服質蓋錫之糟粕也歸途過一機器廠視所製火車輪船機軸石磨風箱耕耘刈穫錯草諸具皆施機運動靈捷之至據云耕夫每日工資須二盧布合中國銀七八錢若用機器反可省費

十六日丁卯陰芊蔑爾之弟約游城西槨栢闌蓋濱海層岑饒花木亭臺之勝有水榭十數間取浴之所也據言俄土戰時即就其地作礮壘橫截南來敵舟最稱阨要近岸礁石尤多三十年前英法意奧與俄搆兵英之師船曾於此撞沈云相與披棠莽陟危磴渡斷岸以獨木轉狹徑以隻筏立於陗石之上波濤繞

擊恍惚動搖

十七日戊辰晴芊蕤爾之弟約趁火車游大風塘喀在城西三十六里海岸斜伸地勢峻峭有燈塔高二十餘丈用機器引雷甚速能照見三十里外司廠事者以冊屬題名其上

十八日己巳晴巴勞烏作甫之友特拉巴尼言有商棧主列彎拉賓諾維池甚思一見因偕往觀所儲各貨以茶為大宗其次則丁香桂皮胡椒加非消強三水鋼鐵條版有自南洋運至者有自西伯利運至者據稱俄人嗜茶為泰西諸國之最其喀復喀斯亦種茶實遜華產且不如印度英人以印度茶奪華商利十

分之二三俄境亦頗有販者用以參和更無他異計每歲入口約六十萬普特較之從前損四分之一告以中國之茶惟貴國及荷蘭每年銷售最多查道光年間一歲曾買去六百四十六萬一千磅又陸路由恰克圖運茶有一歲運六萬六千箱計五百萬磅較之英法實增倍半渠又云十年前俄土戰後增入口稅至每斤六十戈比合中國錢三百文商人苦之故不能多運儻能議減稅則兩國茶業皆受利益貨物大可暢銷其稅收數亦有盈無絀也游機器績麻造紙廠

十九日庚午晴未刻趁輪發芈莪爾弟兄倭波理納伊彎諸維池

巴勞烏作甫枯喀而尼可甫特拉巴尼皆送登舟各以書託所識友照料既而立岸上俟展輪後猶揮帽遥送而後返風浪甚惡二十日辛未晴卯正抵哆洼斯託坡立計行六百一十里其地乃克雷木最要海口亦最好船埠港口兩岸皆礮壘形勢頗佳入寓午饍後持芋蔑爾家所作函往謁固必爾納脫古馬尼又以阿迭沙商務總目之函訪船廠總目寬克維遲皆未晤歸見市閭多土爾基人（俄稱土爾基曰土烈士克）詢之皆傭工者逆旅主人約游海濱園（俄人稱海濱花園曰不離洼兒）其人名叶唯爾拉耶籍隸喀復喀斯已五十餘歲矣曾隨兵輪至中國上海等口備述英法意土與俄諸

戰事蓋彼四國與俄搆難其主尼可來以此口狹且嶮舟師殆難深入遂未增兵不意敵由陸馳至駐兵不滿二千主將竟以敗沒敵據此城年餘異常蹂躪數經血戰方始議和傷亡將士五十餘萬尼可來為敵所窘憤極仰藥而死城中頹垣斷堵多未還舊觀也今駐陸兵較前增五六倍又有鐵甲防護專設船廠已二十餘年俾隨時添造兵輪為巡海及游歷各國之用沿岸兵房即是礮壘高岸危峯皆可伏礮因言俄兵猛悍不畏死雖近日普魯士之強無所懼也普相畢士馬克勝法後以其地狹而瘠頗豔俄西南土壤其陰謀殆不可測比年俄人亦窺及

其隱故西面之防加密云

二十一日壬申晴天氣頗熱暑表在十四度巳刻出訪古馬尼晤其妻詢知為芊蔑爾長壻喀深略甫之女兒也云其夫辦公鮮暇稍遲答拜復過寬克維遲其次子候於門邀入言父小病其祖母出見約明晚茗叙未初返寓即有船廠幫辦來云寬克維遲屬其導觀兵輪約以明日巳刻往

二十二日癸酉晴巳刻往隔岸船廠徧觀其製造各機器有頭等鐵艦名扯斯馬造成後屢經修改為俄黑海兵輪之冠據稱英法鐵艦之大者皆不能出其右惟意大利之畢蟠暑𪓰較此稍巨

耳適將試駛於外海因請登臨覽晤古馬尼寬克唯池遣員導覯

下至舟底上至柁樓所謂雙底隔堵甲堡無不畢視船首樹鐵

桅上綴小礮台其桅中空人由内升降用擎帆檣兼以眺遠左

右二活礮台每台大礮二尊專恃艙内鐵軸撐託旋轉雖重千

鈞隨機推運平時庋于船面下有圓鐵盤微凸圜之雖名為台

無所謂台也其機器由比利時定造稱九千九百匹馬力船身

吃水二丈六尺載一萬一千頓護機器鐵葉厚一尺六寸餘五

寸强艙内左右礮房各安大礮三尊船尾魚雷筒一具别泊一

艘名葉克帖林大小略相類云其機器乃本廠自造未知確否

詢廠中工役皆本國人也其博波拂圓鋏甲二艘亦泊此口形如設樓櫓於龜背其製拙矣木質兵輪一名撇爾木一名切爾赤一名枯班一名泥洼皆小魚雷船二艘視波羅的海之伊理盈尤小俱甚新申刻放扁舟港中遍觀諸勝夜赴寬克維池名聚坐閒皆水師官曾游歷中國者詢知俄自咸同之際即常遣舟師游歷各國其測量我海口竊探我虛實偵探我利弊殆已二十餘次矣

二十三日甲戌晴古馬尼遣員伴游巳刻來寓先同至博物院規制頗狹儲舊礮八九尊鎗二十餘枝有奪得英法各國者小樓

三楹壁上懸油畫尼可勞以下三主之相尼可來之葬劍及他服物數事設於其相之下他屋懸咸豐甲寅乙卯間與英法意土交兵陣没諸將之相又繪當日戰事共二十餘幅有本境大地圖一幀因至城北隅登其阜尋舊時拒敵礮壘覽對岸諸山英法各軍營屯之處蓋陸戰仍以居高臨下為得勢也既而南行數里至於海涯訪二千年前城郭舊基面臨滄淼背倚平岡案後漢書條支國城在山上周回四十餘里臨西海海水曲環其南及東北三面路絶唯西北隅通陸道診察方輿此全島當是條支故封魏晉間併於大秦唐代入西突厥後又自立為汗

元明之際國脈衰弱因附於土爾基乾隆中始屬俄從治內港
而此城遂湮周覽其間垣墉衢路猶可辨識而蒿深蓬翳井廢
竈夷頹觸盛衰之感土人方掘地深至三四丈得古冢纍纍又
見其下有屋宇集諸陶器如瓶如盎如軍持服匜銅槃玉環泉
幣無數皆樸屬微至或類中土物殘碑斷礎十餘截言碑乃希
臘字頌美君德徽徽溢目歐洲人謂希臘為最古之國其文傳
自佉盧為諸國所祖按史漢皆稱西域之文畫革旁行即此足
證惟未有言及希臘者昔恒疑之既思希臘之名乃近日由泰
西語譯出隸細審西語其音與條支實近或條支即希臘耶若

今之希臘乃新造小邦益轉從而南矣民居窟室未必盡然疑緣地陷所致又有禮拜堂距其山頂主教者殷然留坐啜茗山間叢草展黃花如迎春芬芳撲鼻詢之曰黎檬也歸自港口觀兩岸礮台有明礮有暗礮有伏地雷者子藥倉皆隱于地中礮倣德廠桑的宻達式或九寸口或十二寸口云皆本廠所造凡二十餘座列幕屯兵其防甚宻

二十四日乙亥晴有巴勞烏作甫之友喀羅梯希臘人也約觀所設機器磨麥廠其器皆從英國定製每日出麥粉五十普特所用工役才七十餘人每日工貲由八十戈比至二盧布止極潔

之粉五普託甫值十一盧布七十五戈比合中國錢不過二十餘丈一斤至下者四盧布五戈比其門外一面接火車路一面接輪船馬頭轉運於各城甚便

二十五日丙子晴辰刻僱三馬車出城向西南循法人行軍所開路行五里餘覲昔日戰場方三十餘里强坂坡浸衍正戎馬馳驟之鄉近北有兩小嶺迴合處曾以一戰殲法兵四萬餘足為孤軍深入之戒旋至法瘞陣没將卒處有守塚法人就詢之其下蓋八萬人繞以垂楊杉樺襍以異卉有白花俄人稱曰倚離實晚香玉距此數里有英人瘞將士處約六萬餘人至俄人瘞

将士處不下二十萬人矣南行二十八里巉崖屹東碧潭渟深臨水畫樓百尺柔楊婉拂間以荊扉蓬室隄前蘭橈接泊其地名把拉赫那洼昔年英兵首取此地為屯軍食儲器械之所崖際題名皆英之将佐也有令長舍暹庚來相見即呼小舠同載望其山巔殘砦若囷頹牆若幛咸稱為前代礮壘舟循兩山曲折行如下瞿塘灩澦既出則極目巨浸乃知為黑海小汊一葉隨波載沈載浮仰見廢壘之基如在天半峭壁斗絶怪石突出浪蝕雲根惟縐惟透鼓枻迴旋炊許乃返舍暹庚為指英之兵輪觸沈處英人所樹電竿處蓋其距守最久厥後亦極難下地

使之然也邀至其家設酒茗款待申刻歸途經蒲陶園南東其
晦翦舊蓄新根巨盈把而高不及五尺近根揷一樹枝不搆架
結實蕃者至一本數斗其法正類吳越人之種桑又游城東北
山半巖穴景殊幽邃不知何年鑿為禮拜堂也磨崖題名其上
夜古馬尼邀茗
二十六日丁丑古馬尼贈二函一致梯富麗斯之固必爾臘託一
致八枯之固必爾臘託
二十七日戊寅晴
二十八日己卯晴暑表至十五度有奇晨向古馬尼索函知照巴

合遲薩來之有司官酉初趁火車往一路重嶂叠綺懸崖聳玉
如在天台雁蕩間計程九十里凡經六山穴或一二里或四五
里戌初抵巴合遲薩來易馬車二里入山凹闤闠櫛比約二百
餘家地形如釜底昔年克雷木汗之舊治也街衖頗狹僅容兩
車竝行列廛多瓦屋低隘鮮樓居土著皆韃靼爾居處服食咸
守舊俗往往當門席地而坐其冠製類土爾基或用黑羊皮或
用紅氈婦女不見外客出則用白布製冪自首及身皆蔽之但
於兩目間留長孔新唐書大食國女子白晳出輙鄣面此足以
證矣訪其舊汗故宮由有司官導引周覽門内為院修廣約二

百弓旁植樺樹中有清池樹陰有奏樂者蓋今為游玩之地矣其屋純用木質建造樓舍半倣波斯式門扉窗牖繢畫青紅其治事所中設圓案四壁倚長榻鋪氍毹錦褥花紋古樸寢室設螺嵌圓杌縣玻璃鏡其邊銅葉鏤鑄花紋染以采色所用茗盌巾帕猶存其讞獄訟即在宮內有若堂者其上一閣刑官鞫審汗自坐閣聽之又有待公使廳事環設長榻而已詢之曰自葉喀帖林第二征取此島今百五十餘年何以其宮尚如新乃云歲有修葺平日扃閉葺資科於民遺黎思舊亦樂輸也有花園種蜀葵玫瑰諸花蒲陶朱櫻蠟櫻林禽李棃諸果胡桃樹大十

圜黃楊數株其本如小兒臂繞城皆山石泉漬溢就而疏之為方塘塘側設白石案上結蒲陶棚又就石鑿如碑鐫橫花紋其上天方字橫插銅管瀉細泉歷世汗初瘞於一園中後瘞於室皆有碣紀其名稱歲月又一圓塚巋然絕大謂是其汗之妻波蘭女也有禮拜寺在其側阿渾方率眾禱祀邀入觀之室中暗終日然燭皆解履登堂跪而默祝膜拜誦經甚虔音亦如梵唄無神座但就壁砌一龕作半幕形明史西域傳言沙哈魯部在阿速西海島中案黑海中無大島惟克雷木三面皆海適當阿速之西俄人稱為半島其民當即沙哈魯之種族魏源謂哈薩

克西部有格騰里大澤澤中有大山即裏海之島何秋濤辨其謬知其為黑海而不能實指島之所在抑知裏海乃在阿速之東而格騰里即車爾諾謨咧之譯音也亥初歸游人頗衆車為之塞

二十九日庚辰雨

六月朔辛巳陰

初二日壬午微晴申初乘車啟程赴鴴爾塔經過之境峯巒奇秀其青綠平遠不啻李思訓畫本而石骨劖刻嵚崎歸偉又有如王叔明者如黃子久者如倪雲林者道旁多苹婆果胡桃山梨

榛栗又有樺柏栝柏野花紅黃妍媚行八十里夜宿拜達爾山乃頻海一關隘也念山中五里十里間必展平陸逾萬頃其間所産二麥饒裕蒲陶淡巴菰甚美其他果實亦繁宜其能自立國也然使閉關自守不與强國交通迄今或綿餘祚乃山城斗大遼爾稱汗又復不自量力抗禮大邦互遣介聘慕其靡麗輙多效尤至取豔妻於波蘭延教士於阿剌罔知韜斂觸彼貪憎迨召西鄰之責言求為東藩而不可是真自詒伊戚矣凡諸弱小不當取為前車之鑒耶

初三日癸未晴卯初起立於關外俯瞰海波如冰拆紋凝而不流

蓋高逾數百尋矣登其左峯觀日初出卯正發取道關門之右迴旋上下面北依山面南臨海其山棱棱露骨壁立萬仞銳峯三五瘦削若簪丹霞白雲游曳其上近城則茂木嬌花泉聲鳥語倍饒佳趣午初抵鴉爾塔入烏拉犀旅寓計行六十五里飰後持余威烈甫函訪託克馬可甫其居近海南岸距城二十餘里名思坦棲亞米希霍爾即循晨間之途而往相見甚懽即邀游倭蘭左扶蓋昔王爵倭蘭左扶之弟皆石室也依山創基架林栽宇堅而壯麗園圃幽靜割澗引流穿度花畦牡丹已謝朱籐紅榴競開閒以蜀葵玉簪夾竹桃美人蕉翦秋羅薔薇牽牛

又有厚樸花如梔子而大時散妙香即西域之木蓮花俄人名曰馬格倮理有樹其葉類木樨而根榦朱色未詳其名問其主早已物故子娶意大利之女為妻遂亦他適惟留僕看守耳堂中書籍几榻油畫皆完好齋閣供支具如其生時言此王乃尼可來時所封出鎮黑海頗著政績又資敏好學由拜達爾至鴉爾塔嶺路向以崎嶇不能行車自渠來鎮募工鑿修遂成坦途

又訪梯都式金（英人譯第圖晉）曰其人曾充同文館教習能為中國語以釀蒲陶酒製衣白垩為業芈蔑爾之母有書稱克雷木乃俄境之瑞士國

初四日甲申晴託克馬可甫攜其次子來訪約至舞蒼蘇觀瀑布
天久無雨其流甚微山中古松盤鬱約千株奇觀也山腰巨石
聳拔其下絕壁有廢垣云是四百年前礟壘爲守隘而設其式
實碉堡也近日歐洲諸國凡有海口者皆舍陸防水又必輔以
舟師不使敵人登陸一步若此者皆所不屑爲矣晚至俄前主
離宮沿海創建極傑今俄主別建一園規模損其半相去約三
里弟圖晉來
初五日乙酉雨
初六日丙戌雨

初七日丁亥陰與託克馬可甫作别贈三函一致託木司克一致伊爾古慈克一致恰克圖屬其友代為料理市車諸務並言天津順豐洋行渠有股分其友斯他爾則甫到彼可訪也

初八日戊子微晴第圖晉約至其家饟以中國肴饌樓舍依山極園林之勝有胡桃樹百餘年矣廣蔭十餘畝又同車至海岸游一玻璃樓蓋逭暑者賃居焉見木製小浴室下置四輪可輦入水中歸途見山畔多韃靼爾村皆瓦屋瓜廬鑿牖曲突當門女子不挽髻辮其髮作五六股眉塗赭作一畫其中微彎衣闊袖戴圓頂片金帽

初九日己丑晴酉初趁輪之拔秃木舟名倭爾噶

初十日庚寅晴寅正至斐倭多西計行三百二十六里其地濱海廛市約二三百家有礮壘四座山半廢城垣約二十丈案東晉永嘉元年大秦王君士但丁建大城於他大尼里峽以制東方其地今為土爾基都城距克雷木不過三日夜水程所謂東方者疑即裏海諸城及此島也適有地方武職來舟詢登岸游否因舟即發不果問此廢城係何代所遺答以千餘年前意大利人所建足證克雷木之曾入大秦矣午初抵切爾赤計行一百七十六里舟人云酉初乃發因登岸一游居民約四百家有新

式大礮台距港口西岸城東三里有古塚石槨大如廣幄其上隆起如山墓道已圮內積古碑及石斵人物不可勝數碑皆希臘文石像有類中國寺宇之彌勒如來者思訪一元碑竟不可得蓋大秦條支乃西域名國文物最盛元起朔方專事强武洎主中夏乃振興詞章宜此無寔陵片石也登城中高阜攬其全境大勢上有廢禮拜堂詢之土人亦不知何代所建也有博物院甚小其陳設皆克雷木土中所得古陶器古錢玉珮銅鎧甲銅瓶銅壺婦人釵釧耳璫皆苔鮮斑斕

十一日辛卯晴自發切爾赤傍高架所山行烟嵐秀壑翹黛翻青

西初抵蘇烘克烈計行六百六十三里其景物類鴉爾塔亦無深港曲汊居民約二百餘家有土爾基所建礮壘已燬敗訪其鎮守地方官坡爾頗勿尼克悅顛司嘍其家園圃蔽蒔花木有馬纓夾竹桃梔子石榴月季薔薇芍藥西番蓮厚樸繡球時皆展放別有草木異卉十餘種兼種茶其花潔白芬芳云中國種又言山中種茶頗宜惟採製之法未精難敵華產也老楓百株高七八丈陰作綠天石沼激泉琴牀待月主人之居籐蘿延扉光入牖適因公將之枯㮵伊斯即同舟行涂見水牯服車蓋歐洲所罕覯也土人阿布哈思最多亥初啓椗

十二日壬辰晴酷熱寅正抵拔圖木計行二百四十二里入逆旅其城橫阻黑海有守隘新式礮台五座有俄主花園一區乘車往游途間見有用鐵葉建屋者其山產鐵故也多回民小商販皆土爾基人聞近梯富麗斯路小損有同舟查鐵路之坡爾頗勿疑克聶士帖略甫約同之枯楊伊斯

十三日癸巳晴與悅顛司嘍聶士帖略甫結伴行辰正發飯桑得列齋未正抵枯楊伊斯與悅顛同寓夜聶士帖略甫邀茗嘗鮮榛栗詢其土人種類不一曰格嚕吉拉疑即唐時西突厥葛羅祿之遺也曰明格烈拉曰納窄曰蔑理勒性皆樸魯俄人驅使如犬羊猶大人

亦不少熱至二十餘度憶車中見高山積雪亘數百里何氣候
之不同也
十四日甲午晴暮微雨熱至三十度人人揮汗如雨而土著民仍
戴皮冠衣氈裘見一叟衣馬蹄袖詢知為土官又有王爵亦長
袍窄袖蓋其舊制也俄人之治其國多倣法申　朝彼京之設
内閣及各部院雖不盡同而大致略似其治高架司新藩改土
歸流即倣我治苗疆之法凡舊日酋長予以隆號美稱而悉歸
約束但使衣租食稅長養子孫即土知州土知縣之意也平居
衣仍舊式至願自効者亦如中國先給品階或積功至提督其

服一遵時制矣聶士帖略甫以拍照見貽並索小相有果形如
桑葚草本俄人名曰馬理拉在阿蝶沙曾食之色紅味甘酸云
由土爾基來今枯城所產尤肥潤又產匏市閒所售匏製樽壺
鑴雲靁之文
十五日乙未晴悅顛司嘍言晤枯榻伊斯之固必爾臘脫謂中國
人未有至高加索者亟思一見旋遣車來迓談次甚相得即欲
遣員導游約以明晨署側花園有紫厚樸一本絕似辛夷游屢
閒見所出絲綢有類西蜀產者有類東甌產者皆較粗其絲不
純潔蓋山桑繭也染練之法亦未精

十六日丙申微陰仍熱辰刻固必爾納託遣員約同出渡棃淵溪登城西南山觀昔格嚕秦廢碉阻溪爲塹就崖穿穴有如猛童所居蓋格嚕秦實先見偪於蒙古次臣於土爾基後潛入羅馬東教納款於俄乾隆年間俄土興戎乃割隸焉有大禮拜堂距山頂惜已頹敗不堪崖際新建一寺登其樓則山川城市盡在眼底院前椴樹二株皆垂蔭十餘畝人家籬落間多木槿有紅李黄李藍李底珍果棃桃其實纍纍山石犖确樵徑崄峻詢其民風樸野强悍喜鬥爭恒佩刀劍挺刃尋讐

十七日丁酉雨

十八日戊戌雨

十九日己亥晴未刻發冒大風雨登車沿溪行亂山中路上下盤折或穴山而過蓋依泉脈就地勢為之山間麥已熟玉粟方穗民居板屋勤穡事山上時見廢碉夜子刻至梯富麗斯

二十日庚子晴有巡街官來訪自願導游即攜之出遍觀城市訪固必爾臘托叶爾洼希側不值將古馬尼所致書與之有王爵兼領駱贔拉勒固必爾臘托者姓敦篤可甫時赴撇桼果爾司克攝其事者曰舍咧𤐫蔑節復訪之因游俄主離宮頗壯麗樓頭懸刀劍鞘柄悉嵌珊瑚珠寶皮銀鏤瓶鉢細倴鬼工波斯物也

鞍韉鞅靷嵌緑松石雜以銀花土爾基物也其酒器有長四尺
之牛角杯乃格嚕齊拉之舊製弓矢鳥鎗則蒙古所遺鋼鎖子
甲上置黑漆兜鍪以黑皮製兩耳不知何代物也有印度紫梆
几杌雕刻工細油畫俄與土爾基波斯戰事及收服格嚕齊拉
之役樹希注大旗一具蓋本鎮之兵出征所搴也有廣園花木
陰森據稱俄主八月臨即止是宮又云其主於此新置蒲陶園
將親省之案此城乃裸喀復喀斯之首劇東西重嶺繞抱如城
郭中跨枯拉河河中有洲濟以雙橋樓舍連延形勢差似畿耶
甫而鍵東彌密土人種類不一阿爾綿格嚕秦最盛市賈多波

斯土爾基人各駐領事一員晚晤叶爾洼希側談次極敬中華之禮教云有法人游歷遍東西地球所著書惟頌美中　朝又言華不盡效泰西之機巧所以培養根本者甚厚所以文武諸臣皆選之本國不借才於異地實為灼見其言雖正然亦有激而發也蓋俄自比得羅變易舊制以來屢代皆重用他國之人如吉爾斯英人也德連騰羅卜顆爾甫其先皆布人也如此者甚多俄之世族及有才智之士屈在下位難泯怨咨

二十一日辛丑晴風盱爾洼希側來詢以俄與普近頗不洽其故安在渠謂普嘗得俄助今畢士馬克竟欲主持歐洲全局而視

俄如几上肉雖形迹未盡露而兩國報館主筆者已先互相攻擊不免搖惑人心耳又言俄民怠於耕鑿田畝輙至荒蕪聞中國二頃之家便足溫飽今俄雖十頃猶稱極貧又各城刑官定讞遲延小民頗受其累積弊甚難挽救俄人染英法之俗男女自主婚嫁彼此揀擇不稍降格至女甯終身不辞男甯終身不室此丁口之少所由來也

二十二日壬寅畢旪士克之友洼爾塔諾甫得函來訪蓋阿爾綿族言畢君乃渠平生第一良友畢函言君至即如渠自至此應如何款接耶因言此城屬俄雖百年矣而其政俗大有異焉蓋

土著舊有城長凡城中大小事及建置因革皆主之每一禮拜聚議二次城長由各族公舉四年更易一正二副各族亦有領袖至議事時長居中坐副居其左右各族領袖坐其前每事先由城長發令有不便者許議駁咸允始畫諾蓋俄君予以自主之權雖其總管官不能干也因約同往公所晤其長導觀各辦公之處頗有條理

二十三日癸卯晴洼爾塔諾甫來約至溪東觀阿爾綿時廢城蓋建於山巔不過方三四里又言溪東依山者昔之城市至於橋西皆入俄後次第建造者也有菜肉市悉平屋如中國式貿易

者多土著兼蒙回種人沿河觀水磨水車皆如中國制觀布廠自彈絮紡紗煑練梭織皆機器既速且精申刻邀至家飫

二十四日甲辰晴有王爵撇布拖甫阿爾綿族屬巡街官約見即往訪之聞將游薩馬干為致書託蔑爾甫之領兵官照料

二十五日乙巳晴洼爾塔諾甫邀游格嚕卜園見紅蓼聞蟋蟀有打雙陸者詢知傳自千年以前嘗疑高架所諸族皆西突厥之遺考李唐時民間嗜雙陸是時與突厥通好豈其國俗相延耶洼爾塔諾甫言梯城昔多法估近十餘年俄人漸究商務法估遂稀雖有領事而實無事又言俄織哈喇大呢未嘗不精而俗

尚法産自增入口税後而用本國所織者漸多此亦塞漏卮之
法也
二十六日丙午晴土爾基領事皆毓達得别伊來訪前在撖布佗
甫家所見也云一二年内將游中國又言阿剌伯為回教之宗
國内有直達山山有蔑克寺教中人皆往朝拜十餘年前有中
國甘肅雲南同教者十數人由裏海來梯富麗斯旋詣蔑克諷
經把齋昔聞秦回初訌實由滇逆杜文秀潛遣人扇惑以此證
之洵不誣也洼爾塔諾甫來談及溪東有温泉浴室最古城即
以此得名蓋以阿爾綿尼俄羅斯兩境方言之稱温泉者合而

叶之曰梯富麗斯約往取浴室幕形頂一牖云是土爾基式真行國穹盧也泉用銕管引激而上自壁間流出承以二方池

二十七日丁未晴暮至車棧將發先致聶士帖略甫函適有該國察路官車亦赴八枯其官即延登車周旋間車已駛行僕役不及相隨中途得電知洼爾塔諾甫已為市商車坐位與行李同來矣

二十八日戊申晴途經曠野飛沙漫天午抵八枯地產石油乃商業之最大者產甜瓜大可四五斤味如哈密瓜黃蠟李似檇李而香味不逮與蜀之墊江李正無異市井多波斯人土著則阿

爾綿韃靼里為盛韃靼里薙髮自頂至額留兩鬢波斯人首戴黑羊皮帽喜染髭鬚作赤色馬鬃亦然其城濱裏海童山沙磧雨澤甚稀歲秋冬得數日甘霖則人人稱慶矣天熱至五十度患暑憊甚

二十九日己酉晴胷膈閉塞頭目眩暈斐利潑波弗得噶勒什鏗及枯喀而尼可甫之函來訪其人乃闊闊列烈甫所設石油公司之董成約明日往觀產石油處為市金雞納霜合生水服之午後覺煩鬱略解暮扶病訪斐利潑波弗

三十日庚戌晴大風偕斐利潑波弗出城行十里至巴拉酣觀產

石油山其法掘井深至八九丈口闊一尺八寸下漸狹至一尺止正似蜀之鹽井其油之佳者即自下湧出而以機器轉遞入筒如瀑布縣流俄人稱曰風塘其次用修綆繫筒上作鹿盧以機器汲取地上縱横銕管引之或至十餘里外每一井上建高樓一座風塘每日出五十萬普託甫汲筒每日五六千普託甫合計此山每歲出油一兆五千萬普託甫又行十四里至蘇拉酣有火山火所逗處磊石圍之如列竈就山建廠鍊化石油分作三四種膏機器者為最貴色深質釅而膩清者作燈油俄人名曰格拉薪如需烈火則然石油渣滓餘惟引取山火為用中

庭樹鋏筒光芒燭空皆自地中出也守廠者有小園亭桑棗成陰菊苗披拂廠旁有學塾一區有印度寺已廢見梵字石刻一方云百年前印度僧來募建也天毒熱驕陽拗怒南風濟温野塵著膚旋入毛孔馬汗灑袂便作瘢痕車行亂石間顛頓異常道旁偶見黃蒿數莖而已沙漠產駝用以負重民間運物之車其箱如中國轎車而轅高輪巨其輻數至多疑為高車遺制也歸聞阿母河橋折襍喀思丕斯火車暫停

七月朔辛亥晴風斐利潑坡弗以電告噶勒什鏗復電殷殷相憶特送閱即託返電作謝八枯距波斯境二百餘俄里昔俄與定

約不許製兵輪行裏海彼即允之可知衰弱矣然其民性悍不嗜酒工役勤其俗有勝於俄者帆船數艘專運氈罽來售俄於此口設防稍延泊兵輪五皆小而舊有達唯奪甫曾官坡爾頓勿尼克前於枯榻伊斯識之昨亦來此同寓甚相關切

初二日壬子晴天毒熱

初三日癸丑晴

初四日甲寅晴晨入廢城游韃靼里汗故宮石屋如幕治事之所為亭中掘洞深十餘丈蓋犯死刑者殺而投諸其中門闥雕刻花紋極工細又有禮拜寺在宮後亦幕形訪其城長晤談半晌

據云八枯始羈屬波斯厥後歸於俄其汗仍得自主旋因派駐
王爵為所賊害乃起兵夷滅而郡縣之迄今才八十五年又云
蘇拉酣火山之脈入海吐燄無風浪時其光浮於水面高數尺
以紙投入則延蔓尋丈蓋水襍石油之故李時珍云石油得水
益烈是亦一證
初五日乙卯晴未正趁輪發舟名土爾克綿裏海多礁船中機器
非精其行緩火用石油渣滓每日約需五百鋪特詢知裏海輪
舟共八艘或赴波斯或赴烏遵阿達皆不過載二三千頓蓋貨
物本無多也海水清如太湖

初六日丙辰晴巳正行一百八十二密律四密律合俄七里蓋意大利之里數也抵顛爾邊特瀆海山城有礮台距山半繞以睥睨約方一里廛市三百餘家戍兵列幕水次地産青棃絕小而甘芳凡三種味皆別産白杏大於桃鮮榛亦美午初行七十二密律酉正抵撇特羅復司克蓋昔彼得羅征高架司先據此城因以己名名之東西高阜有圓礮壘三座方礮台二座皆彼得羅所建也今由兩岸接修石壩環護海口並築新式礮台於上壩基出水才四尺餘其城甚小居民百餘家耳

初七日丁巳晴辰初啓椗自八枯至撇特羅復司克皆傍高架索

山行由茲出口海面遼闊不見邊際怒濤斗揭舟簸甚食波斯西瓜紅瓤極甘戌刻黑雲鬖鬖自西北上顛風橫掃舟幾覆盖已近倭爾噶河口上游迅溜奔騰排山倒海而下舟遂下椗終夜簸摇

初八日戊午晴風力略殺寅正發辰正抵倭爾噶河口易小輪舟入其水泛藍色黄頗類長江口門寬至三四十里行四點鐘河漸狹兩岸多蘆葦酉初至阿斯達勒汗計程二百二十三宻律其地產魚及頻婆果沙果多蒙古人別一種曰喀爾梅幾貌直似蒙古即異域録之車爾米斯專以網罟為業稅關查行李欲

開笥剔驗一武弁止之遂過

初九日己未終日狂風乍晴乍雨晨出游其廛經舊城方里許距平阜內惟禮拜堂二區兵房二所而已統觀閭閻約三四百戶貿易以鮑為大宗有行店十餘家乾魚大者常至二三百斤每歲出五十萬鋪特城中亦有花園劇館萬生院土爾扈特所居馬努托海在河東

初十日庚申晴酉刻啟程趁美利堅輪舟名蘇洼洛甫其制如長江輪船而艎不深蓋別有運貨船此則專載行旅房艙精潔純用電燈惟行殊緩每一點鐘約行十三四里俄人結習凡富商

貴介無不行縢纍纍並皆自攜被褥故頭二等艙但具絨冪繩牀而已前在莫斯克隈因火車費重減隨身行李將被褥及皮綿衣數襲皆由漫車送往託木司克至此頗窘幸值暑天以夾袍作被稍卻夜寒亥正發倭爾噶即佛爾格其水渾溜急似長江而江面僅及其半港汊較多商估置小輪舟拖帶貨船以省篙夫之勞而免石尤之阻其行較牽挽為速

十一日辛酉晴風夜子刻抵擦利勤遂泊

十二日壬戌晴卯正展輪午至篤波復喀已入薩拉奪甫界其地居民五六百家頗富庶產花絨罽馬李拉果又有類櫻桃而味

酸者亦名衞什拈有如東粵之黄皮果而紋象瓜棱者味酸甘
曰克孛若勿凝克阿思達勒汗境平曠過此則近岸多山崖而
河身甚曲申刻至喀梅深亦大邨落也同舟多韃靼里人其婦
女辮髪雙股戴一金勝或方或圓大寸許鏤刻花紋胷前懸金
錢如補服帽如巾帨或如盞皆繫以珍珠簇花項繫珊瑚串首
恒用方四尺綢帕覆之年少者不見外人極別男女之嫌竟能
不染歐洲陋俗且不習俄語亦一奇也有叟年七十自言是阿
渾為哈薩克汗之裔攜眷歸喀朁云喀朁之哈薩克戶口極多
約二萬餘人亦皆守其舊俗

十三日癸亥陰微雨西風天涼御綿卯正至薩拉奪膚其城約方六七里土著約八九百家頗殷實業穀石魚鱻辰初展輪

十四日甲子晴卯刻過悉字蘭距城十里有大橋火車道也午至薩馬拉登岸游其城市約方六里餘居民六七百家臨河有花園產麥粉磨磑純用機器河濱集場方開鄉民麕至俄人名集場曰鴉爾馬市農具布匹距城六里有邨民專以馬肉釀酒治疾申正發

十五日乙丑晨晴卯過星比爾斯克其城略似薩馬拉昨日方遭火災燬二百餘家亥初抵喀𧮰城距艤舟處十四里趁月色往

游居民富庶樓舍整飭約千餘户異域録所稱木城今已隳去有甎城方二里許四角建礮台圍天主堂二所其廛皆在此城之外花園卉木蕃植懸畫鐙玻璃鐙數十游人頗盛

十六日丙寅晴前向西北行自過喀贊專向西兩岸多平遠山河淺其流不競

十七日丁卯晴辰抵尼日里諾甫果傈特蓋山城也居民近三千餘家左倭嘎河右倭爾噶河有大橋橋西為集場時已開商賈咸萃暫入逆旅詳詢自阿思達拉汗至尼日里諾甫果傈特程途里數因識之一百八十四里哎諾達耶甫司克一百四十六

里車爾泥鴉兒三十三里務拉的密爾囉甫喀一百十八里擦利勤五十三里篤波扶喀一百三十一里喀梅深一百一十里囉母擬一百有七里薩拉奪甫八十九里拔鸞司克五十三里倭力司克二十里拔羅可洼七十二里赫洼林司克七十二里悉字蘭一百十七里薩馬拉八十二里司他勿羅波力九十里仙寄烈五十五里星比爾司克一百有二里切鳩什四十五里士拔肆嘰穛端有河汊泊冬舟八十五里喀簪一百七十五里柯自謨的米顏司克四十七里瓦西理蘇魯司克一百五十九里義日里諾甫果倮特

十八日戊辰晴午刻微雨旋霽持莫肝金之友所致書往謁固必爾納托巴拉諾甫一見遽云相識久矣頗訝之既而談及九年前兩至中國上海漢口等處所遇華人甚多也告以自彼京啟程奔馳三閱月涂次屢病擬在此暫且休息適城長喀爾幾在坐即屬代覓一寓其署在山頂礮城內城建於其主瓦西理在位時與喀簪略同凡三門出入亦於四角建圓礮壘其先城內戶口甚夥今皆徙於外中惟官廨兵房禮拜堂耳初祇建礮壘既而連之以城垣當東南一壘將成有術士云其地若埋女身從此城不避兵果有民婦失道墮入即瘞之今六百餘年不睹

干戈其言足信矣返寓後巴拉諾甫派一文職至約明日未刻
同出游覽城長屬其副蔑次曼來言覓寓已得蓋即地面官毓
希頗甫新置之屋約同往看甚精潔灑掃安置明日即入蔑次
曼曾於五年前奉差安電綫至黑龍江略解華語
十九日己巳晴午後登其城東雉堞俯瞰倭嘎河及倭爾噶河匯
流之處實為此城之襟帶江閱漁商川交樵隱布帆檝艇隨流
争鶩亥初毓希頗甫來照料移居於城内喀洼黎赫街寓諸物
皆備無一缺之
二十日庚午畣拜蔑毓二君

二十一日辛未晴熱至十四度巴拉諾甫遣員以小輪舟約游倭
嘎倭爾噶二河觀抹火開河各機艇皆本城船廠所造觀悉畢
爾運鐵船由阿思達勒汗運鮑船又登岸觀自來水局用機器
激水由管内升至七百尺灌入城中又游博物院觀其各屬之
土色石質及所産子粒蟲鳥其司事贈全境輿圖一幅所繪極
細又一處專設本境民間所製小鐵器如刀翦之類小木器如
杓匙之類皆出於人工而價頗廉據稱木匙實倣中國式大致
如邦上漆製而工較粗所繪景物亦殊草率
二十二日壬申晴巴拉諾甫來畣拜並約觀劇

二十三日癸酉晴訪城長喀爾嘰不值

二十四日甲戌雨

二十五日乙亥小尼日里城長雅可勿烈甫來

二十六日丙子晴薄游鴉爾馬各貨山集

二十七日丁丑晴巴拉諾甫邀飲並為治果羹秔稻米飣蒸鴨謂此中國風味也

二十八日戊寅晴俄主遣一頭等提督曰滿仄來閱兵巴拉諾甫即派員約赴教場觀之滿仄遥見命其屬馳馬來邀因與相見即同立觀先校其步武及各隊離合變換之法既校其奔馳皆

極整暇凡步隊二坡爾克礮隊一拔塔獵厥後步礮合演一陣

析其各隊以散擊整包抄而進自巳正起至未正罷

二十九日己卯雨喀爾嘰來畣拜

俄游彙編卷第十二

奉使游歷俄羅斯國戶部主事繆祐孫纂

日記

八月朔庚辰巴拉諾甫派員約至鴉爾馬觀所來各貨途值大雨至絨布哈喇莊皮張肆又於西伯利之卜利斯單俄稱馬頭觀由波斯布哈爾希洼及本國各城之貨以阿連布之牛羊槖駞皮張克雷木之酒布哈爾希洼仙米烈之棉花長腰米波斯之瑣瑣葡萄雙核棗胡桃氊罽為大宗

初二日辛巳晴申刻出城游鴉爾馬觀烏拉嶺各城運來之鐵積

於河濱里許由恰克圖漢口福州三路運來之茶一萬五千餘箱陸行者皆以牛革裹之內有甎茶數十箱半銷售於韃靼里人俄人極嗜蜀綢夏日各製衣一襲服之以為觀美其銷數亦不小也

初三日壬午晴午刻蔑滋曇來約同至救火公局遽遣鳴鐘各卒還奔馬駕車須臾悉備即令游市一帀馬皆精壯人極勇健蓋示其號令之嚴與赴救之速也

初四日癸未大雨

初五日甲申雨

初六日乙酉陰
初七日丙戌晴佘威列甫偕寀可甫不遠千餘里自莫斯克往來訪蓋見日報知在此小住也
初八日丁亥晴有習華文者舒立士來訪
初九日戊子雨
初十日己丑雨
十一日庚寅陰比延一老嫗教俄語頗難脗合蓋有數音皆中國所無而措詞之變法尤多倘輕重急徐及其變法稍有未諧便茫然不解如稱法國曰佛浪凄耶稱其人曰付蘭楚斯克稱普

魯士曰不怒喜耶稱其人曰詣茷子稱土爾基曰土爾其耶稱其人曰土烈士克諸如此類不一而足至於早晚陰陽爾我他其說皆不同一語必數解其與中土同者呼父曰爸爸呼母曰媽媽又凡歐洲皆然不必俄也其呼天暖曰惹爾噶即熱字之轉音其呼天寒曰荷倮得倮即好冷之轉音其呼多曰穆倮各即夥字之轉音其稱價昂曰惰囉各稱長久曰惰爾郭皆多之轉音其問何如曰斯拖即什麽之轉音其問何人曰喀奎也即阿誰之轉音其稱佳曰哈拉說即好說之轉音其呼茶曰鈫蒙古語其呼零星肆曰巴咱又回語也

十二日辛卯晴夜蔑滋曼邀茗言在阿穆爾時曾至齊齊哈爾甯古塔等處華人待之甚優其妻即海蔘威人

十三日壬辰陰

十四日癸巳雨

十五日甲午晴午後陰微雨

十六日乙未佘威略甫來談及火器之利謂華人多言其法傳自中國畣以中國聖賢絕不為此毒人之具因引元史阿里海牙傳與元帥阿术劉整取襄陽城中糧儲多圍之五年不下九年破樊城外郛其將復守內城會有西域人亦思馬因獻新礮法

十年為礮攻樊城破之移攻襄陽一礮中其譙樓聲如雷震近世造烟火者有礮打襄陽等劇蓋本諸此世謂俄羅斯人有託元駙馬麾下為兵者攜火器歸始鑄鎗礮蓋元之兵力早及西域而是時俄尚未通於羅馬貴國之火器實倣諸奇渥溫而中國之火器本來自歐羅巴故元以後雖多用之不肯竭智講求者慮其過為殘忍也

十七日丙申陰蔑滋曼為市六筒小手鎗一具謂入西伯利境涂閒必須此防身物也巴拉諾甫遣員送照相一幅精製銅匙一柄午刻出城謁巴拉諾甫喀爾嘰蔑滋曼雅可勿烈甫話別

十八日丁酉陰俄官均來送行喀爾𠹭贈照相一幅

十九日戊戌晴毓希頗甫來照料啓程赴撒爾彌幾茲曼雅可勿烈甫宰可甫均送登舟飲之酒舟人催發皆立於屯船揮巾脫帽視展輪去遠而後歸

二十日己亥晴北風甚厲天寒如仲冬晨過喀磐停四刻向東行六里至歟果囉慼克邨入喀馬河泝流而上酉正過飭司託波立夜過唯亞特喀河口在喀馬之西（由此至唯亞特喀約五百餘里有輪舟）

二十一日庚子晴仍北風巳刻過別烈河口在喀馬之東（由此至烏發約四百餘里有輪舟）戌初過郭里堰山內三十俄里有益若弗司克鋏廠

專造鎗

二十二日辛丑晴喀馬之流甚曲沿岸多平嶺漫岡皆烏拉嶺之枝也杉松叢植境殊幽秀經數邨皆版扉木室依山臨水夜亥正抵撒爾彌入逆旅計程自尼日里諾甫戈倮特七十八里益薩德七十里瓦西理蘇魯斯克四十七里柯自謨的米顏司克五十四里掣波克沙爾二十八里孫堆咧九十三里喀簪七十三里波果落茨克六里入喀馬河三十八里拉伊佘洼三十七里哷爾仄希十七里齇布賴斯羅波堆四十五里飭司託波離七十五里瑣顆羅克此下過唯亞特喀河五十五里葉拉布嘰二十里車

爾諾甫八十里卜鴉納倭波拉（此下過別烈河）五十里喀拉枯理納四十里呢克別烈作甫五十里薩拉鋪拉三十四里郭里堰七十里烏私奇咧飭嘍六十里諾熱弗啓八十六里倭題八十里額寒司克五十里耒特委七十里撇爾木其城市在山半面喀馬河廣袤六七里居民約二千餘家地產井鹽鐵鑛異域録所稱索里喀穆斯科即出井鹽處由此溯流而上約三百餘里

二十三日壬寅晴巳正持巴拉諾甫函往謁固必爾納托嚧軻式科甫極為周旋甫歸即有正副城長二員至寓正曰巴拉烈甫斯嘍副曰叶爾多賓斯嘍云奉固畢爾納託命率車來約游曆

脱維爾喀礮廠出郭東行三里許即至其廠較彼京之阿布霍甫司克廠略小近烏拉嶺取材甚便故創始最先工料皆省其後膛鋼螺絲礮傚桑的客達式而錘鍊較麤所有機器悉本廠自造其礮子純用鋭頭銕廓內實炸彈炸藥後用銅螺絲塞有新式者作兩截前用鋼冒螺絲紐內實生銕棱片中貫銅管據稱無堅不破炸力尤猛廠中兼造輪舟及耕耘諸具其裏海佛爾格河來往汽艘大半出於此廠又能造電氣燈並電綫廠中總辦一一導引觀看自未初至酉初乃畢俄人稱鹽曰索里稱生銕曰出胘

二十四日癸卯晴酉刻趁輪車赴葉喀帖林布爾克嚧柯式科甫贈二札諭葉喀帖林之正副城長屬導觀各鑛廠軌轍東指度烏拉嶺四百六十五俄里合中國九百三十里地勢漸高松杉夾路昔經此途者訝其無奇峯峻嶂不知天下名山多於數百里外跨州連縣負地而起如游岱宗者至泰安城已及山半而行人殊不覺其高必陟南天門登日觀峯而後恍然於小天下之説也

二十五日甲辰晴侵曉山行見溪流清絶詢其名曰悦烈陽司克未正抵葉喀帖林布爾克入寓餉畢訪其正副長暮城長瓦爾

赫來請訂期觀金廠告以明日案此城枕平岡縱橫五六里街衢廣闊居民九百餘戶半業鑛廠琢工

二十六日乙巳晴晨閒副城長拔鑾陶來畣拜並訂明日同游博物院未刻城長瓦爾赫偕其幫辦官坡爾頗勿泥克格稜果倮士來寓云車馬已備其車三馬即悉畢爾長途所用曰格郎達什其尋常單馬車曰一士倭子雙馬有篷者曰開烈子即同出東郭行十二里至別烈作甫斯嘍金廠遍觀其鑛質有純白石者有土夾石者凡數種既而觀其用機器擣研用酸水揭取諸法蓋石質擣成細沙之後激水激之有隨淘隨提者有以酸水漬粗黑泥展於斜度木槽

承其流俾金止於呢而沙隨水下者此皆弟一次至其流出沙水復承以木槽密布銅片金遇銅亦止然所得甚微故彼二者日數收取至銅片之金每十四日一取據云約一百三十七鋪特鑛可得粗胚金十二兩所用電燈皆本廠自造司事人約東行里餘至開鑛處蓋掘地已五丈餘又行五里至勃離喀拉爾斯嘍卜利司克觀取沙金處於山崖鑱泥沙石子用車挽登水次樓傾之下層設機軸激水淘寫沙石分墜即以前法收揀其工較省十分之八而得金無多蓋四萬普託鑛始得十二兩粗胚耳其石子內有水晶紫英綠寶石金剛鑽孔雀石近郷婦女

專司揀石其佳者授之琢磨利頗厚云
二十七日丙午晴午刻拔鑾陶來約游博物院大半烏拉山所得諸木石鑛質及諸禽鳥有堪達韓大於馬其角扁而駢如蝠展翼有北冰洋之磎鼠骨及齒牙其牙長可七尺圍徑六寸而中空一齒重可二斤餘以藥水浸人嬰有一首二身者牛胎有兩首一身者北冰海人所用木裹鹿皮踏屐麞皮袋哈薩克婦人衣冠喇嘛蒙古服與其弓矢有中國銅幣男女鞾履首飾其山中掘出古銅鉢盂戈戟矢鏃偶人其偶人當即所謂休屠祭天金人其地為北匈奴與康居接壤之區固無疑矣司事人克咧

爾出冊屬記名姓於上又云去歲曾啓賽珍會蓋俄主之叔米海伊爾所興其旁傑閣設會所也檻前清溪一道源出橋外大泊入拖波爾河百里外可櫂小舟名曰伊撒特

二十八日丁未陰

二十九日戊申晴晨持噶勒什鏗函訪其友囉多直尼克留名其人司電報局事兼開金廠贈潔白鑛質形如研山未刻格棱果倮士以車來約同游唯爾赫尼叶司克鍊廠其總辦導觀鑛質有赭色有黃色有黑色冶鑪用一層鑛一層木炭一層生白堊鼓之以機汽管傾液入範則渣滓從旁流出旋凝如石色類黛、

琉璃以熟鐵塊炙紅就鋼碾礴回環轉壓其薄如紙每生鐵二十鋪特至成片時僅十斤餘故極綿熟一再摺疊不折不斷據稱厰用最博凡建屋罩幕箱篋骨賴之半發售於美利堅其鐵條方圓凡數類皆屢經燒煉圓徑七八分者既冷之後尚能挽結真所謂百鍊鋼化為繞指柔也厰中兼造各器如輪舟輪車馬車諸輪軸汽筒汽鍋據云烏拉山之鐵鑛可十分得五(指粗胚生鐵言)其銅鑛則百分得七耳既而談及所開金厰七十五年前創始(計在嘉慶二十年)所出之數曾範方鐵塗金累以誌之至前年而止合烏拉各厰計之此為最然亦歲有盈絀又詢尋覓鑛苗之法據

云實無真知灼見久於其役或略有所窺擲黃金於虛牝者亦時有之至其出金之數自該國一千八百十三年迄二十六年出一百八十一鋪特六斤每一鋪特準中國二十七斤半每斤合中國十二兩二十七年出四十三鋪特三十一斤二十八年出五十鋪特三十五斤二十九年出五十二鋪特二十二斤三十年出五十六鋪特三十一年出六十二鋪特三十斤三十二年出六十三鋪特七斤三十三年出六十鋪特二十三斤三十四年出五十鋪特二十三斤三十五年出五十一鋪特十七斤三十六年出五十三鋪特二十二斤三十七年出五十鋪特十一斤三十八年出五十四

鋪特十七斤半三十九年出五十四鋪特十五斤半四十年出五十三鋪特三十八斤四十一年出五十四鋪特十四斤四十二年出四十九鋪特二十八斤半四十三年出五十三鋪特三十四斤四十四年出五十四鋪特八斤半四十五年出五十七鋪特三十八斤半四十六年出五十一鋪特三十二斤半四十七年出四十九鋪特十斤半四十八年出四十九鋪特十三斤半四十九年出五十八鋪特四斤半五十年出三十三鋪特三斤五十一年出四十三鋪特二十九斤五十二年出三十三鋪特十九斤半五十三年出二十九鋪特三十斤五十四年出四

十鋪特四斤半五十五年出四十九鋪特一斤五十六年出四
十五鋪特三十七斤五十七年出三十四鋪特二十四斤半五
十八年出二十九鋪特五斤五十九年出二十一鋪特三十二
斤半六十年出二十鋪特十六斤半六十一年出二十鋪特三
十五斤半六十二年出二十五鋪特二十六斤半六十三年出
十三鋪特十二斤半六十四年出十七鋪特十二斤六十五年
出二十六鋪特三十八斤半六十六年出三十四鋪特三十斤
六十七年出三十鋪特三十八斤半六十八年出二十四鋪特
十四斤六十九年出十六鋪特三十七斤半七十年出十七鋪

特十斤半七十一年出二十六鋪特二十二斤七十二年出二十三鋪特二十七斤七十三年出二十六鋪特二十八斤七十四年出三十鋪特七十五年出二十九鋪特七十六年出三十四鋪特三十二斤半七十七年出四十四鋪特六斤七十八年出四十三鋪特三十四斤七十九年出三十七鋪特十斤八十年出三十九鋪特三十八斤半八十一年出三十五鋪特八斤八十二年出三十五鋪特九斤半八十三年出三十六鋪特二斤半八十四年出三十六鋪特二十三斤半八十五年出四十二鋪特二十七斤半八十六年出四十六鋪特十七斤半

九月朔己酉陰見微雪過格棱果倮士茗叙格君曾領兵駐巖杵河興凱湖諸處屢至琿春愛琿識華官曾於俄境代拏鬍匪十餘名送琿春甚稱中華飲饌之腴美渠夫婦皆深嗜云出示烏拉山所產白金其價較黄金略貶質堅而重昔曾以之鑄錢近專備化學醫學家製器之用

初二日庚戌晴晨間囉多直尼克來乃細詢其金廠之利據稱各廠所得金皆不得私售全數解比得堡入官由官給憑分年遞還四分之三以四分之一納稅每金一兩合還金盧布二枚而金錢之價時有漲落其利厚薄即由此判渠所辦分廠每年出

金約五鋪特除工本外可得一萬廬布拔鑾陶來約觀官金鑪
局以粗胚金七鋪特入鑪鎔液傾入範成方定得六鋪特八斤
餘即於定之下上各斲一小塊先稱其分兩用化學辨其成色
其法以鉛片裹金盛以骨灰所作小盞入爐鍊之始則其液鼓
沸見五采既而漸靜成一珠鉛質與渣皆滲入骨灰盞內所餘
金銀二質稱之則知渣幾分就鐵碌礴展成小片納諸强水將
銀析化入火再燒稱之則知銀幾分又往觀官琢廠凡制一器
先以紅蠟就木版依圖作模然後用石解琢其切大石與刮垢
磨光皆用機器而至鐫鏤花紋則純恃人工其製蠟模用十二

三歲童子蓋為琢工之始藝稍久則用小琢具制小什物如西
人腕間胷前圓鈕之類諸童暇則習武技又遍觀其石質大半
紺碧二色亦有如大理石礬石者凡細潤有文采即呼曰玉審
之仍石也工細而費不貲有二石盤淡墨色上鋪秋葉雕刻瑳
磨皆精其光可鑒蓋用四百盧布而後成合華銀一百六十餘
兩其精製匣蓋上雕俄主像酷肖
初三日辛亥微陰晨出訪瓦爾赫葛棱格倮士
初四日壬子微晴拔鑾陶屬其僚導游女學塾條規與男館略同
其最稚者六七歲大者十七八始於語言文字繼以繪事輿圖

算學教學分為八齋蓋言語文字別為三初習本國次德法廳事設琴願習則教之暇則勤女紅習舞其教文藝皆女師至繪事以上則男師董理其事者一老媪

初五日癸丑晴未正趁輪車發

初六日甲寅晴卯正抵裘冕棠裘冕即異域録之圖敏其云至鴉班心舍舟登陸鴉班沁即土林斯科亦濱土拉河距裘冕二百三十二里蓋當日俄人設馹在彼以其無崇岡巍阜車馬安便其途直向北踰山復向東南較今徑度烏拉嶺至撒爾彌買棹者約紆道五六百里矣至土拉河岸趁輪舟辰正啓椗河狹而

曲先用小輪船兼拖貨船行殊緩約一點鐘行十俄里夜丑初
至挨爾達莫洛倭易大舟前進
初七日乙卯晴辰初入拖波爾河啜茗畢寒熱交作胃中如石塊
梗阻頭暈目眩服青麟丸不稍解入夜壯熱頭痛同舟德商倭
爾蹤爾聶爾贈金雞納霜一餅送以鹹荷蘭水又飲以蓖麻油
至五鼓洞瀉三次是日酉初過拖波爾城泊至戌正解纜其城
長德寬拉脫維池來舟見訪並約登岸一游以病謝之已入伊
爾推什河
初八日丙辰晴病勢少差肌仍熱胃納大傷不能食憊極申初至

荻穆濆舟人增新泊二點鐘扶病凭牕望之蓋一荒邨也積新數十堆皆備輪舟用較燒石油渣滓尤省民以革製背兜負運各物其式如蜀黔鄉農所用

初九日丁巳未初至薩馬羅波亦一小邨落也停炊許旋入倭别河溯流向東南行兩岸多平沙林莽偶出蒼巒

初十日戊午陰未初至蘇爾姑特泊三點鐘沿岸樺黄楓丹成珊瑚海秋漲已落河闊或三四里

十一日己未雪竟日天寒野闊景物荒涼行數十里不覩一人家戌正抵拉琳司幾艤舟添新岸間燔柴以炤民市小紅果亦呼

衕實枯味澀微酸如山茱萸

十二日庚申陰沿岸楓盡紫夜過推木司克自此以上河更曲水淺時膠舟

十三日辛酉陰午泊拉雷穆民居約百餘家

十四日壬戌晴過柯爾拔佘洼河流頗清兩岸皆林藪落葉滿山矣

十五日癸亥晴卯初至託木河口水淺易小輪舟未初抵託木司克泊舟處距城十里僦車入逆旅持佘威略甫託克馬可甫函往訪郭爾多賓賠旋至中國茶肆萬和興小坐據稱茶業近益

折閱緣俄商自運者既多且賤也此城居民約千餘家少富室
碩賈人情刁悍前曾有逋欠千餘金控訴令長終不能歸結者
蓋自入悉畢爾界其商民多輕視華人矣託木所產以熟牛皮
為大宗兼產白酒感冒劇肺閉咳逆夜服蘇合丸四鼓得汗
十六日甲子晴有城長聶克拉朔甫來訪索照相一紙去持嚧軻
式柯甫函往謁託木司克固必爾臘託布留巴什晤談留茗款
曲備至並見其妻女詢知為新任受事才一月將萬和興受賺
各節告之謂華人在俄貿易至貴轄可謂極遠其資本無多豈
能經其欺詐當允為之理直畣拜聶克拉朔甫贈影臘小相並

託穆全城圖約明日游官學塾旋寓適遇郭爾多賓並將由莫斯夸所發箱件送至議市車約明日往看據稱兩雪連旬途中泥淖深尺許必得好車方免折軸摧輪之患倒換驛車勞費特甚四人行李仍須以一半坿貨車先行蓋路濘晷短非輕裝快馬萬難集事布留巴什來畣拜

十七日乙丑陰游學塾規模頗閎觀其書庫所藏本國及英法意德舊笈至五千餘冊有日爾曼人曾居中國三十餘年著書稱述中學上溯蟲書鳥跡史籀大篆細審半得之俗本如印譜六書通之類乖誤紕繆所在皆是自繪小相著中國一品服色憑

几振筆而書癡壯妄心尤可笑也有一印度各城畫冊多釋氏舊跡渲染烘託實能繪影繪聲據云市於巴黎價約三千餘盧布此塾近歲始創建其資出於官商輸納者十之七八偕郭爾多賓同往購車看數具價皆昂逆旅主人有二車來自喀鐕亦求售者每輛議至二百盧布

十八日丙寅陰

十九日丁卯陰購途間食物夜布鎦巴什約觀劇晤聶克拉朔甫堅留再住一二日約來夕過飲以盡東道之誼其意甚殷不能却也

二十日戊辰晴布鎦巴什遣員送一函致伊爾古慈克之固必爾納託屬其關照夜赴聶克拉朔甫之約晤一勘修悉畢爾鐵路官詳詢所勘之路約往觀其圖

二十一日己巳晴市車枕車褥鞦絆軸脂謁布鎦巴什告別並致謝以萬和興控逋全案呈稿收貨據與之觀蓋該俄商所各字據語多蒙混萬和興之司事者本不通曉俄文已為所愚至控城長時俄商供復狡展遂以無真正憑信置之厥後萬和興不知再向刑官控訴遽以情詞電干俄主洎八日後由彼京電飭辦理該刑官謂其逾限越控仍就原定上覆布留巴什再四躊

躇思為設法然聞該俄商現已貧窶縱為嚴辦不過監禁數年其餘食例由萬和興任之計一年須百餘盧布每日三十六戈比似此不惟無益而且有損遂告以案經二載有餘中間又多轇轕今以相告者非乞翻案蓋欲貴撫以後保護華商勿使再遭欺賺也布君極首肯云當永矢焉

二十二日庚午晴晨訪查勘鐵路官阿枯洛甫觀其勘定鐵路圖由託木司克至伊爾古慈克穰拜噶爾斯克等城有與舊驛路同者有鑿山取直捷之徑者大致相距不遠凡經城堡與馹同所繪頗細密惜祇一幅不能分詒為憾布留巴什遣一文員來

送並問有所需否謝之聶克拉朔甫來送午正發聶遣其副率馬兵送至郊外一再卻之乃返三十一里仙米盧什乃耶布留巴什遣馬兵追及將護送之境外給十俄幣遣還屬致謝曰治內安謐無戒心也驛馬悉出待至戌正乃行哈爾罍葉洼驛仍缺馬賃民馬進至伊佘木斯喀天已明矣

二十三日辛未晴飯畢黎枯立斯喀耶宿馬理迎司克所經各驛皆無所食惟取熟雞子滲白鹽及麥餌瀹茗下之聊以充飢而已驛榻闊只尺餘不能轉側途經荒嶠寒林衰草青黃軌轍泥黑潦深坎窞高下顛頓非常遍體酸楚

二十四日壬申晨微雪自馬里迎司克發渡幾亞河飯恰仁司喀至博郭脫理斯喀耶宿

二十五日癸酉晴巳刻至別諾雅爾斯喀耶入埜尼塞境自此以下驛馬價每里三戈比較前倍之經阿陳司克渡楮林河其舟長二丈闊八尺餘上鋪平板尾用一櫓棹撥兩岸植樁結長繩輓之以渡不用篙也飯擢爾諾別成司喀耶宿撥力佘克木初格司喀耶

二十六日甲戌晴午刻至克拉斯諾雅爾斯克乃埜尼塞之省會居民約七八百家因餱糧敗腐精力困憊輪鋏小移傍前軸橫

木頗入逆旅暫憩以車舁梓人
二十七日乙亥晴將阿疊沙友拉迭斯克伊挽馬爾可唯池所贈
二函送往俄頃學塾教習薩緣可甫至約二十九日游其塾撒
柯克至蓋醫士也言其少時與畢叶什克洼爾塔諾甫在莫斯
夸學塾爲同舍生知皆相識遂甚投契即以車約同至南郊觀
其營屯因臨梵尼塞河見東西兩岸岫列峯横蒼秀樸人眉宇
皆阿爾台山之枝也其傑出一峯曰脫克麻克又言沿河而北
五百餘里即米奴新斯克爲梵尼塞省劇邑其境接我烏里雅
蘇台科布多屬地河中走沙東傾西兀淺深輒易其處有商輪

二艘北至埜尼塞城土魯汗城載運皮張木質南至米奴新司克城載運麥石月再往返日夕撇柯克邀至其家設食款接見其二子並為鼓琴數闋詢知為布國人奉留帖蘭教精醫術為人診治不計貲財曾充養病院十五年

二十八日丙子陰

二十九日丁丑晴游學塾旋至薩綠可甫家觀古銅錢帶鉤銅斧石矢鏃石鏡明御馬監銅駕牌皆得之土中即拓印數紙因言米奴新斯克博物院所藏金石多有中國字即屬函致該院長馬爾樓亞諾甫打本寄額爾口城因遺墨二方照相一片託其

轉致過撇顆克家小坐

三十日戊寅陰梓人送車至云已修理完好

十月朔己卯晴未初束裝喚驛馬申正發撇柯克送至埜尼塞河干立觀渡畢乃返河流甚急其渡用大舟如筏於上流十餘丈外植椿筏上木架橫繩貫三小舟而繫其杪於椿舟尾絞關平渡宿巴賴斯喀耶

初二日庚辰晴晨發夜至龕龍斯克宿入東悉畢爾以來其邨落民居稠密木室較前完善間有用甎壁者每邨必造禮拜堂一區

初三日辛巳晴卯刻發過列堪河經益蘭斯喀耶疑即元之益蘭州至坡

羅維啫掣列木霍甫斯喀耶宿連日屢越嶺所經林藪有松染雪霜作嫩黄色

初四日壬午陰微雪卯刻發入伊爾古慈克境山路泥滑兼多石砢坷增驂而進馬皆白汗交流至阿爾襍默斯喀耶宿所經諸山材木不可勝用任人伐取無主之者輙見合抱之松焚折横卧詢之乃牧豎所為欲其林稀草茂便於芻蕘也

初五日癸未晴飯烏柯弗爾司喀宿尼日里烏金司克

初六日甲申晴巳刻過烏達河飯呼得益蘭斯喀耶疑即唐之呼得國後屬益蘭州夜至枯爾簪斯喀耶大雪遂宿

初七日乙酉晴飯佘拉古爾斯喀耶宿利士特緣斯喀耶
初八日丙戌微雪飯吉明斯喀耶過吉木河又名倭可河宿襍拉
林斯喀耶
初九日丁亥陰寒飯馬理汀斯喀耶過盧游河宿帖利明斯喀耶
初十日戊子陰微雪過安噶拉河抵伊爾古慈克寓莫斯科甫店
伊城憑河背平岡廣袤四里餘居民千餘户巨商半業茶半攻
金厰其四郊則土瘠野曠十未墾一有司亦不知督民以實屯
力盡地利麥石皆來自西路輓運維艱故百物騰貴餠後持託
克馬可甫倭波理納函訪撇桼擦果甫其人方出獵不值新報

言俄九月二十五日俄主及其全家由些注斯託坡立乘火車回彼都行至羅作注蔑烈乏之間鐵路低窪處所墊木土俱鬆經過時前後二車忽騰擲出轍因之撞傾擊斃傷斃官役凡十八人時俄主方與其妃等膳於飯廳遽從車箱壞處躍下得無恙其妃手腕略傷俄主因視衆官微損其足云

十一日己丑陰午後雪持布留巴什函往謁伊城之固必爾納託顆蓮柯晤談間書數處可游者相眎

十二日庚寅陰往謁伊城之格聶拉勒固必爾納脫伊格拉緝甫言其兄曾充公使至中國即出觀其照相因問住此幾許時會

以一路冒風雪馳泥淖異常況瘁聞貴國民稱是城乃悉畢爾之巴黎斯擬住數旬領取勝槩伊聞一再曰悦爾諾蓋俄語譯曰然遂云逆旅豈能久居自須賃屋告以在尼日里諾甫果倮特時巴拉諾甫曾屬城長代為覓居伊即向壁叩德律風屬其坡理次又屬一武弁導觀金廠學塾

十三日辛卯晴撇泰擦果甫來城長遣員覓居已得三所撇泰擦果甫亦為覓一屋價較廉因託代訂月出賃貲五十盧布

十四日壬辰雪觀鑄金廠詢知東悉畢爾所產金皆解此城鎔鑄計每年可得千餘鋪特計雅古慈境內阿獵克馬河獵納河所

出金沙約四百餘鋪阿穆爾約三百餘鋪尼日里烏金司克碧
琉新約七八十鋪聶爾琛斯克約百餘鋪襍拜噶爾約四十餘
鋪
十五日癸巳晨雪午移居卜諾實可甫斯嘍街房主姓布連司克
亦曾經商至中國漢口上海天津京師略解華語
十六日甲午晴顆蓮柯來畣拜
十七日乙未大風雪
十八日丙申雪有博物院之副院長坡塔甯來訪云伊格拉緝甫
屬渠來約即同往一觀所庋無甚珍異惟布烈特雅古特東姑

師土魯汗薩莫咽特諸族之先世衣冠服匿穹廬鈴柱杖銅佛
像及土中所得石鋤石斧人骨磎鼠骨烈納河中所得古刀劍
箭鏃皆有古趣有一刀兩面鐫反正四字其左曰反反反反右
曰反反反反實筆篆文所字而莫解其意坡塔甯曾游歷中國二
次一由陸路歸化城科布多至哈密入西甯蘭州折而入蜀之
松潘一由海道至上海芝罘天津京師攜一武弁一獵戶所帶
譯蒙古人往來二年用二萬九千餘盧布贈所著書一冊伊君
又遣其中軍官來約游學塾訂期而去
十九日丁酉晴游學塾晤其提調嚕莫甫導觀各齋聽算學師面

試生徒算天文晷度以伊爾古慈克與彼得堡校又聽繙譯文義者以俄文繹英文述羅馬故事教法或一藝通然後改受或一日間更次為之觀宿塾各生眠室餐所其章程凡家距城遠及窮無父母者皆宿於塾塾中有藏書庫有禮拜堂有夜課處申刻還儒士雅得琳側甫來訪其人頗矜考古能言元之和林城所在又云土爾基即唐時之西突厥阿剌伯即漢時之大夏俄稱中國人曰嘍台即契丹之音轉俄所稱薩莫咽特即烏梁海人云有著作考悉畢爾事綦詳

二十日戊戌晴嚕莫甫來約游大小女學塾觀女師與一十四歲

女郎講輿圖問本國方隅道里及中國南北京省並山川物產且能言中國聖人有孔夫子又覩一女郎譯法文數則其小學塾則專教初學年十二三歲或八九歲所習語言文字書法跳舞而已大者每日九點鐘至三點鐘小者八點鐘至十二點鐘散其男女塾師束修一人歲約五百盧布每七日祇來四點鐘女學生服式用黑披肩黑犢鼻大者二百餘人小者七十餘人殷實之家每送一女入塾歲輸三百盧布貧者免畣訪坡塔甯雅德琳側甯午刻游俄前汗之妃所創女學塾其規模頗大凡入學衣服飲食取辦於官均宿於塾其衣白披肩白犢鼻內襲

紫裳教法章程與前二塾略同

二十一日己亥晴此月屢次感冒雖暫愈而胃納不旺右臂作痛用酒揉之

二十二日庚子晴臂痛解掌筋拘攣痛楚萬狀左足踝骨復大痛舉動飲食無不需人即延西醫診治終夜不能眠

二十三日辛丑雪服藥水二瓶病未減左手大指復大痛

二十四日壬寅雪病仍如故寒表至三十二度

二十五日癸卯陰左足右手痛漸釋寒度至四十八矣

二十六日甲辰右足左手痛從此左右遞發坐卧皆苦飲食鋭減

體羸瘠西醫罔效其俗不許改易他醫但可會同商酌而別延之醫語摸棱無可否不得已設法辭之有華商王姓略解方技攜有華藥因約來診視初投表劑既而用袪風溫中諸法而病日深至服再造丸一粒遍體筋脈骨節遭其搜擊因之苶然約臥病者七十餘日醫言肝脈洪大投以龍膽瀉肝湯服三劑病少差隔日又發偶借得驗方新編殘本一函適有手足部言手足痛非脾家之熱乃肝木鬱結所致宜用消遙散加生梔子半夏等分鬱解而痛自愈即照方連服三劑頗效因作大字兼飲食停滯復大發用前方加大黃芒硝服之數劑乃止病中聞言

俄派游西藏之提督官已道死今別派一員往光緒十五年正月十五日病復發仍服舊方至二十五日痛漸止而氣體愈虧從此純服陰藥二月初至烏金司克就醫三月杪還

四月十二日丁亥晴自伊爾古慈克啓程晨間顆蓮柯率其城長來送並云已電告沿途驛官備馬匹照料又派一弁送之郊一文員先導自枯爾秃繞拜噶爾湖行顆蓮柯所派文員返

十三日戊子晴飯梅瑣洼耶新開商路由此南行陟山上下其途甚狹僅容二車並行耳

十四日己丑晴午至喀班斯克其伊自布拉勿尼克已在驛館相待茶畢行至波洛維納耶宿

十五日庚寅晴飯穆偓斯喀耶夜至洩楞庚司克時已四鼓宿其

地方官來會談食頃並派人送連日所經多大山然路廣闊以

後過洩楞格河傍河行

十六日辛卯晴飯烏私奇恰克圖新開商路至此合洩楞庚所派人返贈

俄銀十盧布暮抵恰克圖俄之有司官聞電已為備行館其坡

理次即邀入住辭之入中國木城寓華商所設逆旅其坡理次

即親來訪廓米薩爾遣使持名刺來約次日相見

十七日壬辰晴廓米薩爾蘇荷芙司嘰來訪即約明日答拜由伊

城所發箱件已由俄商格離鋪什遣人送來

十八日癸巳答拜俄官其坡理次約明日游學塾訪格離鋪什其人乃託克馬可甫之戚也持佘威烈甫書訪其妻弟西尼測云赴伊爾古慈克未歸

十九日甲午晴西尼測之戚某來訪言與佘為僚壻即住西尼測所約二十一日過其家坡理次來同出觀其男女學塾武備學塾規模損於伊爾古慈克而條章略似晤學塾提調魯顆式可甫實威擢甫皆其地之巨商也

二十日乙未晴病小發

二十一日丙申晴赴西尼測家晤其母妹並見佘威烈甫之女弟

及其姪女設筵甚豐又赴蘇荷芙司嘰之飲
二十二日前病大發不能行動亟延醫胡海陞鍼十餘下兼服藥
二十三日戊戌晴病如故復用鍼於肩井及兩膝
二十四日己亥晴因醫者仍執中風受寒之説悞投温藥病勢增
劇
二十五日庚子雨改用陰藥兼舒肝瀉火之劑自此十餘日乃能
起又二十餘日瘳
六月初一日乙亥借茶商獨慎玉大泉玉駱駝車二輛即倩大泉
玉代賃蒙古駝隻午後啓程由商路東南行八日至庫倫又二

十日出外蒙古車臣汗境入察哈爾部又十一日抵張家口庫
倫以北近恰克圖諸山頗秀土宜麥多內地民往彼開墾歲豐
頗獲利又有一流兒河喀拉河土拉河之水資其灌溉其地大
可屯田庫倫以南多大戈壁罕水草蒙古人亦甚貧